ARCHIVES DU TRAVAIL
sous la direction de Paul Boulland, Nicolas Hatzfeld
et Michel Pigenet
2

# Sur les routes que j'ai parcourues

Ouvrage publié avec le soutien
du Centre d'histoire sociale des mondes contemporains

Charles Marck

# Sur les routes que j'ai parcourues

Édition critique par Michel Pigenet

PARIS
CLASSIQUES GARNIER
2021

Michel Pigenet est spécialiste de l'histoire du travail, des travailleurs et des mouvements sociaux aux XIX^e^ et XXI^e^ siècles. Il a récemment codirigé *Le prix du travail, France et espaces coloniaux, XIX^e^-XXI^e^ siècles* et *La CGT (1975-1995). Un syndicalisme à l'épreuve des crises*. Il a également réédité *Friedrich Engels. Le rôle de la violence dans l'histoire et autres textes*.



ISBN 978-2-406-12325-5 (livre broché)
ISBN 978-2-406-12326-2 (livre relié)

# MÉMOIRES RETROUVÉS

## Itinéraire ouvrier et syndical, des quais du Havre au bureau de la CGT (1867-1917)

### CHARLES MARCK ?

#### RECONSTITUTION LACUNAIRE D'UN PARCOURS EN DENTS DE SCIE

Le nom n'est pas de ceux que l'histoire contemporaine a retenus. La plupart des historiens du syndicalisme et des mouvements sociaux partagent cet oubli. Soucieux d'en tirer les « figurants » du mouvement ouvrier, le *Dictionnaire* « Maitron », lui consacre une notice anonyme d'une soixantaine de lignes, ce qui est bien le moins au regard des responsabilités exercées par cet ancien docker né au Havre le 4 juin 1867. Qu'on en juge : premier secrétaire, en 1898, de la Bourse du travail du Havre, Marck est l'organisateur, en 1901, du congrès constitutif de la Fédération nationale des Ports et Docks avant d'être élu, en 1909, trésorier de la CGT.

Au printemps 1915, il quitte Paris et ses fonctions à la Confédération pour travailler comme contremaître sur les quais nazairiens. De retour dans la capitale après la guerre, il renoue avec le militantisme parmi les employés à la CGT, puis à la CGTU[1], puis devient gérant d'une maison de papier en gros. Au terme d'une longue vie active – il a 65 ans en 1932 –, le retraité jouit de la relative aisance que suggère le pavillon où

1 La notice du Maitron précise que, membre, en 1919, du syndicat des Employés de la région parisienne, il siège à la commission exécutive de la Fédération des Employés, ainsi qu'à la commission de son organe, *L'Écho des Employés*. Il rallie ensuite la CGTU et appartient de 1922 à 1924, en qualité de suppléant, au conseil d'administration du syndicat unitaire des Employés de la Seine.

il réside à l'aube des années 1950, au 33 de la rue Arthur-Rozier, dans le XIX$^{e}$ arrondissement[2].

On ignore à peu près tout de son itinéraire entre 1924 et 1944. Pour cette période, il faut se contenter d'indices épars. Début 1939, son nom figure ainsi dans l'annonce publiée par *Syndicats*, organe de la tendance anticommuniste de la Confédération réunifiée, de la formation d'une « Amicale des vieux militants de la CGT » destinée à secourir les membres en difficulté et à assister aux obsèques des camarades[3]. Marck, son trésorier, participe à l'initiative, au côté d'Yvetot[4] et de Gaston Guiraud[5], ancien secrétaire de l'union des syndicats de la région parisienne[6]. L'hebdomadaire, actif dans le lancement de l'association, appuie la tenue de son premier banquet, le 11 février[7]. Le 5 mai 1940,

2 Le ménage Marck n'y résidait pas en 1936, mais les professions des chefs des trois familles qui habitaient alors le pavillon – employé, ingénieur et mandataire aux Halles –, en plus d'un concierge et d'une étudiante, les situent dans la classe moyenne. Archives de Paris, D2 M8 685, recensement de 1936.

3 *Syndicats* du 11 janvier 1939. À ne pas confondre avec l'Association nationale des vieux travailleurs non pensionnés qui, fondée en 1929 dans la mouvance des amis « confédérés » de Léon Jouhaux, se proposait d'organiser les vieux salariés mal couverts par le nouveau régime des retraites.

4 Georges Yvetot (1868-1942), typographe, syndicaliste et anarchiste, succéda à Pelloutier à la tête de la Fédération des Bourses en 1901 et demeura secrétaire de la section des Bourses jusqu'en 1918. Propagandiste de l'antimilitarisme et de l'antipatriotisme, il fut secrétaire de l'Association internationale antimilitariste, mais ne s'opposa pas à l'Union sacrée. Proche du courant « Syndicats » et pacifiste en 1939, il accepta de présider, peu avant sa mort, le Comité ouvrier de secours immédiat, créé à l'instigation de collaborateurs et financé par les spoliations des Juifs.

5 Gaston Guiraud (1881-1957), ajusteur-électricien, fut secrétaire du syndicat des industries électriques de la Seine (1918-1919), puis secrétaire de l'Union confédérée des syndicats de la Seine (1921-1936), gérant du *Peuple*. Opposé aux ex-unitaires, il rejoignit les partisans de *Syndicats*. Favorable à la Charte du travail, cofondateur de *L'Atelier* » et, un temps, un temps membre du RNP, il fut arrêté à la Libération et exclu à vie du mouvement syndical.

6 Jules Bled, Julien Le Pen, Auguste Cleuet et René de Marmande figuraient parmi les « vieux militants » cités comme membres de l'Amicale.

7 *Syndicats* du 15 février 1939. En 1938, les communistes, qui depuis un an menaient campagne en faveur de « la retraite des vieux », impulsèrent la création d'un Comité national de liaison et d'action pour les vieux travailleurs, dont le secrétariat général fut confié à Charles Besse (1887-1952), un ancien allemaniste, fondateur du syndicat parisien des tourneurs-vernisseurs sur bois. Devenu communiste, il était conseiller municipal de Thiais et futur président, à la Libération, de l'Union nationale des vieux travailleurs. Figuraient également parmi les animateurs du Comité, Georges Bénet (1884-1951), militant communiste, qui, après la guerre, fut secrétaire pour la région parisienne de l'UNVT, ainsi que Léon Bru (1887-1944), postier et maire communiste de Draveil, qui rompit avec le PCF et fut exécuté à la Libération.

en revanche, Marck ne figure pas parmi les participants au banquet de l'Amicale, dont Guiraud est devenu le trésorier et Charles Dhooghe[8] le secrétaire[9]. Éloignement ? Éviction ? Dissolution, puis reconstitution après épuration[10] ? Une chose est sûre, outre Yvetot, les autres « vieux militants » présents – Louis Louis[11], Baptiste Bour[12] ou Marcel Boucher[13] –, peu connus hors de leurs cercles professionnels, rallieront bientôt la Charte du travail[14], Vichy et la collaboration.

Cette courte expérience n'est pas perdue pour Marck, qui, à 77 ans, reparaît à la fin 1944 avec le titre de secrétaire général de l'Union nationale des vieux travailleurs de France, en cours de création « sous les auspices de la CGT et de l'Union des syndicats de la région parisienne[15] ». La fonc-

8 Georges Dhooghe (1878-1962), ouvrier tisseur anarchiste d'origine belge, fut ensuite représentant de commerce et directeur de clinique médicale. Rallié à la majorité confédérée, mais encore anarchiste en 1939, il soutint la Charte du travail, écrivit dans *L'Atelier* et adhéra au RNP.

9 *Syndicats* du 9 mai 1940.

10 Dans un article du *Peuple* du 20 avril 1946, Marck évoque la « dissolution » par Daladier de plusieurs « amicales » de vieux travailleurs, du « pillage » de leurs locaux et d'arrestations.

11 Louis Louis (1883-1963), employé de commerce, gérant de coopérative et batelier, socialiste et syndicaliste, il s'opposa vivement aux communistes. Il quitta la SFIO et suivit les « néos ». Il soutint la Charte du travail, appartint au RNP, participa à la direction du COSI et fut exclu à vie du mouvement syndical à la Libération.

12 Baptiste Bour (1875-1942), cocher-livreur, syndicaliste, contribua à la fusion, en 1910, de la Fédération des Ports et Docks avec celle des Transports et Manutentions, dont il fut l'un des secrétaires jusqu'en 1912. Devenu communiste, il fut élu au secrétariat de la Fédération unitaire des Ports et Docks en 1922, mais s'opposa bientôt à la politique syndicale du PCF, qu'il avait quitté, et concourut au basculement de la Fédération dans l'opposition à la majorité confédérale avant d'adhérer à la CGT en 1934, où il s'employa, après la réunification, à combattre l'influence communiste.

13 Marcel Boucher, né en 1903, fut inspecteur des déménagements et secrétaire du syndicat des Transports et manutentions de la région parisienne. Favorable à la Charte, il fut exclu à vie du mouvement syndical, mais rejoignit FO, dont il dirigea un temps la Fédération des Ports et Docks au début des années 1950.

14 Après avoir prononcé la dissolution des confédérations syndicales en novembre 1940, Vichy promulgua, le 4 octobre 1941, une Charte du travail destinée à organiser, sous l'égide de l'État, les branches d'activité en « corporations » et à favoriser la coopération entre patrons et salariés. Elle interdisait le recours à la grève comme au lock-out et prévoyait la formation de syndicats professionnels uniques et obligatoires ainsi que la création, à différents échelons, de comités sociaux paritaires.

15 Ainsi que le précise le sous-titre de *L'Écho des Vieux Travailleurs*, l'organe de l'Union, qui revendique 530 sections en 1946, et dont les travaux du conseil national sont « suivis » par Julien Racamond et Georges Buisson, remplacé, après son décès, par Henri Raynaud. *Cf. L'Écho des Vieux Travailleurs* d'avril 1946 et novembre 1948. Outre Marck, le premier bureau, formé en octobre 1944, réunissait, entre autres, Charles Besse (1887-1952), son président et Eugène Mosser, son trésorier, également communiste.

tion n'a rien d'honorifique en cette période où la refonte de la protection sociale ne modifie guère le sort peu enviable de la minorité d'ouvriers qui atteignent l'âge de la retraite[16]. Outre les réunions et les meetings tenus aux quatre coins du pays, Marck administre l'Union, prépare ses congrès et les dossiers revendicatifs. Atteint d'une « longue et douloureuse maladie », il rédige un ultime article – « Savoir garnir son râtelier de foin ! » –, paru peu après sa mort, le 3 janvier 1951, à l'hôpital Tenon de Paris. Le 8, ses cendres sont déposées au columbarium du Père-Lachaise en présence de nombreuses personnalités – Jacques Duclos[17], Benoît Frachon[18], Alain Le Léap[19], Gaston Monmousseau[20], Julien Racamond[21], Pierre Le Brun[22],

16 Pour mémoire, alors que l'âge de la retraite est de 65 ans, l'espérance de vie des hommes, toutes catégories sociales confondues, est de 63,4 ans en 1950. Elle est inférieure chez les ouvriers.

17 Jacques Duclos (1896-1975), ouvrier pâtissier, adhéra au PCF dès sa formation, accéda à son comité central (1926), puis à son bureau politique (1931) et à son secrétariat (1934). Député (1926-1932, 1936-1940, 1945-1958), puis sénateur (1959-1975), il participa au triangle de direction du PCF en France pendant l'Occupation et fut secrétaire général par intérim (1950-1953) pendant la maladie de Maurice Thorez.

18 Benoit Frachon (1893-1975), métallurgiste et syndicaliste, adhéra au Parti communiste, dont il fut membre du comité central (1926), puis du bureau politique (1928-1930 et à compter de 1931). Secrétaire de la CGTU (1933-1936), puis de la CGT réunifiée (1936-1939), pendant l'Occupation, il participa au triangle de direction du PCF. Devenu secrétaire général de la CGT en 1945, il exerça cette fonction jusqu'en 1967, date à laquelle il fut élu à la présidence de la Confédération.

19 Alain Le Léap (1905-1986), inspecteur des contributions indirectes et syndicaliste, il participa à la Résistance. Alors non communiste, il devint secrétaire général de l'Union générale des fédérations de fonctionnaires, puis accéda au co-secrétariat général de la CGT (1948-1957).

20 Gaston Monmousseau (1883-1960), menuisier, puis cheminot, de sensibilité anarchiste, anima l'opposition « révolutionnaire » à la direction de la CGT. Secrétaire de la Fédération des cheminots en 1920, il accéda après la scission au secrétariat général de la CGTU (1922-1932) et dirigea *La Vie ouvrière* (1936-1960). Il adhéra au Parti communiste en 1925, à la faveur de sa « bolchevisation », et fut coopté à son bureau politique, où il siégea jusqu'à sa mort.

21 Julien Racamond (1885-1966), boulanger, milita très tôt au syndicat et accéda à des responsabilités dès 1905. Opposant syndicaliste révolutionnaire à la direction confédérale, il anima les comités de défense syndicaliste. Élu au secrétariat de la CGTU de 1923 à 1936, il adhéra au Parti communiste en 1925 à la faveur de sa « bolchevisation » et fut coopté à son bureau politique, où il siégea de 1926 à 1930. Lors de la réunification de 1936, il fut élu au bureau confédéral. Exclu en 1939, il le réintégra en 1943 et y resta jusqu'en 1953.

22 Pierre Le Brun (1906-1970), ingénieur, proche de Jouhaux, fut collaborateur technique de la CGT avant la guerre. Résistant, il présida l'Union des ingénieurs et techniciens (1944-1945) avant d'entrer au bureau confédéral de la CGT, où il siégea de 1945 à 1966, date à laquelle il en démissionna après avoir soutenu la réélection du général de Gaulle.

Henri Raynaud[23], ainsi que plusieurs députés –, qui témoignent de la notoriété du défunt dans la mouvance cégéto-communiste[24]. Sans être une figure de premier plan du mouvement ouvrier, Charles Marck n'est donc pas un militant ordinaire. Son souvenir s'efface vite, cependant, ce qui ne manque pas d'interroger sur les conditions de sa préservation.

Notons d'emblée la discrétion de l'ancien docker. Affaire de caractère, certes, mais que confortent une certaine éthique militante et les aléas d'un parcours en dents de scie, ponctué de déracinements, de ruptures de sociabilités et de séparations d'avec de potentiels groupes d'entrepreneurs de mémoire. Le constat vaut pour la période havraise[25], qu'interrompt un assez long séjour en Angleterre ou pour le départ à Saint-Nazaire, qui met fin aux « années CGT » de Marck. Nul doute, enfin, que l'ultime engagement dans une organisation, dont l'âge des responsables entraînait un turnover biologique élevé a contrarié la stabilité propice à l'émergence et à l'entretien d'une mémoire collective.

---

23 Henri Raynaud (1890-1970), commis des PTT, syndicaliste dès avant la guerre, opposant à la majorité confédérale, adhéra au Parti communiste, dont il fut membre du comité central (1924-1959), et à la CGTU. Élu à son bureau confédéral (1931-1936), il dirigea la Fédération postale unitaire et l'Union des syndicats de la région parisienne (1922-1936), fonction conservée jusqu'en 1939. Négociateur de la réunification de 1943, il fut réélu au bureau confédéral en 1945 et accéda à son secrétariat (1945-1964).

24 *L'Écho des Vieux Travailleurs* de février 1951. La notice du Maitron signale une adhésion tardive, en 1950, au PCF. *Cf.* https://maitron.fr/spip.php?article75137, consultée le 17 mai 2021.

25 La toponymie havraise confirme l'oubli dans lequel est tombé Charles Marck dans sa ville natale. Aucune des diverses majorités municipales qui se sont succédé depuis sa disparition, en 1951, n'a ainsi songé à l'honorer par l'attribution de son nom à une artère de la commune.

## UN MILITANT DE BELLE ALLURE

Ill. 1 – Charles Marck. Portrait par Alexandre-Joseph Alexandrovitch.
IISG, Amsterdam, fonds Bertoni.

Le portrait de Marck peint par Alexandre-Joseph Alexandrovitch[26], reproduit en carte postale et accompagné d'un autographe dont la simplicité de l'écriture du nom tranche sur les fioritures qui le souligne,

26 Réalisé par le peintre libertaire Alexandre-Joseph Alexandrovitch (1873-1949), d'origine lituano-russe et exilé en Suisse, dont l'œuvre comprend, notamment, près de 300 portraits d'anarchistes, de socialistes et de syndicalistes d'avant la Première Guerre mondiale, parfois édités en cartes postales, à l'instar de celui de Charles Marck. Exemplaire conservé par l'IISG d'Amsterdam dans le fonds Louis Bertoni – syndicaliste libertaire suisse – auquel était destiné le message envoyé par Jean Grave.

représente le militant à l'époque où il était trésorier de la CGT. Élégant, le modèle porte un chapeau à large bord. Revêtu d'un gilet et d'une veste, il arbore un discret nœud papillon sur un col dur anglais. Le visage, fin, au front haut se prolonge par un petit bouc soigneusement taillé, à l'exemple des moustaches en guidon. Le regard pénétrant, renforcé par le gris des yeux, suggère une touche d'ironie. Au soir de sa vie[27], les lunettes se sont interposées, mais les photos des années 1940 accentuent plus qu'elles n'effacent les traits de la quarantaine. La malice se donne libre cours, le bouc souligne la forme triangulaire du visage et prend le dessus sur la moustache. Pour le reste, le militant demeure fidèle au large chapeau noir, au nœud papillon, au gilet et à la veste croisée désormais ornée d'un insigne et veille à sa mise. Plutôt grand parmi ses congénères[28], Marck a belle allure. À l'aise dans son corps, l'ancien docker vieillit bien. En février 1939, René de Marmande[29], admiratif, le décrit « svelte, leste, souple comme une épée, long comme un jour sans pain[30]. » Huit ans plus tard, au lendemain d'un meeting où Marck intervient en compagnie de Racamond et Croizat[31], l'organe de l'Union nationale des vieux travailleurs salue un secrétaire général « toujours plus jeune que jamais[32] ».

---

27 *Cf.* la photo publiée dans le n° de septembre 1945 de la revue cégétiste *Servir la France* (p. 31).

28 Selon son registre matricule militaire, il mesure 1,69 mètre (Archives départementales de la Seine-Maritime – ADSM – sous-série 1R, n° matricule 1752). Tel est précisément le seuil à partir duquel les conscrits des années 1880 sont classés de « grande taille ». En 1887, 22,6 % dépassent 1,70 mètre. Marck paraît plus grand encore parmi les jeunes normands, plus petits, en moyenne, que l'ensemble des conscrits métropolitains. *Cf.* Le Roy Ladurie, Emmanuel, Zysberg, André, « Anthropologie des conscrits français, 1868-1887 », *Ethnologie française*, n° 1, 1979, p 47-68 ; Chamla, Marie-Claude, « L'accroissement de la stature en France de 1880 à 1960 ; comparaison avec les pays d'Europe occidentale », *Bulletin de la Société d'anthropologie de Paris*, T. 6, 1964, p. 201-278.

29 René de Marmande (1875-1949), vicomte, journaliste, fut anarchiste, antimilitariste et proche des syndicalistes révolutionnaires. En 1914, il rallia l'Union sacrée. Un temps membre du Parti communiste, il rejoignit Jouhaux, puis écrivit dans *Syndicats*. Pendant l'Occupation, il travailla pour la presse collaborationniste.

30 *Syndicats* du 22 février 1939.

31 Ambroise Croizat (1901-1951), ajusteur-outilleur, se syndiqua pendant la guerre. Opposant à la majorité confédérale et partisan de la 3e Internationale, il milita à la Jeunesse communiste et au Parti communiste, dont il fut membre du comité central (1926-1951). Secrétaire de la Fédération unitaire de la Métallurgie (1928-1936), il conserva cette fonction dans la Fédération réunifiée. Député en 1936, puis de 1945 à 1951, il fut ministre du Travail de façon presque ininterrompue de novembre 1945 à mai 1947 et, à ce titre, fut en charge de la mise en place la Sécurité sociale.

32 *L'Écho des vieux travailleurs* de juin 1947.

Nombre d'incertitudes subsistent sur la vie, longue et bien remplie, du militant décédé à près de 84 ans. Ses mémoires ne comblent pas nos lacunes. Elles éclairent, en revanche, son itinéraire singulier et, à travers sa part syndicale, donnent à voir et à comprendre les voies, modalités et ressorts tant des vies et sociabilités ouvrières que des luttes sociales d'une époque.

## DES SOUVENIRS AUX MÉMOIRES : LA DEMANDE ET L'ENVIE

### QUAND ?

L'histoire du texte comporte, elle-même, nombre d'incertitudes. L'identité de son auteur n'est pas en cause. De son vivant, Marck a publié, deux versions de ses souvenirs, dont l'une très proche du tapuscrit reproduit ici[33]. Le document sur lequel nous nous appuyons, intitulé « Sur les routes que j'ai parcourues », comporte 80 feuillets dactylographiés, dont l'interruption inopinée, au bas de la dernière page laisse une phrase inachevée. À l'évidence, le récit continuait, sans qu'il soit possible de deviner jusqu'où l'auteur l'a conduit. Le feuilleton paru dans *Le Peuple* ne pas va au-delà de « la tragédie de Villeneuve-Saint-Georges ». Poursuivre, explique l'auteur, l'aurait entraîné « trop loin », « dans une période dont tous les "vieux militants" ont conservé le souvenir[34]. » Le tapuscrit franchit allégrement ce seuil pour mordre sur les années de guerre et évoque le 1er mai 1916 à Saint-Nazaire, où l'auteur séjourne toujours à l'automne 1917, date de son mariage[35].

Marck inscrit le « travail auquel on [l]'a convié de collaborer » dans un projet éditorial plus large, ayant également associé « quelques-uns

33 La première, la plus courte, intitulée « Souvenirs d'un ancien Trésorier de la CGT », parut dans *Servir la France* d'octobre 1945 (p. 31-34), une revue de la Confédération. La seconde, la plus proche, mais moins longue que la présente version, fut publiée en feuilleton, à la dernière page de 24 numéros du *Peuple*, hebdomadaire de la CGT, et de façon plus ou moins régulière selon l'actualité, du 13 mai au 30 décembre 1948.

34 *Le Peuple* du 30 décembre 1948.

35 L'acte de naissance de Charles Marck mentionne son mariage, à Saint-Nazaire, le 29 octobre 1917, avec Jeanne Florentine « Le Gué ou Le Gouay », hésite le rédacteur.

de ceux qui vécurent celle qu'on a qualifiée d'"époque héroïque"[36]. » Si les mémoires furent publiés partiellement après la Libération, le début de leur rédaction semble antérieur aux terribles destructions provoquées par les bombardements alliés qui, du 5 au 11 septembre 1944, rasèrent 82 % du Havre[37]. Évoquant le quartier Saint-François, celui de son enfance, particulièrement sinistré, Marck écrit que le « taudis », où il logeait en 1869, « existe toujours », « dans une rue [...] qui aurait dû disparaître entièrement depuis longtemps déjà. » Si notre hypothèse est la bonne, elle en suggère une autre, celle d'un projet contemporain de la création, en 1939, de l'Amicale des vieux militants de la CGT, à laquelle Marck avait été partie prenante. Dans ce cas, il est possible que, par-delà d'éventuels décès et défections par abandon devant l'ampleur de la tâche, l'exemplarité des anciens syndicalistes initialement envisagés se soit fracassée à l'épreuve du chartisme et de la collaboration...

On sait peu de choses, encore, sur la manière dont le texte, répertorié dans le fonds Maurice et Colette Chambelland[38], est arrivé au Centre d'études, de documentation, d'information et d'action sociales (Cédias)-Musée social. L'actuel archiviste-bibliothécaire de la fondation signale la « porosité » du fonds avec celui de Pierre Monatte[39], mais ne s'aventure pas plus avant dans la reconstitution de l'itinéraire du tapuscrit.

---

36 *Servir la France* d'octobre 1945, p. 31.

37 *Cf.* Garnier, Bernard, Pigenet, Michel (dir.), avec la collaboration de Dandel, Michaël, Duboc, Grégory, Kitts, Antony, Lapersonne, Éric, *Les Victimes civiles des bombardements en Haute-Normandie (1er janvier – 12 septembre 1944)*, Caen, CRHQ-IRED-La Mandragore, 1997.

38 Maurice Chambelland (1901-1966), fonctionnaire des contributions indirectes, fut également journaliste, comptable, correcteur et expert-comptable. Membre du Parti communiste de 1921 à 1924 et de la CGTU, de 1921 à 1932, date à laquelle il rejoignit la CGT, il fut très lié à Pierre Monatte et collabora activement à la publication de *La Révolution prolétarienne.* Sa fille, Colette Chambelland (1930-2003), eut une connaissance directe des milieux syndicalistes révolutionnaires au sein desquels militaient ses parents. Historienne de formation et anticonformiste d'esprit, elle participa au lancement de la revue *Le Mouvement social* et coopéra à l'inventaire des premiers fonds de l'Institut français d'histoire sociale. Conservatrice de la bibliothèque du Musée social, elle veilla à recueillir les papiers de nombreux militants.

39 Message reçu d'Eric Belouet, le 4 mars 2021. Pierre Monatte (1881-1960), employé de librairie, puis correcteur de presse, fut anarchiste avant de devenir syndicaliste révolutionnaire. Il fonda *La Vie ouvrière* en 1909. Opposé à l'Union sacrée, il participa à la création des comités syndicalistes révolutionnaires. Membre du Parti communiste en 1923, il en fut exclu l'année suivante, puis fonda *La Révolution prolétarienne. Cf.* Chambelland, Colette, *Pierre Monatte, une autre voix syndicaliste*, Paris, Éditions de l'Atelier, 1999.

Je dois à Colette Chambelland et à Anthony Lorry, alors aide-bibliothécaire au Musée social, d'avoir pris connaissance de son existence dans la seconde moitié des années 1990. Je venais de publier un article sur les finances syndicales avant 1914, à la préparation duquel, tous deux m'avaient apporté une aide précieuse, et je continuais de m'intéresser aux trésoriers de la CGT, négligés par l'historiographie. Sensible à cette « injustice », Anthony Lorry me remit, un jour, l'exemplaire photocopié du tapuscrit, dont j'ignorais l'existence. Sa lecture me rallia à la perspective d'une édition critique à laquelle Anthony m'invitait. J'étais loin de partager, en revanche, sa conviction d'une publication rapide. Au cas où, j'entrepris un premier travail d'annotations, mais en l'absence d'issues éditoriales, d'autres recherches s'intercalèrent. Le dossier fut rangé, sans cesser d'être accessible. Je l'exploitai en détail, comme on le fait d'une source désarticulée, réserve d'informations puisées au gré de problématiques changeantes. Le temps passa et, sans me résoudre à un renoncement définitif, je n'eus plus l'occasion de discuter du projet avec Anthony Lorry. Sa disparition brutale, en 2014, en raviva le souhait.

## LES MÉMOIRES DE CHARLES MARCK À L'AUNE DES AUTOBIOGRAPHIES OUVRIÈRES

Disposer de l'autobiographie d'un militant est une chance pour tout historien du travail et des travailleurs qui, respectueux de la force des administrations quantitatives de la preuve, trouve aussi son compte dans les témoignages ouverts sur l'épaisseur et la complexité du vécu. Ces atouts ne dispensent pas, certes, de l'analyse critique applicable à tout document. S'agissant des milieux ouvriers, leur collecte passe souvent par des entretiens, accordés à la place de l'oralité dans l'expression populaire. L'initiative historienne ne va pas sans biais, cependant, à commencer par le risque de subordination de l'enquêté pris dans les filets de questionnaires préétablis[40].

Pour aussi difficile que soit l'acte d'écrire chez qui n'y recourt pas fréquemment, la volonté qu'il exige n'est pas la moindre contribution

40 *Cf.* Cazals Rémy, Hatzfeld, Nicolas, Pigenet, Michel, « “Sans les entretiens, je ne serais pas devenu historien du travail”. Trois itinéraires d'historiens des mondes ouvriers : retours d'expériences sur les enquêtes orales. Table ronde animée par Ingrid Hayes et Ariane Mak », « Histoire orale des mondes ouvriers », n° spécial du *Mouvement social*, n° 274, janvier-mars 2021, p. 30-65.

à l'affirmation de soi inhérente à toute pratique scripturale. Les indices d'écrits ouvriers au XIXe siècle procèdent, pour la plupart, de l'échange épistolaire[41], que sa forte progression enregistrée pendant la Première Guerre mondiale n'a pas suffi à ériger en mode habituel de communication. Quant à écrire des poèmes, oser la fiction ou raconter sa vie… À défaut d'échapper aux réticences et embarras de telles audaces, les militants, que réunit une commune aspiration à contester le *statu quo* des déterminismes, sont, plus que d'autres, tentés de franchir le pas, amorce d'un refus personnel, dont l'exemplarité acquiert une portée collective. La « parole ouvrière » et les « archives du rêve ouvrier » du premier XIXe, avant l'émergence d'organisations durables, se retrouvent sous la plume d'auteurs aux biographies à éclipses, inspirés par la revendication d'égale dignité[42], condition et horizon de l'émancipation universelle qu'ambitionne la classe pour soi en devenir. Les œuvres, uniques ou multiples, d'une poignée d'entre eux – de Jacques-Etienne Bédé[43] et Agricol Perdiguier[44] à Victorine Brocher[45], en passant par Martin

41 *Cf.* Chartier, Roger (dir.), *La correspondance : les usages de la lettre au XIXe siècle, France*, Paris, Fayard, 1991.

42 *Cf.* Faure, Alain, Rancière, Jacques, *La parole ouvrière*, Paris, UGE, 1976 ; Rancière, Jacques, *La Nuit des prolétaires ; archives du rêve ouvrier*, Paris, Fayard, 1981.

43 Jacques-Etienne Bédé, né en 1775, était tourneur en chaises à Paris et responsable d'une société de secours mutuel professionnelle. Il fut condamné à 2 ans de prison comme « meneur » d'une coalition qui, en mai 1820, protesta contre la volonté des maîtres qui, après le passage de la rémunération à la journée au salaire à la tâche, prétendaient imposer le maintien de « corvées » étrangères à l'ouvrage proprement dit et, par suite, non rémunérées. Commencée en prison, la rédaction des trois cahiers consacrés à sa vie et à la lutte qu'il anima se poursuivit jusqu'en 1826 ou 1830. On doit leur publication à l'historien Rémi Gossez. *Cf.* Gossez, Rémi (éditeur), *Un ouvrier en 1820 : manuscrit inédit de Jacques-Etienne Bédé*, Paris, PUF, 1984.

44 Agricol Perdiguier (1805-1875), dit *Avignonnais la Vertu*, compagnon du Devoir de Liberté, entama son tour de France en 1824 pour devenir menuisier. Auteur de chansons, il publia, en 1840, le *Livre du compagnonnage*, ouvrage critique sur le fonctionnement et les pratiques compagnonniques, qui retint l'attention d'écrivains célèbres – Sue, Sand, Hugo, Lamartine… Malade, il devint enseignant et libraire, publia divers livres, mais resta attentif à l'évolution du compagnonnage et de la condition ouvrière. Républicain de longue date, il fut élu député en 1848 et 1849, mais dut s'exiler en 1851. En septembre 1870, il fut nommé maire-adjoint du XIIe arrondissement de Paris. Ses *Mémoires d'un compagnon*, publiés de son vivant, en 1854-1855, ont été réédités à plusieurs reprises, parfois accompagnés d'une présentation historienne. *Cf.* Perdiguier, Agricol, *Mémoires d'un compagnon*, présentés par Maurice Agulhon, Paris, Imprimerie nationale, 1992.

45 Victorine Brocher (1839-1921), piqueuse de bottines, coopératrice, cordonnière, libraire et directrice d'une pension de jeunes, fut une des rares femmes membres de l'AIT. Combattante de la Commune, elle se réfugia en Suisse. Anarchiste, proche de Louise

Nadaud[46] et Norbert Truquin[47] – ont retenu l'attention, de leur vivant ou à titre posthume, d'écrivains, d'intellectuels et… d'historiens qui, en les éditant ou rééditant, les ont tirés de l'anonymat et de l'oubli.

L'écriture militante se développe au fur et à mesure que le mouvement ouvrier, accédant au droit de cité, s'enracine et se dote d'organes de presse, d'imprimeries, de maisons d'édition, en main propre, amies ou bien disposées à son égard. Si le recrutement interclassiste des partis aboutit souvent à confier la plume aux professionnels de son maniement – journalistes, essayistes, avocats et enseignants –, il en va autrement dans les syndicats, dont les responsables apprennent, bon gré, mal gré, à se plier aux rigueurs de la rédaction de circulaires, de motions et de résolutions internes à l'organisation, de tracts, d'affiches, d'éditoriaux, de brochures et d'ouvrages. En la matière, le bagage acquis à l'école aurait vite rencontré ses limites sans le formidable élan d'autodidaxie, conjonction de volonté, d'aptitude et d'inclination. Affaire de disponibilité et de goût, des militants s'essaient à une écriture de « plaisir », que laisse deviner le style des articles, des discours et de la correspondance. Avec cette dernière, on entre dans l'intimité de femmes et d'hommes,

---

Michel, elle publia ses Mémoires, signés Victorine B., simultanément à Lausanne et à Paris, en 1909, avec une préface de Lucien Descaves, sous le titre : *Souvenirs d'une morte vivante : 1848-1851, 1870-1871.* Le texte fut republié une première fois en 1976 chez Maspéro.

46 Martin Nadaud (1815-1898), originaire de la Creuse, accompagna son père à Paris en 1830 où il apprit le métier de maçon et suivit des cours du soir. Il fréquenta les milieux socialistes et communistes et participa à différentes protestations ouvrières. Proche de Pierre Leroux, élu député de la Creuse en 1849, il siégea avec les démo-socs. Arrêté en décembre 1851, banni, il s'exila et vécut 18 ans en Angleterre où après avoir repris sa profession de maçon, il devint instituteur, puis professeur. De retour en France en 1870, il fut un éphémère préfet de la Creuse, département qu'il représenta à la Chambre de 1876 à 1889. Initialement radical, il se rapprocha des opportunistes, mais s'activa en faveur de lois sociales. En 1895, il publia *Les Mémoires de Léonard, ancien garçon maçon.* Le texte a été republié, avec une présentation de Maurice Agulhon, par Hachette, en 1976.

47 Norbert Truquin, naquit en 1833. Il connut très tôt le pire de la condition ouvrière. Tour à tour peigneur de laine, terrassier, briquetier, équarrisseur, fileur de laine, casseur de cailloux, puisatier et tisseur, il voyagea aux quatre coins de la France. À 15 ans, il participa aux événements parisiens de 1848 et fut inquiété après les journées de juin. Il le fut encore après l'échec de la Commune lyonnaise. Il se décida à quitter la France et s'installa au Paraguay, où il exploita une ferme et acheva de rédiger ses mémoires en 1887, date au-delà de laquelle on perd sa trace. Le texte, ouvertement militant, fut publié à Paris en 1888 sous le titre : *Mémoires et aventures d'un prolétaire à travers la Révolution. L'Algérie, la République argentine et le Paraguay*, Paris, Librairie des deux mondes. Il devait être réédité, partiellement, en 1974, et dans son intégralité, en 1977, accompagné d'une préface de Paule Lejeune.

dont les papiers privés, quand ils existaient, ont rarement été conservés, du moins avant la Première Guerre mondiale. Par chance, il arrive que leur découverte mette à jour la partie immergée d'un iceberg littéraire[48]. Je dois ainsi à une rencontre imprévue avec sa nièce d'avoir pu consulter les cahiers personnels de Jules Bornet[49]. Lecteur insatiable, cet ouvrier agricole qui, par exception, avait poursuivi sa scolarité jusqu'au brevet élémentaire et fut secrétaire général de la Fédération nationale des Bûcherons avant 21 ans, aimait aussi écrire[50]. Assez pour se livrer à des exercices de style, composer des poèmes, inventer des saynètes, trousser des nouvelles, confronter ses réflexions aux thèses d'auteurs les plus divers[51]. J'aurai bien d'autres occasions, par la suite, d'accéder à de semblables documents, à l'exemple des riches et peu conformistes mémoires de Désiré Brest, batelier devenu dirigeant de la Fédération des Ports et Docks[52]. Selon celui de ses fils qui en était le dépositaire, le document, désabusé sous l'ironie et rédigé dans les dernières années de la vie du militant, était à destination exclusivement familiale.

S'agissant des mémoires, l'effort de longue haleine qu'exige leur écriture ne saurait se concevoir sans penser à leurs lecteurs. D'évidence, la forme et le ton du propos, la nature du récit, des références et des confidences diffèrent selon que l'on s'adresse à ses enfants, à ses petits-enfants ou

48 Vigna, Xavier, *L'espoir et l'effroi. Luttes d'écritures et luttes de classes en France au XX^e^ siècle*, Paris, La Découverte, 2016.

49 Entretien avec Mme Ducreux en 1982. Jules Bornet (1881-1948), bûcheron, contribua à la renaissance du syndicalisme forestier dans le Cher, son premier et principal bastion depuis les années 1890. En 1902, il joua un rôle décisif dans la création d'une Fédération nationale des Bûcherons affiliée à la CGT, dont il assura le secrétariat général jusqu'en 1914, à l'exception des années de service militaire. D'orientation syndicaliste révolutionnaire, ce socialiste vaillantiste sut coordonner action directe et pression sur les élus. Après la guerre, il adhéra à la CGTU et devint communiste en 1927, avant d'accéder au secrétariat, en 1929, de la Fédération unitaire de l'Agriculture.

50 *Cf.* Pigenet, Michel, *« Ouvriers, paysans, nous sommes… ». Les bûcherons du Centre de la France au tournant du siècle*, Paris, L'Harmattan, 1993.

51 Au nombre desquels figuraient Malthus, Victor Considérant, Emile de Girardin, Proudhon, Paul Leroy-Beaulieu, Georges Weill…

52 Désiré Brest (1899-1974), mobilisé dans la Marine nationale, fut emprisonné à la suite des mutineries de la mer Noire. Faute de trouver un emploi dans la marine marchande, il travailla peu de temps sur les quais avant de devenir marinier. Membre du PCF, il milita surtout au syndicat dans l'entre-deux-guerres. Critiqué, à la Libération, pour sa participation à la direction du syndicat unique de la profession pendant l'Occupation, il put se prévaloir du soutien de Frachon, Tillon et Racamond. Nommé secrétaire de la Fédération des Ports et Docks en 1944, il fut rétrogradé en 1946, mais accéda au secrétariat général en 1962 et y resta jusqu'en 1968.

à ses camarades, voire à un lectorat plus hétérogène. On peut viser large d'emblée ou changer d'objectif en cours de route, notamment à la demande du syndicat ou du parti, qui l'encourage et en facilite la réalisation. De la frappe du manuscrit à son édition, sa promotion et sa diffusion, l'aide apportée dépend de la notoriété et du degré de fidélité du militant, des ressources de l'organisation, mais encore du contexte sociopolitique, en premier lieu de l'adéquation de l'expérience et des événements relatés avec la tactique et la stratégie de l'heure. Le rédacteur le sait, voire revendique la dimension militante d'un témoignage où la subjectivité des souvenirs sélectionnés, leur interprétation, comme les avis émis se combinent plus ou moins harmonieusement aux attentes déclarées, suggérées ou supposées du collectif partie prenante.

Convaincues de ce que l'histoire participe de la « bataille idéologique » engagée contre les représentations dominantes, les diverses composantes du mouvement ouvrier ont veillé à produire leur propre « mémoire historique[53] », à laquelle concourent, sur un mode plus classique et impersonnel, institutions, programmes de formation, brochures et ouvrages consacrés à tel événement, processus ou grandes figures. Normatives, ces initiatives proposent une lecture du passé à la lumière de la lutte des classes, dont il importe de tirer des « leçons » pour l'avenir, mais que contrarie le vieillissement des développements concédés aux impératifs du présent. « L'histoire, on lui fait dire ce qu'on veut », généralisait un Benoît Frachon rendu sceptique par sa propre expérience[54]. Tous les partis et confédérations ont eu leurs mémorialistes organiques[55]. Conclure à l'invalidation de leur intérêt documentaire serait absurde. Cela reviendrait à nier la pertinence de la méthode historienne, précisément rompue à la critique interne et externe des textes et à l'élucidation de leurs enjeux. Au vrai, « l'histoire s'écrit sous la pression des mémoires collectives[56] » qui, à l'occasion, l'obligent à réviser ses interrogations, ses objets et ses méthodes. Elle ne s'en distingue pas moins par les règles qu'elle se fixe et que lui envient et lui contestent à la fois les porteurs de mémoires, de mythes et d'identités.

---

53 À comprendre au sens de mémoire collective d'organisation. *Cf.* Lavabre, Marie-Claire, *Le fil rouge. Sociologie de la mémoire communiste*, Paris, Presses de la FNSP, 1994.

54 *Cf.* Bruhat, Jean, *Il n'est jamais trop tard*, Paris, Albin Michel, 1983, p. 159.

55 Flauraud, Vincent, Ponsard, Nathalie (dir.), *Histoire et mémoire des mouvements syndicaux au XX^e^ siècle. Enjeux et héritages*, Ed. Arbre bleu, Nancy, 2013.

56 Nora, Pierre, « La mémoire collective », in Chartier, Roger, Le Goff, Jacques, Revel, Jacques, (dir.), *La nouvelle histoire*, Paris, Retz CPEL, 1978, p. 400.

Sur commande ou pas, le coût de l'exercice pour qui s'aventure à écrire ses mémoires doit être contrebalancé par la satisfaction personnelle qu'il en tire ou imagine en tirer[57]. D'une manière ou d'une autre, leur rédaction conduit à s'ériger en « sujet d'une histoire ». Quels qu'en soient le contexte et la part concédée au récit de sa vie privée, l'entreprise constitue une entorse à l'éthos militant, plus souvent adepte du « nous » que du « je ». Difficulté qu'exagère l'inévitable tension entre, d'une part, l'affirmation de l'appartenance à la classe et l'identification qu'elle entend susciter à travers la similarité des épreuves endurées, des luttes menées, des valeurs évoquées, et, d'autre part, la démonstration de la singularité du parcours suivi, recours à la plume compris[58]. En cela, la prise d'écriture du mémorialiste est aux antipodes de la remise de soi à l'œuvre dans les autobiographies communistes d'institution. Construites autour d'un questionnaire établi à l'avance, les réponses apportées sont censées ne jamais sortir du cercle étroit des camarades habilités à en prendre connaissance avant chaque accès à une fonction partidaire ou élective[59].

Le texte de Charles Marck s'inscrit pleinement dans la tradition des témoignages militants ouvriers. Il en partage le souci pédagogico-propagandiste et ne se dépare pas d'un solide optimisme qui, s'il convient d'échecs, s'exagère l'ampleur de certaines mobilisations auxquelles il lui arrive d'associer « tout le prolétariat »... Le texte se distingue toutefois des mémoires de syndicalistes communistes soucieux de valoriser l'action du parti. La période couverte, antérieure à 1920, s'y prêtait mal, mais le registre téléologique autorise parfois de telles acrobaties chronologiques. De ce point de vue, le choix du *Peuple* pour leur publication partielle apparaît judicieux, surtout en 1948, temps fort de la scission de Force ouvrière. L'organe de la CGT, dont la direction, auparavant confiée aux amis de Jouhaux, revient toujours à des non-communistes, ouvre ses colonnes à un militant qui, fidèle à la Confédération, ne sacrifie pas plus à la langue de bois qu'à « l'esprit de parti ». Là n'est pas le moindre intérêt, à cette date, du regard, rebelle et bon enfant, que Marck jette sur son passé.

---

57 Lyons, Martyn, « La culture littéraire des travailleurs. Autobiographies ouvrières dans l'Europe occidentale du 19e », *Annales ESC*, n° 4-5, 2001, p. 926-947.

58 Vigna, Xavier, *L'espoir et l'effroi. Luttes d'écritures et luttes de classes en France au XXe siècle*, Paris, La Découverte, 2016, p. 274.

59 Pennetier, Claude, Pudal, Bernard (dir.), *Autobiographies, autocritiques, aveux dans le monde communiste*, Paris, Belin, 2002.

## DE L'ÉCRITURE À L'ÉDITION

En l'état, le tapuscrit, dont on ignore si l'auteur l'a dactylographié lui-même, comporte quelques corrections manuelles, traces d'une relecture guère plus identifiable. Rédigé à la première personne, le texte retrace avec une sincérité affirmée et une belle fraîcheur la première moitié de l'existence de l'auteur, qui réfute toute « vanité ». Sur ce point, les exemples abondent de scènes où Marck ne se donne pas le beau rôle, signale ses faiblesses et confie ses divers arrangements avec un réel rétif aux idéaux militants. Nulle résignation dans ces aveux, piqués du zeste de fatalisme qu'autorisent l'âge et l'expérience, mais dont l'humour sert d'antidote aux débords contraires du dolorisme et de la truculence.

### MOBILISER ET TRIER SES SOUVENIRS

« La dispersion et la perte par destruction de documents qui m'auraient permis de rappeler plus amplement ce que fut la CGT depuis sa création entraveront passablement le travail auquel on m'a convié », explique Marck, qui s'en remet à sa mémoire, pensant qu'elle « sera assez fidèle pour [lui] permettre de rappeler quelques faits anecdotiques et de donner certains détails sur les événements qui se déroulèrent [...] au cours d'une longue période de lutte[60]. »

Les souvenirs convoqués ne constituent pas l'unique source du mémorialiste, qui a pris soin de conserver, récupérer ou consulter des lettres, des notes, des coupures de journaux et des publications d'avant la guerre. « J'ai sous les yeux », écrit-il, les taux de salaires horaires des terrassiers occupés aux travaux d'aménagement du port du Havre en 1900. Selon toute vraisemblance, Marck a pris soin de parcourir les vieux exemplaires de la presse ouvrière et de se reporter aux rapports reproduits dans les comptes rendus des congrès confédéraux, ce dont témoignent les formulations et l'aspect énumératif de nombreux paragraphes. Pour ce qui est des documents disparus, l'historien familier des inventaires des archives policières et judiciaires s'interroge, à la lecture du récit des perquisitions, sur le devenir des papiers et registres saisis.

60 *Servir la France* d'octobre 1945, p. 31.

Sur ces bases, le texte n'évite pas les approximations, les confusions et les erreurs. Elles affectent surtout les dates, plus rarement les faits, mais concernent aussi l'orthographe, parfois phonétique, des noms propres. L'appareil critique s'efforce de les pointer et de les corriger. Relever les lacunes procède d'un autre exercice, qui combine l'analyse de la sélection opérée par l'auteur et la quête de sources complémentaires. Prolixe sur son enfance et sa jeunesse au Havre, Marck enchaîne épisodes heureux ou cocasses et épreuves douloureuses, étapes attendues et confidences. Tout au plus elliptique, l'auteur n'occulte rien du socle d'une vie débutée sous de fâcheux auspices, propres à éclairer la logique du récit. Leur remémoration se prête à des évocations attendries jusqu'à la complaisance qu'illustrent les péripéties du service militaire accompli dans la marine nationale. Au risque du fastidieux, leur longueur confirme, s'il en était besoin, l'importance de ce passage obligé, alors, de toute existence masculine, combien même il contribue à nourrir des préventions antimilitaristes. Ce classique des mémoires croise en partie celui d'« exploits » alcooliques contés par le menu, faiblesses décrites aux fins d'une pédagogie réaliste, attachée à signaler la fréquence des tentations, la facilité d'y succomber et leurs conséquences déplorables. Loquace sur ses jeunes années havraises, l'auteur ne s'étend guère sur la vie privée de l'adulte. De loin en loin, le texte note la présence d'une compagne, amie fidèle des mauvais jours, dont il ne nous dit rien, pas même le prénom, les conditions de la rencontre, les traits et les activités, voire d'éventuels enfantements. Seul l'état civil renseigne sur un mariage tardif, l'année des 50 ans de Marck, guère plus bavard sur ses adresses et logements successifs à Paris et à Saint-Nazaire.

Disert sur ses faits et gestes militants, il s'abstient de décrire les débats et les tensions internes qui agitent le bureau confédéral. Tout au plus consent-il à authentifier la réalité de désaccords rendus publics, à l'exemple de la grave crise de direction à l'origine de son élection à la trésorerie de la CGT, tandis que Pouget, Lévy et Griffuelhes démissionnent. Loyal envers ses camarades et l'organisation, Marck demeure pareillement silencieux sur le fonctionnement concret du bureau confédéral, le comportement de ses membres ou les problèmes financiers de la centrale. L'auteur appartient à une génération de militants qui, définitivement instruits par la répression patronale et étatique, savent tenir leur langue. Le temps écoulé n'y change rien, il y a des choses que l'on garde pour soi.

## À L'ÉPREUVE DE L'ÉCRITURE

L'exposé des souvenirs se cale sur un plan chronologique, que perturbent à la marge quelques écarts, sous lesquels on hésite à reconnaître les buttes-témoins de paragraphes éliminés ou les maladresses inhérentes au défaut de pagination des feuillets…

Sur le fond, le mémorialiste privilégie la relation de ses expériences sur l'exposé de ses analyses. Non point qu'il manquerait de convictions, lesquelles sous-tendent la rédaction, voire la submergent sous une véhémence agrémentée de points d'exclamation, dont la « lettre à Briand » de 1907 offre un exemple caricatural. Il démontre, mais cherche moins à convaincre qu'à faire partager ses valeurs et ses sentiments. Selon ses propres dires, Marck s'adresse en premier lieu à de « jeunes » camarades[61], qu'il souhaite instruire « des dures luttes du passé » et auxquels il entend « donner le courage et la confiance » de reprendre le flambeau.

À l'heure de la rédaction, l'auteur a derrière lui des décennies de pratique d'écriture militante et professionnelle. Malgré une scolarité initiale irrégulière, interrompue avant sa dixième année, il sait tout à la fois polémiquer et argumenter par écrit. À l'occasion, il dialogue avec son lecteur, admet multiplier les « diversions », portes d'entrée des anecdotes, de préférence amusantes ou pittoresques, et ne résiste pas à la tentation du calembour et du jeu de mots – « ô Niçois qui mal y pense ! », « le plancher des sergents de ville »…

Dans l'ensemble, le texte se lit aisément, parfois, avec plaisir, en dépit de tics de langage, de redondances, de phrases étirées à l'excès et d'abus de parenthèses. Peu porté à endimancher son propos, Marck use volontiers d'expressions plus familières – « toubib », « coup de pied au cul », « foutre le camp », « gnons » – que vulgaires ou ordurières. Il arrive néanmoins que l'expression de la détestation ou du mépris oscille entre l'argot – « flic », « flicaille » –, l'image dévalorisante – « tourbe », « chacal », « engeance », « polichinelle » – et l'insulte – « larbins de la presse », « salop », « salaud »… Fenêtre sur le parler populaire de son temps, le propos emprunte à celui des militants parmi lesquels la référence aux « camarades » supplante l'invocation des « citoyens », tandis que perce la référence aux « copains » pour désigner « les nôtres ».

---

61 *Le Peuple* du 30 décembre 1948.

Le style, sans prétention, ne verse pas dans l'hypercorrection typique de tant d'écrivains ouvriers tenaillés par la crainte du « stigmate d'une maîtrise rhétorique déficiente[62] ». Le vocabulaire, précis et varié, trahit par exception un normandisme aux confins de l'ancien français. Sans exclure le criblage opéré à l'étape de la frappe, le tapuscrit comporte peu de fautes d'orthographe, de langue et de syntaxe. Plus fréquentes dans les derniers chapitres, elles malmènent la concordance des temps, la ponctuation et l'emploi des majuscules.

En vue de la publication, nous avons procédé à des corrections et des retouches respectueuses des particularités stylistiques de l'auteur. Par souci de transparence maximale, nous les avions référencées, dans un premier temps, en notes de bas de page accompagnées de la reproduction du propos initial, avant de nous convaincre d'y renoncer. La multiplication des renvois affaiblissait la lisibilité du texte, cependant que la méthode avait l'inconvénient d'exagérer l'intervention de l'historien et de provoquer un effet inapproprié de stigmatisation[63].

## AUTOPORTRAIT D'UNE PERSONNALITÉ FORTE ET ATTACHANTE

### UN FILS DU PEUPLE

Fils aîné de François, un journalier du port, pilier de cabaret, et d'Anne, sans profession, tôt mariée à un homme deux fois plus âgé qu'elle pour échapper aux « mauvais traitements » de son père, Charles Marck part mal dans la vie. Avant sa troisième année, il perd sa mère, dont il dit avoir hérité du caractère « jovial et enjoué », mais qui meurt épuisée de « chagrin et de misère ». Abandonnés par un père qu'ils ne reverront plus, l'enfant et son jeune frère sont répartis entre les trois sœurs d'Anne, elles-mêmes malheureuses en ménage, mais généreuses et courageuses. La première chez laquelle Charles trouve refuge élève déjà cinq enfants. Transitoire, la solution s'achève avec son placement définitif

62 Vigna, Xavier, *L'espoir et l'effroi...*, *op. cit.*, p. 256.

63 *Cf.* Weber, Florence, « L'ethnographe et les scripteurs populaires. Quelques remarques sur l'écriture comme interaction et comme compétence », *Enquête*, n° 8, 1993, p. 159-189.

auprès d'une seconde tante qui, employée dans une petite fabrique de paillasses vendues aux émigrants en partance pour l'Amérique, confie le bambin à la garde de sa fille. Mais le malheur frappe encore, cette fois sous la forme de la tuberculose, qui emporte la jeune cousine à l'orée de ses 20 ans. Un « désastre » pour Charles, qu'elle entourait d'une tendresse quasi maternelle et dorénavant livré à lui-même. Inscrit à l'école, l'enfant la fréquente épisodiquement. Il va aussi à l'église, où, sur l'insistance de sa tante, il sert comme enfant de chœur. Indiscipliné, il donne autant de fil à retordre au curé qu'à ses maîtres. Chassé par le premier pour avoir bu du vin de messe, il est renvoyé de sa classe après avoir blessé l'instituteur qui s'apprêtait à le battre. À cette date, il n'existe pas d'obligation scolaire.

L'affaire est entendue, à 9 ans, Charles prend le chemin de la paillasserie où sa tante, désormais installée à son compte, l'emploie à coudre des oreillers sous la surveillance brutale d'un grand-père maternel détesté, qui le lui rend bien. « Rustre et hargneux », l'ancien charbonnier a le bâton facile envers son petit-fils. Ce dernier, s'ennuie ferme entre quatre murs. La vie est ailleurs. Elle commence dans la rue si proche, tentante et instructive à sa façon. Tout est occasion de « fredaines » au milieu des balles de coton qui encombrent les trottoirs et la chaussée ou dans les recoins d'entrepôts désertés. Téméraire, le jeune garçon joue aux acrobates et tombe, un jour, du premier étage, chute qui lui vaut six semaines d'immobilisation. Malgré quelques déboires, Marck, tout en longueur, est leste. « Comme un singe », précise-t-il.

Jeune homme, il soigne son allure. Engagé dans la marine de guerre, il fait retailler ses tenues. Invité au bal que la ville du Havre organise en l'honneur du Président de la République, il se démène pour récupérer une redingote et un haut de forme jugés, à tort, indispensables et dont il convient qu'ils l'habillaient en « croque-mort ». Gare, toutefois, aux imprudents qui, sur le moment, s'en gaussent.

## ACQUIS ET DÉRIVES À LA RUDE ÉCOLE DE LA VIE

Se faire respecter... Chez Marck, la règle vient de loin et se confond avec l'esprit de rébellion forgé dès l'enfance en réaction contre les coups du sort et leurs contraintes. Affirmé de bonne heure, le refus de l'injustice et des inégalités entretient une révolte essentielle. Vécue sur le mode personnel de l'indocilité, elle amène le jeune homme à n'en faire qu'à sa tête et à défier l'autorité, quelle qu'elle soit : grand-père, instituteur, prêtre, gradé, patron... Revenu d'une première et rude expérience dans la marine, il ne se plie guère aux normes qui régissent son nouvel emploi chez un avoué. Les choses se passent plus mal pendant le service militaire, effectué dans la « Royale », réputée pour sa rigoureuse discipline.

Marck n'a pas la langue dans sa poche et ne résiste pas aux plaisirs d'apostrophes irrespectueuses ou assassines. À Paris, il « enguirlande » le sous-secrétaire d'État aux PTT qui s'est permis d'injurier des grévistes. À Rouen, en présence du commissaire venu noter ses propos le 1er mai 1909, il oublie vite ses promesses de modération et s'emporte contre la « succursale vermine, fripouille, Clemenceau et Cie »... Condamné, il récidive cinq ans plus tard quand, de retour au Havre, il dénonce la création d'un Office patronal du travail, déclare sa nostalgie de l'époque où, comme en 1900, les militants ne se laissaient pas intimider, et souhaite que les « guignols » et les « vaches à roulettes » trouvent « à qui répondre[64] ».

« Irascible » et fier, formé au code de l'honneur des rues et des quais, il tient tête et, au besoin, en vient aux mains et aux poings. Le sang ne refroidit pas avec l'âge. À près de 50 ans, en 1915, il jette à Luquet[65], qui l'a insulté, le premier objet à portée de main. « Un combat plus sérieux a failli suivre... », commente Rosmer[66]. Tout dépend, il est vrai du contexte. Ainsi exclut-il de se fâcher avec Georges Yvetot, plus « bouledogue », dont il partage la cellule. Lorsque son compagnon d'infortune lui reproche de vouloir rester « imbécile toute sa vie », il

64 Archives nationales (AN) F7 13701, Rapport du commissaire de la Sûreté, Le Havre, le 26 mars 1914.

65 Alexandre Luquet (1874-1930), coiffeur, puis journaliste, fonda le syndicat des coiffeurs parisiens et fut secrétaire de la Fédération des Coiffeurs. Syndicaliste révolutionnaire, il assura l'intérim du secrétariat général de la CGT après l'arrestation de Griffuelhes, en 1908, et prit sa défense face aux critiques de Lévy. En 1914, il soutint l'effort de guerre. Élu conseiller municipal socialiste du 20e arrondissement en 1919, il enleva le siège de député du secteur en 1928.

66 Lettre d'Alfres Rosmer à Pierre Monatte, le 2 mars 1915. Maitron, Jean, Chambelland, Colette (présentées par), *Syndicalisme révolutionnaire et communisme. Les archives de Pierre Monatte 1914-1924*, Paris, Maspéro, 1968. Alfred Griot, dit Rosmer (1877-1964) fut employé. Après avoir fréquenté les milieux anarchistes, il se rapprocha des syndicalistes révolutionnaires, se lia à Pierre Monatte et écrivit dans *La Vie ouvrière* et *La Bataille syndicaliste*. Opposé à l'Union sacrée, il anima la minorité internationaliste, assista au 2e congrès de l'Internationale communiste et participa à la fondation de l'Internationale syndicale rouge. Membre du bureau politique de la SFIC, il fut exclu du parti en 1925. Devenu correcteur d'imprimerie, il milita aux côtés, puis en marge des organisations trotskistes.

commente : « c'est une opinion », quitte à ironiser sur le « derrière trop lourd » du secrétaire de la section des Bourses.

Préparé à affronter les aléas de l'existence, Marck n'est pas un saint. L'anti-modèle paternel ne le détourne pas de l'alcool, plaie havraise et portuaire[67], mais ingrédient de la socialisation ouvrière et masculine. Docker à 16 ans, il raconte la difficulté de ne pas « faire comme les autres » et de s'exposer à « passer pour une mauviette ». Le penchant s'aggrave quand, devançant l'appel, il s'engage dans la Marine. Sa dépendance est telle, alors, qu'elle transforme en « supplice » un semestre de consigne imposé aux apprentis timoniers. Il se rattrape ensuite, brave les ordres et les règlements pour aller boire sa solde jusqu'à en perdre connaissance, imbibé de tafia rhum, d'absinthe ou de vin. De retour au Havre, il continue d'aller de cafés en bars et estaminets avant de basculer, d'un coup, dans une sobriété qu'il étend au tabac. Acte de volonté, la décision est contemporaine de son accession à la tête du syndicat des dockers. Gage de sérieux, elle ne l'éloigne pas de ses camarades de travail, dont l'estime n'interdit pas les sarcasmes. Elle n'est pas vœu d'abstinence, non plus. Ainsi revient-il passablement éméché du bal du Président de la République où le champagne coulait à flots...

## UN BON GARÇON

Ce soir-là, Marck, bon garçon, veille à en faire profiter les préposés au vestiaire et même un agent de police, qu'il ravitaille jusqu'à les enivrer de coupes ramenées du buffet auquel, invité, il a accès. Facile à vivre, qualité héritée de sa mère, il est tout le contraire d'un rabat-joie. « Une seule journée de bonheur » suffirait, écrit-il, à lui « faire oublier bien des déboires et des misères ». Le récit n'évacue pas les moments drôles de grèves dures. La détermination qu'exige la lutte n'est pas synonyme de tristesse. À tout prendre, Marck opte pour ses formes les plus joyeuses. Il s'amuse des « aubades » de Georges Cochon[68] et de son « raffut de

---

67 *Cf.* Castelain, Jean-Pierre, *Manières de vivre, manières de boire. Alcool et sociabilité sur le port*, Paris, Imago, 1989.

68 Georges Cochon (1879-1959), ouvrier tapissier, était libertaire, partisan de l'action directe. À son retour, en 1909, d'un Bat d'Af où il avait été envoyé pour objection de conscience, il impulsa l'activité du syndicat des locataires, ouvriers et employés, qu'il présida à partir de 1911, revendiquant l'interdiction des saisies mobilières et la taxation des loyers. Condamné aux travaux forcés pour désertion en 1917, il relança un temps l'action des locataires en 1925-1926.

Saint-Polycarpe ». La prison, elle-même, échoue à l'abattre. À le lire, on songe au Fernand Barbizon de Jorge Semprun qui, dans l'enfer de Buchenwald, mais par un matin ensoleillé d'hiver, s'exclame : « Quel beau dimanche[69] ! ».

Amateur des belles et bonnes choses de la vie, le mémorialiste se reconnaît l'« esprit gavroche ». Au temps de ses « exploits » alcooliques, il négociait la gratuité des consommations dans les tavernes où il avait ses habitudes contre un tour de chant et quelques histoires qui, certifie-t-il, attiraient et retenaient la clientèle. Ces talents ne sont pas perdus par le militant. Facétieux, il se plaît à déstabiliser ou à ridiculiser ses détracteurs et adversaires par de « bons tours ». Ses nombreuses cibles vont du paysan, qu'il laisse le dénigrer avant de lui révéler son identité… et de lui « botter les fesses », au juge d'instruction qu'il réussit à « faire monter à l'échelle », en passant par les policiers qui, venus perquisitionner son bureau se font ouvrir un coffre où ne reste plus qu'un lapin sauteur, puis qu'il oriente vers un réduit poussiéreux et couvert de toiles d'araignées…

Méfiant d'instinct envers les agents de l'autorité, les politiciens et les bourgeois, Marck se défie des hypocrites, à l'exemple de ce commissaire qui, venu l'arrêter, feint de s'inquiéter du devenir de sa compagne ou du juge d'instruction de Nantes, dont le ton « mielleux » masque l'hostilité. S'il déteste plus encore les carriéristes et les « traîtres », il cultive et valorise, à l'inverse, la fidélité. Jusqu'au bout, il rend son affection à la tante qui l'a élevé comme son propre fils. Hors du cercle familial, il prend fait et cause pour Jules Durand[70], qu'il a connu apprenti. Responsable confédéral très engagé dans la campagne en faveur de l'infortuné charbonnier, c'est à titre personnel qu'il l'assiste à sa sortie de prison et le visitera à l'hôpital psychiatrique.

Apprécié pour ces qualités humaines, Marck noue aisément des relations. Contraint de côtoyer, en prison, des hommes à l'opposé de ses convictions, il accepte l'échange par curiosité et fait en sorte que les désaccords ne compromettent pas la cohabitation. En foi de quoi, il initie ses codétenus royalistes aux astuces qui adoucissent le régime

---

69 Semprun, Jorge, *Quel beau dimanche !*, Paris, Gallimard, 1980.

70 Jules Durand (1880-1926), fils de charbonnier havrais, fut apprenti bourrelier avant de s'embaucher sur le port comme magasinier. Syndicaliste libertaire, il fut licencié en 1908 pour son militantisme et devint docker-charbonnier. Il contribua à la création de l'Union des syndicats du Havre et à la reconstitution, en mai 1910, du syndicat des charbonniers, dont il était le secrétaire.

pénitentiaire et aux solidarités préalables à une « bonne entente ». Avec ses camarades, la fraternité de combats communs mène parfois à l'amitié. Après la démission d'Albert Lévy[71] de la trésorerie confédérale, il proteste, à travers sa candidature, contre les méthodes employées pour écarter son prédécesseur, ancien allemaniste, comme lui, et avec lequel il avait vite sympathisé. Il s'entend mal avec Griffuelhes[72], par trop cassant[73], dont, sur le fond, il soutient l'orientation. Plus sentimental qu'il n'y paraît en public, Marck conservera toute sa vie des photos de Louise Michel[74], admirée et croisée au Havre, puis fréquentée à Londres. Fidélité encore, quand, à son départ de la prison de Nantes, il emporte la petite chatte qu'il avait obtenu d'accueillir dans sa cellule et qu'il gardera avec lui plus de dix ans.

Esprit pratique, curieux et audacieux, il apprend et s'adapte vite, sans s'effaroucher du changement. D'abord paillasseur et mousse, sa scolarité raccourcie ne l'empêche pas d'être employé aux écritures. Au sortir du service militaire, ses supérieurs lui reconnaissent une instruction de niveau 3[75]. Disponible pour tous les possibles, il gère

71 Albert Lévy (1871-1926), employé, fut socialiste allemaniste et syndicaliste de tendance révolutionnaire. Élu trésorier de la Fédération des Bourses en 1901, il devint trésorier de la CGT en 1904. Condamné à 18 mois de prison, il se plaignit, à sa sortie de prison, en avril 1908, de la manière dont Griffuelhes avait tenu les comptes en son absence. Leurs relations s'envenimèrent, probablement attisées de l'extérieur par Briand, alors ministre de Clemenceau. En février 1909, les deux protagonistes démissionnèrent. Après cette date, Lévy n'exerça plus d'activité syndicale.

72 Victor Griffuelhes (1874-1922), cordonnier, fut proche des socialistes vaillantistes avant de se consacrer exclusivement au syndicalisme à la tête de la Fédération des Cuirs et Peaux, qu'il dirigea (1900-1905 et 1909-1910), et à la CGT, dont il fut le secrétaire général à compter de 1901. Il contribua à la consolidation de l'organisation qu'il orienta nettement vers le syndicalisme révolutionnaire. Arrêté en 1908, il démissionna en février 1909, à la suite des critiques portées, notamment par Lévy. Peu après, il participa à la création de *La Vie ouvrière*. Favorable à la défense nationale en 1914, il ne tarda pas à s'opposer à l'Union sacrée et prit part au développement des comités syndicalistes révolutionnaires.

73 Moins de deux semaines après son élection, Marck aurait été durement interpelé par Griffuelhes, qui lui reprochait sa candidature de protestation : « Tu as de la veine d'être trésorier, sans quoi je t'aurais foutu à la porte… ». Archives de la Préfecture de Police (APP), BA/1603, Rapport du 17 février 1909.

74 Louise Michel (1830-1905), institutrice libre, blanquiste, participa à la Commune de Paris et fut condamnée à la déportation en Nouvelle-Calédonie. Devenue libertaire, elle fut plusieurs fois condamnée pour ses activités militantes. Elle se réfugia à Londres en 1890, où elle demeura jusqu'en 1895.

75 Sur une échelle allant de 0 à 5, le niveau 3 correspond aux soldats jouissant d'une instruction primaire développée, quand le 4 regroupe les titulaires du brevet élémentaire. Registre matricule de Charles Marck (ADSM, sous-série 1R, n° matricule 1752).

au mieux ses intérêts dans les limites de sa condition. Il quitte ainsi l'étude d'avoué pour les quais, où il gagne le triple. À la suite d'un calcul similaire, il devance l'appel et s'engage dans la Marine, qui lui ouvre le statut d'inscrit maritime, promesse d'une solde supérieure à celle d'un fantassin. Matelot, il prépare le brevet de timonier, gage de revenus supplémentaires et opportunité de parfaire son éducation. Moins attiré par les servitudes militaires, il met un point d'honneur à échapper aux corvées, aux gardes de nuit et aux manœuvres, mais accepte de servir les officiers, garantie d'un ordinaire amélioré. Plus tard, acculé, il se résout à quitter Le Havre et va tenter sa chance outre-Manche. Ses relations sur place et sa débrouille aidant, il exerce différents métiers, mieux rémunérés que dans l'Hexagone. De retour en France, il s'installe à Paris et participe à l'aménagement d'une ancienne usine en siège de la CGT. L'ancien docker consent, des mois durant, aux travaux les plus rebutants. Affaire de circonstances ? Oui et non. Marck met volontiers la main à la pâte. Délégué de la Confédération, il n'a pas son pareil en matière d'intendance de grève. À Nantes, en 1907, il supervise la création d'une boulangerie coopérative qui, en plus de fournir du pain aux grévistes, leur procure des ressources par la vente d'une partie de la production. Plus classiquement, il organise des « soupes communistes[76] » et ne rechigne pas à prendre son tour aux corvées d'épluchage. Enfermé avec Yvetot, il s'active aux « tâches ménagères », répartition des rôles inégalitaire dont se satisfait son camarade, qui passe son temps à lire. Loin de s'en plaindre, Marck l'accepte au nom de l'impérieuse nécessité d'occuper ses mains et son esprit. Convaincu de l'inaptitude d'Yvetot à gérer le quotidien, il prépare les repas, fait la vaisselle, le ménage, coud, fabrique des « pelotes pour épingles », qu'il distribue autour de lui, directeur compris. À sa libération, en 1908, un fiacre n'est pas de trop pour transporter le matériel de cuisine et la vaisselle accumulés au fil des mois.

76 Rations alimentaires préparées et distribuées gratuitement aux grévistes et à leurs familles grâce à des collectes d'argent et de produits alimentaires. Outre la fourniture de nourriture en l'absence de salaires, elles renforçaient la cohésion des travailleurs en lutte et participaient de la solidarité avec leur combat. *Cf.* JARRIGE, François, « L'invention des "soupes communistes" en France (1880-1914) », BOUCHET, Thomas, Gacon, Stéphane, Jarrige, François, Nérard, François-Xavier, Vigna, Xavier (dir.), *La gamelle et l'outil : manger au travail en France et en Europe de la fin du XVIII^e^ siècle à nos jours*, Nancy, Arbre bleu éditions, 2016, p. 161-178.

N'en concluons pas que l'ancien docker se complaît dans les seules activités manuelles. Sa curiosité le pousse à découvrir et à comprendre. Les rares allusions à ses lectures, en relation avec l'expérience pénitentiaire, citent les écrits de Silvio Pellico[77] et d'Amilcar Cipriani[78], auteurs étrangers, dont l'évocation suggère une culture littéraire et militante. Ce dernier aspect éclaire, sur un autre registre, la mention enthousiaste des dessins et affiches de Grandjouan[79], à l'exclusion d'autres artistes. Marck insiste davantage sur son goût, assez largement répandu dans sa génération et son milieu, pour le spectacle vivant des cabarets, music-halls, théâtres, opérettes, opéra-comique, drames et mélodrames. Abonné du poulailler havrais, il en ressort « les yeux gonflés et tout rouges » de s'être surpris à « chialer ». Il ne dit rien, en revanche, du nouveau venu, le cinéma, dont se soucient les syndicalistes, alors que la coopérative du « Cinéma du Peuple » est animée par des libertaires proches de la CGT. Le 18 janvier 1914, il commente pourtant le film *Les Misères de l'aiguille*, produit et réalisé dans ce cadre[80]. La culture n'est pas l'unique domaine que contourne le mémorialiste, réticent, on l'a vu, à rendre compte de sa vie privée. Quant à la sexualité…

## PUDIQUE PLUS QUE PRUDE

« Je passe ! », abrège Marck qui, relatant ses équipées adolescentes dans le labyrinthe des entrepôts, laisse deviner « ce qui peut germer dans de jeunes cerveaux prédestinés aux aventures amoureuses ». Il ne tait pas davantage la dimension sexuelle des rites d'entrée masculine dans l'âge adulte, contemporains du service militaire. Il signale, en conséquence, les virées dans les bordels des ports de guerre, mais s'abstient de conter d'éventuels exploits, au contraire du récit de ses aventures alcooliques. Rendu à la vie

77 Silvio Pellico (1789-1854), écrivain et poète italien, son engagement patriotique contre l'Autriche lui valut d'être emprisonné pendant 10 ans. Il relata son expérience carcérale dans un livre qui connut un grand succès.

78 Amilcar Cipriani (1843-1918) fut d'abord un patriote italien. Il participa à la Commune de Paris et fut déporté en Nouvelle-Calédonie. De retour en Italie en 1881, un tribunal le condamna à 20 ans de bagne, mais fut libéré en 1886. Devenu anarchiste, il appartint à l'Association internationale antimilitariste.

79 Jules Grandjouan (1875-1968), né à Nantes, dessinateur, affichiste et peintre, ses convictions antimilitaristes et anticléricales l'amenèrent à collaborer avec la presse libertaire et syndicale. Après la guerre, il sympathisa avec la CGTU et le Parti communiste.

80 *Cf.* Perron, Tangui, « "Le contrepoison est entre vos mains, camarades". CGT et cinéma au début du siècle », *Le Mouvement social*, n° 172, juillet-septembre 1995, p. 32-33.

civile, il révèle avoir bien profité de ses ultimes années de célibat. Malgré les reproches de sa tante, dont il s'émancipe en déménageant[81], le jeune docker va au bal chaque soir, rentre tard et « presque jamais seul ». « Question de tempérament, j'avais à peine 23 ans », conclut-il. Le tempérament… Compréhensif, il détournera plus tard la curiosité du gardien afin de permettre à un camarade d'une vingtaine d'années de recevoir son épouse dans la cellule contigüe à la sienne. « On a beau être en prison – je dirais même, surtout parce qu'on y est – […], on n'en est pas moins amoureux », note-t-il.

L'enfermement nourrit des fantasmes que l'auteur rechigne moins à décrire. Découvrant, à Nantes, le mode secret de correspondance des prisonniers, il entretient une relation épistolaire avec une détenue. « Aucune chose grossière ni pornographique », insiste-t-il, invoquant le plaisir d'échanger avec une inconnue à laquelle il écrit des « histoires agréables ». L'aventure, toute platonique, défie l'ordre pénitentiaire et stimule l'imagination. Piqué au jeu, mais insatisfait de devoir s'en remettre aux « rêves », il réussit, au prix d'acrobaties, à mettre un visage et un corps sur sa « dulcinée ». L'émotion est à son comble lorsque d'autres prisonnières acceptent de chanter pour lui, un matin, sans craindre la sanction.

À l'instar de beaucoup d'auteurs ouvriers, jamais avares de détails sur les conditions de travail, les salaires ou les prix, mais que la bienséance associée à l'écrit détournent de rapporter l'objet de maintes expressions, moqueries et discussions[82], Marck lève la plume aux lisières de l'intime. Ajouter à l'audace de l'intrusion en littérature serait trop demander, à plus forte raison dans un récit dont la sincérité n'efface pas le projet militant, sinon édifiant. Malaise et pudeur, plus que pruderie, corsètent sans proscrire. Pour le reste, le mémorialiste, sensible au triste sort des femmes employées dans les bouges du Havre ou d'ailleurs, ne vire pas au professeur de vertu. L'unique exception concerne les « scènes scandaleuses » auxquelles se livrent les aspirants, « chefs futurs de la Marine nationale », qui dansent nus et exécutent les « gestes des plus obscènes ». Le vocabulaire du dégoût qu'inspire le soupçon implicite d'homosexualité redouble la condamnation d'une classe dirigeante dégénérée.

---

81 Neveu attentionné, il revient vivre chez elle, avec sa compagne, quand sa tante, malade, le lui demande.

82 *Cf.* Pigenet, Michel, « Virilités ouvrières », in Alain Corbin, Jean-Jacques Courtine, Georges Vigarello (dir.), *Histoire de la virilité, t. 2, Le triomphe de la virilité. Le XIX^e^ siècle*, Paris, Seuil, 2011, p. 203-240.

## LA MATRICE HAVRAISE

### LE QUARTIER SAINT-FRANÇOIS DANS L'OMBRE DU PORT

Pour Marck, tout commence au Havre. Ses mémoires abondent en descriptions, tant des lieux que des événements. Au contact direct des bassins du port, le quartier Saint-François, où l'auteur voit le jour, est le cœur historique et économique de l'agglomération. Les entrepôts remplis de produits inflammables voisinent avec les habitations. Marck et sa compagne le payent cher quand un incendie ravage leur logement et la paillasserie. Les marchandises débordent de partout, en particulier les balles de coton qui encombrent les rues et sur lesquelles les enfants s'amusent à rebondir.

À proximité des quais, le quartier héberge, plus mal que bien, dans des immeubles vétustes, une population cosmopolite, bigarrée et intermittente de marins et de voyageurs entre deux embarquements. En quête de toits, de nourriture et de distractions, ils font vivre une densité exceptionnelle de bars, hôtels, beuglants, music-halls, tripots et maisons de passe, dont le confort et la réputation reproduisent la hiérarchie de leurs clientèles, également guignées par une faune de voleurs et de souteneurs. L'alcoolisme le dispute à la prostitution. Les frontières sont poreuses entre les chanteuses, « créatures » dépendantes de l'inconstante générosité de publics avinés, les pensionnaires encartées des bordels et les pierreuses des impasses et des cours[83]. Mais Saint-François est aussi peuplé d'ouvriers, tels ces émigrés bretons, pauvres et durs au travail, dont le grand nombre donne un semblant d'identité régionale au quartier. S'y pressent, enfin, des malheureux échoués au terme de vies accidentées. Le tableau qu'en brosse l'auteur rejoint celui d'observateurs moins bien disposés, prompts à alimenter la légende noire d'un port réceptacle d'« épaves » déclassées[84] et réserve de main-d'œuvre très occasionnelle pour les quais ou spécialisée dans les activités de récupération. Tout un petit peuple de fripiers et de chiffonniers y trouve en effet son compte.

---

83 *Cf.* Rique, Anne, *La prostitution au Havre entre 1870 et 1914*, Mémoire de maîtrise, Rouen, 1993.

84 *Cf.* Hérubel, Marcel, *La France au travail. En suivant les côtes, de Dunkerque à Saint-Nazaire*, Paris, Pierre Roger et Cie, 1912.

Si les célibataires abondent, le quartier ne manque pas de familles chargées d'enfants qui, à l'instar de Marck, ont tôt fait d'en explorer les recoins et d'en apprendre les us et coutumes. L'ordinaire des rixes, aux poings ou aux couteaux, entre adultes énervés par l'alcool entretient un climat de violence, que les jeunes s'empressent de reproduire dans les conflits de territoire avec leurs homologues de Perrey tentés d'investir « l'île sacrée ». Des « taloches » des maîtres aux corrections paternelles en passant par les « coups de pied au cul » distribués aux mousses et aux apprentis, sans oublier la brutalité des jeux de rue, la socialisation s'opère à la dure, comme s'il s'agissait de préparer les enfants à la vie qui les attend. Nuançons, sans être particulièrement tendre, Marck dit son bonheur d'avoir bénéficié, enfant, de la douceur et de la tendresse des femmes – mère, tantes, cousine – qui se sont occupées de lui. La rudesse, enfin, n'exclut pas la solidarité, dont les mémoires donnent maints exemples, condition du vivre ensemble face aux coups du sort dans ce quartier, condensé d'une ville ouvrière qui bat au rythme de son port.

Beaucoup d'habitants de Saint-François vivent du port, directement, comme dockers, tels le père de Charles et « la plus grande partie de la famille », ou indirectement, à l'instar de la tante et, un temps, de son neveu, producteurs de paillasses, destinées aux plus modestes des passagers en partance pour les Amériques. D'autres s'activent sur les chantiers de terrassement ouverts pour l'aménagement des bassins, des quais et des jetées.

En période de chômage, l'embauche intermittente des entreprises de manutention attire des centaines d'ouvriers et aiguise la concurrence avec les dockers habituels, résolus à établir des critères de priorité. La ville entière a les yeux tournés vers la mer. La presse locale tient minutieusement la chronique des heures de marées, des arrivées et des départs de navire. Dès avant le tournant du siècle, les plages, du nord de la ville à Sainte-Adresse, ont un air de station balnéaire, tandis que la cité entière s'émeut du spectacle dantesque des tempêtes et de leurs drames. Fenêtre sur le monde, Le Havre, « Porte océane », parle toutes les langues, avec une nette prédilection pour l'anglais, qui imprègne le vocabulaire des quais, inspire les enseignes des tavernes et des hôtels, fixe les règles de jeu du premier Football club fondé en 1872…

Charles Marck rêve, lui aussi, de voyages lointains auxquels invite le mouvement des paquebots aux noms exotiques. Une partie de ville entrevoit d'autres horizons d'attente dans le sillage du mouvement ouvrier en voie d'autonomisation des fractions républicaines et progressistes de la puissante bourgeoisie du négoce[85]. Jules Siegfried[86] incarne ce courant qui, désireux de concilier libéralisme et avancées sociales, entend maintenir son hégémonie politique sur les travailleurs. Les socialistes du cru relèvent le défi à travers la création de syndicats. Sur le port, une organisation des « corporations maritimes » voit le jour en 1879, parallèlement à la création d'un syndicat de l'élite des ouvriers voiliers, à l'origine de la reprise de la contestation sociale de l'automne 1891[87]. Ils sont suivis par les charbonniers, les « journaliers du port » et les camionneurs, sur lesquels s'appuie la Fédération locale des syndicats constituée en 1892 et dirigée par Gaston Laville[88]. C'est à cette date que Marck adhère au syndicat des « journaliers ».

## BOURSE DU TRAVAIL ET MUNICIPALITÉ : L'AUTONOMIE OUVRIÈRE EN QUESTION

L'engagement tient. Marck participe aux discussions qui précédent l'institution, en 1897, d'une Bourse du travail, installée dans un bâtiment communal[89]. Favorable à sa création, la nouvelle municipalité à direction radicale[90] s'oppose toutefois à ce que Laville en soit le secrétaire appointé par la Ville. La fonction revient donc à Marck qui, élu par les syndicats, perçoit 2000 francs par an. Le statut, ambigu, autorise le militant à consacrer tout son temps aux activités de la Bourse, pour autant qu'elles n'entrent pas en conflit avec la municipalité. Concrètement, il ne saurait être assimilé à un « permanent » syndical n'ayant de comptes à rendre qu'à ses camarades.

---

85 *Cf.* Ardaillou, Pierre, *Les républicains du Havre au 19e siècle (1815-1889)*, Rouen, PURH, 1999.

86 Jules Siegfried (1837-1922), négociant havrais, républicain modéré, mais favorable à la création de syndicats, fut maire (1870-1873, 1878-1886), député (1886-1897, 1902-1922) et sénateur (1897-1900) du Havre, ainsi que ministre du Commerce (1892-1893).

87 *Cf.* Barzman, John, « Culture des métiers du port du Havre, 1910-1914 », *Bulletin de la Société libre d'émulation de la Seine-Maritime*, 1995, p. 19-28.

88 Gaston Laville (1862-1908), socialiste allemaniste, fut secrétaire du syndicat des voiliers et de la Fédération locale des syndicats, il contribua à la fondation de la Bourse du Travail.

89 La Bourse occupe un bâtiment municipal inauguré en 1876 par le maire, Jules Siegfried, qui y avait installé le Cercle Franklin, créé avec le soutien de la municipalité afin d'offrir aux ouvriers un lieu de culture et de loisirs.

90 En 1896, la liste conduite par Théodule Marais, un pharmacien radical, remporta les élections locales. Marais devint maire et succéda à Louis Brindeau, un républicain conservateur, à la tête de la municipalité depuis 1890.

Las, les relations avec l'Hôtel de Ville se dégradent sur fond de poussée revendicative nationale qu'amplifie, sur place, la dynamique syndicale impulsée par la Fédération locale des syndicats et son siège à la Bourse. Les résultats havrais encouragent les travailleurs du reste du département. Marck est ainsi appelé à soutenir la grève victorieuse des 3 500 dockers de Rouen, cause d'un premier emprisonnement et du blâme, pour « abandon de poste », que lui inflige la municipalité du Havre.

Au premier tour des élections municipales du printemps 1900, le score honorable – 14 % – de la liste socialiste, aux deux tiers ouvrière et sur laquelle figure Marck, n'arrange rien, malgré le désistement opéré, en faveur du maire sortant. Peu après le scrutin, 2 000 terrassiers se lancent dans un long conflit ponctué d'incidents graves qui, autour de la question du maintien de l'ordre et de la liberté du travail, opposent les syndicats aux autorités locales. Début juillet, exaspérés, des terrassiers interdits de « promenades » et de collecte dévastent l'officine du maire. Deux jours de suite, les ouvriers répliquent aux charges de cavalerie, tandis que la Bourse est occupée par les forces de l'ordre. On dénombre des dizaines de blessés et d'arrestations. Pour la première fois, à cette échelle, la classe ouvrière havraise fait bloc, appuie financièrement les grévistes, manifeste, entre en lutte. De juillet à décembre, on recense 23 grèves, dont celles, massives, des charbonniers, des marins, qui refusent de les remplacer et avancent leurs revendications, puis des métallurgistes des chantiers navals[91].

Marck passe avec succès l'épreuve du feu. À la fin de l'année, les syndicats affiliés à la Bourse, quartier général des mobilisations ouvrières, comptent plus de 7 700 membres. Le Havre se hisse au rang de bastion syndical national et concourt à l'insertion des portuaires et marins français dans la Fédération internationale des travailleurs des Transports. Le négoce local s'alarme d'une situation grosse de nouvelles tempêtes. En novembre 1900, la révision, par le maire et sans concertation, du règlement interne de la Bourse traduit une volonté de reprise en main de l'institution et de mise au pas de son trop dynamique secrétaire.

Après un 1er mai mouvementé, qui a vu des centaines de manifestants tenter de marcher vers le domicile du premier magistrat, un arrêté municipal du 2 mai 1901 décide la fermeture de la Bourse et la

91 *Cf.* Rannou, Hélène, « De la vase aux pavés, la grève des terrassiers havrais en 1900 », *Cahiers d'histoire*, n° 125, 2014, p. 21-32.

suspension immédiate des subventions dont elle bénéficiait. La décision jette les syndicats à la rue et prive Marck de son salaire. Sans revenu trois mois durant, trop connu sur la place pour espérer s'embaucher sur les quais, il subsiste avec sa compagne du produit de la vente d'une partie de leur mobilier. Ses expédients ont leur limite, d'autant que la police multiplie les « tracasseries ». Avec regret, mais sans avenir au Havre, Marck se résout, en 1903, à refaire sa vie ailleurs. Tant qu'à faire, il opte pour l'étranger. Avec l'aide financière de camarades, il embarque, le 15 janvier, pour l'Angleterre. Une page se tourne.

## LES MONDES DU TRAVAIL DE CHARLES MARCK

### 1 000 MÉTIERS, 1 000 MISÈRES

À 9 ans, Charles Marck est au travail, auprès de sa tante et sous la férule brutale de son grand-père. S'il ne résiste pas toujours à l'envie d'aller jouer avec ses copains momentanément plus chanceux, pas plus lui que n'importe quel autre gamin du quartier n'imagine échapper longtemps à la fatalité du travail. Encore faut-il qu'il y en ait et que les gains qu'on en tire profitent à la famille. Nombre de femmes doivent faire, en effet, avec ce que les compagnons rapportent au foyer après la tournée des bistrots.

Dès avant son départ à l'armée, le jeune garçon exerce plusieurs emplois. Docker, il subit les aléas d'embauches qui se raréfient après les arrivées hivernales du coton. En tout état de cause, mieux vaut être en bonne santé. Les contremaîtres y regardent à deux fois avant de recruter un journalier malingre, âgé ou malade. Mal remis d'une opération, Marck traverse plusieurs semaines de « vaches maigres » faute de pouvoir travailler. Les dettes s'élèvent vite chez l'épicier et le boulanger. Il faut se restreindre sur tout et se résoudre, pour améliorer l'ordinaire, à chaparder des fruits dans les campagnes à l'entour.

L'auteur connaît d'autres périodes difficiles, par exemple au lendemain de l'incendie qui ravage son logement en 1895. Réfugié à Londres, en 1903, il chôme un mois avant de trouver à s'embaucher. Emplois bien rémunérés, selon ses dires, mais dont la variété signale l'instabilité. En 10 mois, Marck est, tour à tour, aide-menuisier, charpentier, maçon, terrassier, cimentier, paveur et colleur de papier... Le rapatriement des soldats engagés dans la guerre des Boers[92] l'écarte de nouveau du marché du travail. Il vivote quelque temps comme guide-interprète de marins et de voyageurs français de passage à Londres.

Au terme de son exil britannique, Marck contourne Le Havre, où plus rien ne le retient. Il se fixe à Paris, informé par une cousine qu'une place l'attend chez un marchand de tapis de la rue Vivienne. Là, il s'active onze mois à surveiller le mouvement des marchandises pour 180 francs par mois. La paye est supérieure à ce qu'il percevait comme secrétaire de la Bourse, mais l'ambiance lui déplaît, en particulier les cris du patron, avec lequel il s'accroche. Commis, il se familiarise néanmoins avec la comptabilité.

Sans que l'on sache exactement comment, l'ancien militant reprend langue avec des syndicalistes dans le contexte d'expulsion de la CGT, à l'automne 1905, de la Bourse du travail de Paris. La mesure, prise le 12 octobre par la préfecture, invoque le nouveau règlement interne, qui exclut l'accueil d'unions de syndicats. Elle sanctionne, surtout, la propagande antimilitariste de la Confédération. Quoi qu'il en soit, sitôt informé, Marck aide au transfert du matériel et des dossiers confédéraux dans le trois pièces-cuisine loué en catastrophe au premier étage d'un immeuble de la Cité Riverin. Sans attribution particulière ni mandat, il offre ses services, s'occupe sur place des expéditions et aide le trésorier, Albert Lévy, à tenir les comptes de l'organisation. Le bail s'avère précaire. Dès qu'il découvre l'identité exacte de ses locataires, le propriétaire s'empresse de leur donner congé. Tout est à recommencer, une fois de plus dans l'urgence. Le choix du nouveau refuge se porte sur une ancienne usine chimique, sise 33 de la rue de la Grange-aux-Belles[93]. Les

92 Déclenché en 1899, le conflit opposa les républiques boers d'Orange et du Transvaal, dominées par les colons d'origine néerlandaise, à l'armée britannique, dépêchée pour les intégrer dans l'Empire. Aux actions de guérilla des Boers, les Britanniques répliquèrent par des déplacements de population et l'ouverture de camps de concentration. La guerre fit plus de 75 000 morts, dont 22 000 soldats britanniques. Elle s'acheva en mai 1902 par la défaite des Boers.

93 Située dans cette rue du 10e arrondissement, la parcelle comprenait, en plus des ateliers de l'usine Schmit, un vaste hangar de 1 500 m². Un bail de neuf ans fut signé le 30 janvier 1906, contre un loyer de 12 000 francs, charges comprises. *Cf.* Pigenet, Michel, « Les finances, une approche des problèmes de structure et d'orientation de la CGT (1895-1914) »,

locaux, à l'abandon et revêtus d'épaisses couches de produits toxiques, exigent un sérieux nettoyage des murs, qui ne rebute pas plus Marck que l'enlèvement des « tombereaux » de déchets. La CGT ayant réservé une partie de la parcelle à l'imprimerie dont elle souhaite se doter, l'ancien docker anglophone participe au montage des machines sous les ordres d'un mécanicien britannique[94]. Enregistré désormais comme « homme de peine » affecté à la fonte du plomb de l'imprimerie, on compte sur sa polyvalence et sa disponibilité pour faire face problèmes techniques qui surgissent nuit et jour. L'amplitude malmène les 8 heures que la CGT s'enorgueillit d'appliquer dans ses locaux. Pour le reste, la place est bonne. Les 12 ouvriers et les 2 plieuses employés gagnent 10 francs par jour, tarif nettement supérieur à celui en vigueur dans le labeur parisien. La gestion laisse davantage à désirer, si l'on en croît les rapports de police, à l'affût des moindres éclats ou rancœurs[95], et, par bribes, les échos qu'en saisissent les comptes rendus de congrès ou les mémoires de Marck.

Celui-ci digère mal la réduction de 2 francs par jour décidée en son absence, pour cause d'emprisonnement à Nantes, et mise en œuvre après sa libération, comme s'il était une nouvelle recrue[96]. « Surprise désagréable » et « passablement illogique », note-t-il sur un ton moins incisif que celui relevé par les indicateurs de la préfecture. Il en faudrait davantage, cependant, pour pousser Marck à quitter l'imprimerie, d'autant que le militant effectue toujours plus de prises de parole et de délégation au nom de la CGT. À la suite de l'une d'elles, menée auprès des dockers de Nantes en grève, il écope d'une lourde condamnation. En 1909, le comité confédéral, prenant acte de ses compétences et responsabilités de fait, l'élit trésorier confédéral. La fonction lui ouvre l'accès au bureau confédéral et le reclasse parmi la poignée de « permanents politiques » de la centrale. À 42 ans, en dehors du précédent mandat havrais, Marck

---

*Le Mouvement social*, n° 172, juillet-septembre 1995, p. 63-88 ; Tartakowsky, Danielle, Biard, Joël, *La Grange-aux-Belles, Maison des syndicats, 1906-1989*, Paris, Créaphis Éditions, 2012.

94 L'imprimerie commença à fonctionner en septembre 1906.

95 *Cf.* AN F7 13568, rapports des 4 et 9 novembre 1908. Cette année-là, la direction confédérale renvoie l'administrateur de l'Imprimerie, Alexandre Tennevin, un anarchiste réputé pour la violence de ses déclarations et recruté après avoir été, successivement comptable, typographe et journaliste. Les syndicalistes lui reprochent la mauvaise tenue des livres et une gestion désordonnée. Tennevin devait mourir en juin 1908, ce qui amena sa veuve à réclamer un reliquat de salaire refusé par Griffuelhes.

96 Les « anciens » continuèrent d'être payés au tarif antérieur. Au congrès de Toulouse, en 1910, Griffuelhes admit avoir commis une « faute » envers Marck, mais nia avoir voulu le renvoyer.

a derrière lui une longue expérience professionnelle acquise dans plus d'une douzaine d'activités, dont les plus marquantes ont à voir avec le monde maritime.

### DEUX RÉFÉRENCES PROFESSIONNELLES : MARIN ET DOCKER

Après deux tentatives, Charles réalise, à 15 ans, son rêve de prendre le large. Mousse sur un bateau qui navigue entre la France et le Brésil, il embarque, équipé des atours des « plus vieux loups de mer », dont aucun n'est à sa taille et qu'il ne revêtira jamais. Pas plus qu'il ne viendra à bout du tabac mis de côté. Les deux mois et demi que durent l'aller et le retour ne métamorphosent pas le jeune garçon en marin expérimenté, mais l'initient aux rudesses et dangers de la vie à bord restitués avec précision. À tout moment, l'océan rappelle son hostilité, du roulis générateur de mal de mer au gros temps qui secoue et menace de faire chuter les hommes sommés de monter serrer les voiles, pour ne rien dire de la brume décuplant le risque de collision ou d'échouage. Il faut supporter l'inconfort et la promiscuité du bateau, les sempiternels plats de haricots, la rigueur de la discipline et la brutalité du dressage au métier. Le premier voyage refroidit les ardeurs maritimes du jeune garçon. Pas au point, cependant, de le dissuader de s'engager dans la Marine, occasion d'un long récit teinté d'humour sur les absurdités et les injustices militaires.

En 1900, le secrétaire de la Bourse du Havre est maintenant suffisamment informé du sort des marins du commerce pour trouver les mots et les revendications qui font entrer en lutte. Le déclic survient avec l'emprisonnement, en vertu d'un code colbertien, d'une cinquantaine de soutiers et de chauffeurs qui ont refusé de remplacer les charbonniers en grève. Les liens tissés de longue date dans le quartier Saint-François facilitent la traduction en breton des propos de Marck et du résultat des négociations, conclues par une substantielle révision à la hausse de la grille des salaires.

Hormis l'attrait du salaire perçu et la « funeste » habitude de boire, l'auteur ne dit pas un mot de ses premiers pas, entre 16 et 18 ans, parmi les dockers, sur les modalités d'embauche, la formation des équipes, le rôle des contremaîtres, les travaux confiés, la fatigue et les risques du métier, tous aspects de la profession, dont on devine qu'ils ont marqué le novice. Il raconte plus longuement la seconde période, après le service militaire. Les mémoires traitent alors des fluctuations de trafic et des incertitudes de l'intermittence, de l'embauche renouvelée deux fois par jour. Elles privilégient, cependant, leurs conséquences sur la vie quotidienne du ménage, qui oscille entre la relative « aisance » hivernale et les « vaches maigres » estivales. En tout et pour tout, au cours des trois mois d'été 1891, Marck cumule 15 jours de travail. Du moins peut-il encore, à cette date, atténuer les effets du chômage portuaire par les revenus complémentaires de la paillasserie familiale. Ce n'est plus possible après l'incendie de 1895, qui en fait, malgré lui, un docker à plein temps.

Seule l'élucidation des enjeux de la grève des dockers de Rouen, en 1899, l'amène, enfin, à détailler les horaires et les tarifs à l'origine du conflit qui, moins avantageux qu'au Havre, attisent la concurrence entre les deux ports. Vu sous cet angle, la convergence vers le haut à laquelle s'applique Marck, participe d'une solidarité bien comprise, de nature à pérenniser les acquis havrais. Dans cette perspective, l'œil expert du secrétaire de « Franklin » s'intéresse au paiement majoré des heures supplémentaires et à la rémunération intégrale de chaque vacation ou « corvée » commencée[97]. La victoire rouennaise stimule les dockers havrais qui, l'année suivante, arrachent la journée de 8 heures en deux vacations de 4 heures et la suppression définitive du paiement en jetons jusque-là échangés contre des espèces dans les bars tenus par des « gros chefs[98] » ou leurs proches.

Marck n'imagine probablement pas, à ce moment, qu'il reviendra travailler sur les quais, comme contremaître, à Saint-Nazaire, au printemps 1915. De son propre aveu, ces années comptent parmi les plus pénibles de son existence. Étranger au site, où on accueille fraîchement le « Parigot », il mesure la distance sociale qui le sépare dorénavant des hommes placés sous son autorité. L'ancien syndicaliste vit mal l'entre-deux de son nouveau statut. Les ouvriers, eux, le rangent du côté des patrons. Il s'en défend et prend le lecteur à témoin, sans toujours convaincre. Le texte, amer, brosse le portrait critique de réalités portuaires auparavant évacuées.

Désireux de s'informer des us et coutumes nazairiens, Marck juge prudent de faire un détour par Nantes afin d'interroger le secrétaire du syndicat local, par ailleurs chef dans la même entreprise que lui.

97 Jusque-là, les dockers pouvaient être embauchés pour des vacations d'une heure.
98 Expression par laquelle on désigne les contremaîtres sur les quais du Havre.

Solidarité de militant ou de contremaître, son interlocuteur le prévient de la « malhonnêteté » des chefs de panneaux[99]. La première rencontre avec ceux qu'il tient pour des « chefs souteneurs-alcooliques » confirme l'avertissement. La « bande » le jauge et lui tient tête. À l'écoute des menaces proférées, il finit par se munir d'un révolver. Indigné, il décrit des « arrangements », que ses camarades traquaient au Havre. Le plus commun consiste à recruter des équipes incomplètes et d'empocher le salaire des « fantômes », tandis que les dockers embauchés s'échinent à la tâche. L'ancien syndicaliste condamne plus sévèrement encore l'argent gagné sur le dos des permissionnaires, « pauvres bougres » illettrés et comprenant mal le français, que les chefs d'équipe délestent d'une partie de la rémunération due. Malheur à ceux qui s'en aperçoivent et, pire, osent protester. Insultes et coups pleuvent, quand les « chefs » ne sortent pas le couteau ou le « rasoir », réservés d'ordinaire au règlement d'autres différends, car ces marchands d'hommes vivent aussi de la « traite des blanches ». À la peine, Marck réclame l'aide d'un second, qu'il pensait connaître pour l'avoir fréquenté à Paris. Mauvais choix, l'homme exploite trois prostituées...

Certains problèmes sont d'un autre ordre, quoi qu'en pense le mémorialiste, tenté d'assimiler leurs protagonistes aux repris de justice ou interdits de séjour « indésirables ». Le contremaître voit ainsi d'un mauvais œil l'insubordination de jeunes dockers, souvent venus de la métallurgie et promis aux tranchées, auxquels les ouvriers adultes réservent les manutentions les plus dures et les plus mal payées. Peu motivés, ils s'absentent pour un oui ou un non et désorganisent l'exécution du travail. Les « bosseleurs » montrent une nette préférence pour les cabarets de Saint-Brévin. Scandalisé par leurs « bombes » et « noces », Marck, oublieux de sa jeunesse alcoolisée, joue sur le clivage générationnel afin de gagner à sa cause les ouvriers stables et pères de famille, dont les revenus pâtissent de l'attitude des « jeunes voyous ». Sur la défensive, ceux-ci se rapprochent des « chefs », ravis de rendre la vie impossible au « Parigot ». Les retards engagent la responsabilité du contremaître et fragilisent sa position dans l'entreprise. La cabale tourne au sabotage lorsque Marck prétend appliquer des méthodes havraises de travail et réduire les chutes de sacs de blé dans l'eau.

---

99 Le chef de panneau a pour mission de guider le grutier depuis le panneau donnant sur la cale du navire. À ce titre, il guide le rythme le travail des caliers.

« Mal vu » par les autorités militaires, qui supervisent l'activité du port et tiennent à l'œil l'ancien trésorier d'une « CGT maudite », il s'entend mal, bientôt, avec les syndiqués nazairiens. Il se brouille, notamment, avec Henri Gautier[100], l'influent secrétaire de la Bourse locale, pourtant à l'origine de son embauche, mais qui, mécontent de ses révélations publiques, lui ferme les colonnes du *Travailleur de l'Ouest.* La rupture est consommée au printemps 1916. Informé de la volonté des dockers sous ses ordres de chômer le 1er mai, Marck tente de les dissuader d'une « bêtise » qu'ils seraient les seuls à commettre, sans autre résultat que leur remplacement par des prisonniers allemands. Ce qui ne manque pas de se produire, mais lui vaut d'être soupçonné d'avoir fomenté le mouvement. Le son de cloche est très différent à Paris, où, il l'apprendra plus tard, Gautier l'accuse, devant le comité confédéral, de s'être « vendu » aux patrons. Il n'en est rien, mais le doute s'insinue.

## LA VOIE SYNDICALE

### AUX SOURCES SOCIALES ET MORALES D'UN ENGAGEMENT

L'engagement de l'ancien trésorier vient de loin et trouve sa source dans l'expérience personnelle précoce des humiliations, des privations et de la domination. Social, il comporte une dimension éthique mêlant le refus de l'injustice, de la résignation, de la lâcheté, de l'arrivisme et de la trahison. Ces repères élémentaires suffisent à dicter une conduite. À défaut d'offrir une interprétation du monde, ils structurent une conscience.

Enfant, Charles va à l'église, où sa tante, croyante et à cheval sur les principes, le pousse à servir la messe. La vocation, superficielle, est vite contrariée par des préoccupations moins spirituelles sur fond d'anticléricalisme ouvrier. Les « singeries » d'officiers « calotins » le

100 Henri Gautier (1865-1925), chaudronnier d'origine nantaise, mais parti se former en région parisienne, s'installa à Saint-Nazaire en 1896. Il réorganisa le syndicat des chaudronniers et fut secrétaire de la Bourse du Travail à partir de 1901, puis de l'UL de Saint-Nazaire et gérant de la Maison du Peuple. Trésorier de la Fédération des Inscrits maritimes, il accéda à son secrétariat. Venu de l'allemanisme, il devint trésorier de la Fédération SFIO et directeur-fondateur du *Travailleur de l'Ouest*, siégea au conseil municipal à compter de 1919 et fut le premier élu socialiste au conseil général.

confortent d'autant plus dans ce rejet qu'elles sont le fait de royalistes. Aumônier malgré lui, en sa qualité de timonier, il montre peu d'entrain aux « corvées de prière » qu'on lui impose matin et soir. Des sanctions s'ensuivent, qui aiguisent la critique des « bondieuseries ». Le militantisme politique et syndical étoffe l'argumentaire contre la religion et ses prêtres, agents de l'obscurantisme et des puissants. À l'occasion, Marck « controverse » avec les curés. La croyance et ses rites abandonnés, le syndicaliste accommode à ses nouveaux horizons ce qui subsiste de la morale chrétienne inculquée dans l'enfance.

L'anticléricalisme précède de peu l'antimilitarisme, que le service dans la Marine achève d'ancrer. À l'exception près du commandant équitable, auquel il promet hâtivement de ne plus boire, les officiers et les sous-officiers trouvent rarement grâce sous sa plume. Matelot, il rend compte du cléricalisme et des abus de ses supérieurs dans les colonnes de *La Dépêche de Brest.* Ces derniers repèrent la « forte-tête » et lui font payer son indiscipline caractérisée. Régulièrement consigné ou mis aux fers, les sanctions tournent aux brimades. Le militant s'en souviendra à l'heure des affaires Aernout[101]-Rousset[102] et du « Sou du soldat[103] ». Entretemps, il a, plus qu'à son tour, affronté « les charges

101 Albert Aernout (1886-1909), couvreur et terrassier, avait été condamné pour fait de grève – « chasse aux jaunes » – lors d'une grève de terrassiers. À sa sortie de prison, en 1907, il s'était engagé pour 3 ans. Son casier judiciaire lui valut d'être affecté au 1er bataillon d'infanterie légère d'Afrique. À la suite d'une punition, il fut envoyé en camp disciplinaire, où, à peine arrivé, il trouva la mort, à 23 ans, le 2 juillet 1909, après avoir été roué de coups et exposé sans protection au soleil.

102 Émile Rousset (1883-1961), terrassier, condamné pour vols, devança l'appel en 1908. À la suite d'une rixe, il fut affecté au camp disciplinaire et assista aux mauvais traitements qui provoquèrent la mort d'Aernout. Identifié comme l'un des auteurs de la lettre collective dénonçant les conditions dans lesquelles était décédée la victime, un conseil de guerre lui infligea 5 ans de prison. Le 8 décembre 1911, il fut condamné pour meurtre. Saisie, la Cour de cassation conclut à un non-lieu. Libéré, Rousset se rapprocha des milieux anarchistes. Mobilisé en 1914, il fut envoyé au Maroc, subit des brimades. Après la guerre, il continua de militer avec les anarchistes, mais aurait adhéré au PCF en 1930.

103 Inspiré d'initiatives catholiques destinées à maintenir le lien entre l'Église et les croyants sous les drapeaux, le « Sou du soldat » fut institué en septembre 1900 par le congrès de la Fédération des Bourses du Travail, puis adopté par celui de la CGT, tenu quelques jours plus tard. L'œuvre visait à garder le contact avec les syndiqués pendant leur service militaire au moyen de l'envoi de subsides – les « sous » –, de journaux et de brochures. Composante de l'action antimilitariste, elle entendait rappeler aux soldats que, sous l'uniforme, ils restaient des prolétaires et gêner l'intervention de l'armée dans les conflits sociaux. Les autorités suivaient de près ces activités. En 1910, elles décidèrent d'une série de perquisitions et de l'arrestation de responsables du syndicat de la pierre-maçonnerie de

de chasseurs à cheval et de fantassins » et a pu se convaincre de ce que l'armée, « toujours, intervenait aux côtés des gendarmes dans les conflits entre le capital et le travail. »

À la suite « de longs stages dans les postes de police » et d'une série de condamnations, Marck n'est pas moins hostile à la police et aux magistrats d'une République, dont il désespère qu'elle puisse être « sociale » un jour. Telle n'est pas, à ses yeux, l'orientation imprimée par les majorités qui se succèdent au pouvoir. La méfiance envers les parlementaires vire au mépris s'agissant de la presse et des journalistes à la « solde » des « exploiteurs », porte-voix « cyniques » des dominants, avides de « racontars » et de « sensationnel ». Par comparaison, l'adversaire patronal, dont quelques spécimens particulièrement cupides et brutaux donnent lieu à des portraits au vitriol, suscite moins de détestation. L'évidence de la lutte des classes l'en dispense, dès lors qu'on la mène sans merci.

Pour le reste, Marck n'est pas imperméable aux préjugés de son époque et de son milieu. L'ouvrier havrais regarde de haut les ruraux et les « bedzouilles ». Les références aux « paysans bourrus » et aux « fermiers retardataires » renvoient aux clichés éculés d'êtres indifférenciés, incultes, sinon stupides. Moins univoques, les portraits collectifs de femmes retiennent la douceur de parentes, compatissent au sort des chanteuses de beuglants et des prostituées, rendent hommage aux épouses de boutonniers en grève, mais laissent percer l'incompréhension, voire les réticences, du militant masculin venu aider les trieuses de café en lutte. La mission, lâche-t-il, « faillit me rendre fou ». Constat immédiatement suivi de cette crainte : « cela m'avait suffi pour me rendre compte des difficultés qu'il y aurait à conduire de pareilles grèves, lorsque les ateliers se verraient envahis par l'élément féminin. »

Le syndicaliste, adepte de l'action directe, tacticien et organisateur avisé, se soucie peu de stratégie et de théorie. Assez représentatif, en cela, de beaucoup de ses camarades, il s'en remet à ce que l'instinct de classe lui a transmis. En éprouverait-il le besoin que le tourbillon de l'actualité et des tâches quotidiennes comme la faiblesse de l'appareil confédéral le privent du temps et du recul indispensables à la réflexion. Pour nous

---

la Seine. Dans le contexte de la lutte contre l'allongement de la durée du service militaire, portée à 3 ans, le « sou du soldat » servit une fois encore de prétexte à la poursuite de dizaines de syndicalistes en juillet 1913.

limiter à la crise interne que traverse la CGT lorsqu'il accède au bureau confédéral, ses mémoires décrivent plus qu'ils n'analysent. L'accent mis sur les pratiques et leurs résultats signale la place accordée aux actes, typique d'une conception ouvrière du faire comme valeur et critère d'évaluation. Le syndicaliste s'y retrouve, mais cette manière de voir est antérieure à son adhésion au mouvement ouvrier. Spectateur intéressé d'une délégation de marins insatisfaits de la nourriture à bord, le jeune mousse se convainc des ressources du collectif, fût-il informel. Trois ans plus tard, assez prudent pour ne pas défier la hiérarchie militaire en posant au « meneur », il plaide la cause des apprentis timoniers consignés auprès de son lieutenant et enclenche une procédure qui remonte jusqu'à l'amiral, lequel, à la surprise générale, lève l'interdiction de descendre à terre.

## LE SYNDICAT D'ABORD

Marck adhère à 25 ans au syndicat des journaliers du port, récemment formé. Cela fait quatre ans qu'il travaille sur les quais, voire six, si l'on compte la période antérieure au service militaire. En 1894, il accepte la fonction de secrétaire, « à contrecœur », précise-t-il, par crainte de « ne pas être à la hauteur de la tâche ». L'ascension est rapide, mais l'on ne se bouscule pas pour exercer des responsabilités qui exposent aux foudres du patronat et de l'administration. À première vue, la charge ne serait « pas écrasante » tant les effectifs sont maigres : 32 à 35 inscrits pour plus de 7 000 dockers. L'indéniable faiblesse donne aussi la mesure de l'activité à déployer…

Est-il déjà socialiste ? À l'époque, la question de la séparation entre organisation politique et syndicale ne va pas de soi. Localement, elle s'avère plus formelle que réelle pour la poignée des militants engagés dans des combats communs. Cela vaut dans les deux sens. Marck admet avoir amené son syndicat, notamment pendant l'affaire Dreyfus, à intervenir sur des terrains « qui n'avaient rien à voir avec le syndicalisme ». Il n'en tire pas moins la fierté d'avoir été « des premiers à protester » et « à prendre la défense des Juifs victimes d'un antisémitisme sordide ». La confidence confirme sa proximité avec le courant allemaniste[104], auquel

104 Du nom de son principal dirigeant, Jean Allemane (1843-1935), fondateur, en 1890, du Parti ouvrier socialiste révolutionnaire d'orientation ouvriériste et partisan de la grève générale. Parmi les divers courants socialistes, les allemanistes se distinguèrent par leur engagement précoce dans l'Affaire Dreyfus.

ses compagnons, tels Laville et Defrance[105], et qui, dominant au Havre, apparaît comme l'aile la plus « syndicaliste » du socialisme français.

Dès avant, il a affiché ses responsabilités corporatives pour figurer sur la liste « républicaine socialiste » présentée aux élections municipales de 1896, qui a recueilli 15 % des suffrages[106]. En 1900, son nom est retenu par le Comité électoral socialiste havrais, non moins discret quant à ses fonctions à la tête de la Bourse[107]. Marck ne sera plus jamais candidat à des élections politiques, épisodes dont ses mémoires ne font état qu'au détour d'une anecdote. En 1909, il sait ainsi se rappeler au souvenir d'un avocat, adjoint au maire, qui avait cru bon nier le connaître[108]. On sait par d'autres sources que l'ancien docker a bonne mémoire et ne déteste pas mettre dans l'embarras des notables oublieux de leurs « écarts » de jeunesse. En 1914, de passage au Havre, où le syndicat du port subit la concurrence d'un « office du travail » patronal, il regrette que le trésorier de l'organisme, par ailleurs fils du maire, brûle ce qu'il adorait quand ils appartenaient « au même groupe révolutionnaire[109] ».

Le récit maintient dans l'ombre le détail du cheminement militant et la durée d'un compagnonnage partisan, peu à peu délaissé au bénéfice exclusif du syndicat[110], choix compatible, au demeurant, avec l'option allemaniste initiale. Les mémoires ne comportent pas de critique

---

105 Victor Defrance (1841-1897) fut marin, puis docker. Il participa, au Havre, en 1879, à la création de la Chambre syndicale des corporations maritimes, puis à la fondation, en 1891, du syndicat des journaliers du port. Il en assura le secrétariat et organisa une grève l'année suivante.

106 Lui-même obtint 2009 voix, contre 2154 pour le mieux placé de ses colistiers, Louis Verson (1853-1912), également syndicaliste du port. *Cf.* Boivin, Marcel, « Le socialisme en Seine-Inférieure à la fin du 19e siècle », *Annales de Normandie*, n° 1, 1982, p. 59-86 ; *Le Libertaire*, n° hors série, juin 2018, p. 8.

107 Tête de liste, il recueillit 1840 voix, contre 2556 à Raveau, typographe et président de la Bourse, et 3231 au colistier qui obtint le meilleur score : l'avocat Jennequin, dont il est question plus loin. *Le Libertaire*, n° hors série, juin 2018, p. 8.

108 Il s'agit de l'avocat Jules Jennequin, né en 1865. Fondateur, en 1894, du groupe POF havrais, il s'en sépara pour se rapprocher des allemanistes et des « socialistes républicains », puis des républicains de gauche, sur la liste desquels il fut élu au conseil municipal en 1908, où il siégea comme adjoint jusqu'en 1919.

109 AN, F7 13701, Rapport du commissaire de la Sûreté, le 26 mars 1914, sur la réunion organisée en présence de Marck.

110 L'appartenance partisane semble toujours d'actualité à l'été 1901, quand les statuts de la « Maison du Peuple », qu'il dirige en compagnie de Laville, prévoient que la société coopérative contribuera à « la propagande et la diffusion des idées socialistes, par la création de bibliothèques, cours, conférences, correspondances, congrès, etc. ». ADSM, 4M 572, Rapport du sous-préfet du Havre au préfet, le 1er juillet 1901.

systématique du socialisme partisan que, pour l'essentiel, ils ignorent ou abordent sans sympathie particulière. L'auteur peut néanmoins avoir la dent dure. Ainsi reproche-t-il à la majorité du groupe parlementaire socialiste d'avoir préféré, en 1895, la discipline républicaine à l'opportunité d'une abolition des « lois scélérates ». Il n'oublie rien des « bontés » que la « feuille socialiste » nantaise lui prodigue pendant son emprisonnement. Il explique, encore, le rejet par la CGT du contenu de la loi de 1910 sur les retraites ouvrières et paysannes et met en cause ceux des députés SFIO qui, après avoir fait campagne contre le texte, l'ont finalement voté. À l'inverse, il salue l'attitude de Marcel Sembat[111], témoin de moralité au procès de 1907 et dont le président ordonne l'expulsion. S'il ne cache pas des désaccords avec Jaurès, l'évocation émue de son assassinat témoigne d'un respect sincère, irréductible aux désarrois de l'été 1914.

Par-delà la personnalité du député de Carmaux et des circonstances de sa mort, la lutte contre la guerre conduit la CGT à réviser, sans le dire, l'orientation d'Amiens, pourtant réaffirmée en 1912 et refusant d'entretenir, fût-ce temporairement, des relations avec le Parti socialiste[112]. Contre la loi des Trois ans[113], une initiative confédérale au Pré-Saint-Gervais[114], le 16 mars 1913, est soutenue par la SFIO. À la suite de quoi, le 25 mai, la CGT franchit un pas décisif quand, pour la première fois, elle appelle à participer à un rassemblement du Parti socialiste[115], ce que Marck, qui s'y déplace, omet de préciser.

---

111 Marcel Sembat (1862-1922), avocat et journaliste, il appartint d'abord au Comité révolutionnaire central, fut, élu député du 18e arrondissement (1893-1922) et, un temps, directeur de *La Petite République*. Partisan de l'Union sacrée, il détint le portefeuille des Travaux publics de 1914 à la fin 1916.

112 Dans la suite du congrès du Havre, la CGT déclina l'invitation, lancée par la SFIO, à participer, le 17 novembre 1912, au rassemblement contre la guerre organisé au Pré-Saint-Gervais dans le cadre d'un mouvement initié par le Bureau socialiste international. Peu auparavant, les syndicats allemands et autrichiens avaient opposé une fin de non-recevoir à la proposition cégétiste d'une manifestation syndicale antiguerre, faisant valoir que seuls les partis socialistes étaient habilités à engager des protestations à caractère politique.

113 Malgré l'ample campagne menée dans le pays par la SFIO, les radicaux-socialistes et la CGT, la loi fut promulguée le 8 août 1913. Elle portait la durée du service militaire de 2 à 3 ans. Pour ses initiateurs, il s'agissait d'augmenter le nombre de soldats sous les drapeaux et de compenser ainsi l'infériorité numérique de l'armée française face aux forces armées allemandes.

114 Marck fut un des orateurs répartis entre les onze tribunes aménagées.

115 Bien qu'inscrite dans la campagne contre les Trois ans, l'initiative répondait à l'interdiction de la traditionnelle « montée au Mur » en hommage à la Commune de Paris.

## LES PREMIERS PAS HAVRAIS : DU PORT À LA BOURSE DU TRAVAIL

Syndicaliste avant tout, Marck emprunte un itinéraire militant semé d'obstacles à une époque où, en la matière, tout est à inventer. La franchise générale du propos, exempt de triomphalisme comme de rancœur, fait l'intérêt du témoignage.

Le Havre du début des années 1890 n'annonce d'aucune manière le bastion à venir du mouvement ouvrier. Sur les quais, on imagine mal que les trois dizaines de syndiqués répertoriés puissent entraîner les milliers de journaliers qui se disputent les emplois proposés par des contremaîtres omnipotents. Au port comme ailleurs dans la ville, les conflits du travail, pas ou mal préparés, se heurtent à l'intransigeance de patrons qui refusent de recevoir ou d'entendre les délégués. Les militants des rares syndicats s'épuisent à multiplier les réunions boudées par le gros des travailleurs. La situation se débloque, toutefois, dans le contexte national d'affirmation, au tournant du siècle, de la combativité ouvrière et du syndicalisme. Depuis la Bourse du travail, Marck et ses camarades comprennent l'intérêt de changer d'échelle et de méthode à travers l'organisation de démonstrations de force. À son appel, 3 000 manifestent ainsi, un dimanche, pour contraindre les magasins à fermer, notamment celui du président du syndicat patronal, premier visé, dont la vitrine vole en éclats. « On ne fait pas d'omelette sans casser des œufs », commente le mémorialiste, selon lequel la Bourse fut, « à partir de ce jour-là (...) beaucoup plus fréquentée... ».

Le port, dont chacun comprend l'importance locale, demeure à la traîne. Au printemps 1900, Marck exécute à la main, colle et finance le timbrage des affiches de convocation à un meeting de solidarité avec les terrassiers en grève, que son propre syndicat n'a pas voulu prendre en charge. L'obstination s'avère payante. Contre toute attente, des milliers de dockers se massent pour l'entendre. À peine Marck avance-t-il l'exigence des 8 heures que la foule fait sien le cri d'un charbonnier : « Vive la grève ! » En dix minutes tout est dit. Les jours suivants, les différentes corporations portuaires et les marins entrent en lutte, vérifient la puissance du nombre, prennent confiance, s'organisent et engrangent des résultats. Sur la lancée, les dockers étoffent leurs revendications, se plaignent de l'état des quais, glissants et cahoteux, réclament des WC...

L'indiscutable percée ne débouche pas sur une conversion générale aux ambitieux principes de l'action directe. Si les effectifs s'envolent, le mouvement continue de reposer sur une phalange de militants, Marck en tête. À la Bourse, il cumule les mandats. Dirigeant du syndicat des journaliers du port, il représente également les ouvriers des docks et magasins généraux, les voiliers, les marins du commerce, dont il accepte, en outre, d'assurer la direction par intérim après la condamnation de leur secrétaire. Débordant d'énergie, bon organisateur, il répond aux sollicitations des travailleurs d'autres localités du département. Il contribue parallèlement aux premiers pas du syndicalisme national et international des ouvriers des ports.

En juin 1898, il assiste, à Londres, au 2$^{e}$ congrès international des marins et dockers[116], puis participe à celui de Paris qui, en septembre 1900, l'élit au comité central de la jeune Fédération internationale des travailleurs des Transports[117]. Ces rencontres l'encouragent à réunir les syndicats portuaires de l'Hexagone. Le projet, plusieurs fois reporté, fait l'objet d'une circulaire que les Havrais adressent, au printemps 1900, à leurs homologues des autres sites. Les réponses positives sont assez nombreuses pour permettre la tenue, au Havre, les 13 et 14 avril 1901, du congrès constitutif de la Fédération nationale des Ports et Docks, dont il assume un an le secrétariat général[118].

Cet activisme irrite les notables. Source de « désordres », il inquiète l'administration. Dès l'été 1899, Marck est jeté en prison[119] pour son

---

116 Le congrès se tint du 14 au 16 juin 1898. L'adhésion des syndicats de cheminots conduisit à renommer la Fédération internationale des marins et dockers, créée à Londres deux ans plus tôt, qui prit le titre de Fédération internationale des travailleurs des transports, FIT ou ITF, selon son acronyme anglais.

117 Si le cheminot Eugène Guérard joua un rôle essentiel dans l'organisation du congrès, Marck fut le seul Français élu au comité central. Au cours des débats, il défendit, à partir du cas des marins et des dockers, la nécessité, en France, de structures fédérales corporatives distinctes. AN F7 12 494, Rapport sur le congrès international des transports tenu à Paris en septembre 1900.

118 Le congrès réunit les 23 délégués de 13 syndicats en provenance de 8 ports. Des représentants de la Fédération des syndicats de marins et de la FIT y assistèrent. La nouvelle fédération, qui annonça bientôt 35 syndicats et plus de 21 000 membres, s'affilia à la CGT et à l'ITF. *Cf.* AN 13 699, Dockers, historique, organisation (sd) ; Office du travail, *Les associations professionnelles ouvrières*, T. 4, Paris, Imprimerie nationale, 1904, p. 593-596 ; Confédération générale du travail, *La CGT et le mouvement syndical. Livre du Trentenaire*, Paris, CGT, 1925, p. 412-413.

119 Faute de preuve, Marck fut libéré après trois à quatre semaines de prison « préventive ». Son matricule militaire mentionne, avant cette date, une condamnation à 16 francs

rôle aux côtés des dockers rouennais, cependant que la municipalité du Havre, dont il est le salarié, lui inflige un blâme pour « abandon de poste ». Le pire est à venir, comme on sait, avec l'expulsion des syndicats des locaux de « Franklin ». Sur le moment, les syndicalistes estiment disposer de ressources suffisantes pour faire vivre une Bourse du travail « libre », qu'héberge la « Maison du peuple » fondée sous statut coopératif[120]. Il faut déchanter. La désorganisation consécutive à l'expulsion et à la répression fait fondre les effectifs et, avec eux, les rentrées de cotisations[121]. Aux avant-postes du désastre, Marck décrit sobrement les difficultés qui assaillent les militants, contraints d'accorder leurs ambitions à des moyens en chute rapide. Payer un secrétaire permanent n'est plus d'actualité, tant pour la Maison du Peuple que pour le syndicat des marins. Sans ressources, Marck vend une partie du mobilier du ménage « pour manger ». Mis à l'index par le patronat local, il comprend être arrivé au terme de sa période havraise et émigre en Angleterre. La décision ravit le patronat local et l'administration, qui le tient toutefois à l'œil jusqu'à son embarquement pour Southampton. Soulagés, mais désireux de ruiner la réputation du militant, ses contempteurs font courir le bruit qu'il serait parti avec la caisse du syndicat des marins, accusation dont s'emparera un juge d'instruction en 1907[122]...

---

d'amende pour « coups et blessures », par le tribunal correctionnel du Havre, le 31 juillet 1894. ADSM, sous-série 1R, n° matricule 1752.

120 La « Société coopérative des travailleurs havrais » fut créée au cours de l'été 1901. L'article 4 de ses statuts lui fixait des objectifs larges, dont « l'étude des questions sociales d'après les données de la science et du développement historique et économique moderne », « la formation de groupes amicaux, corporatifs, coopératifs, mutualités, universités populaires, cercles d'études sociales, caisse de solidarité et généralement toute institution, ayant pour but la satisfaction de tous les besoins intellectuels, moraux et matériels des travailleurs ». Elle s'engageait, enfin, « à fournir aux syndicats adhérents à la Bourse du Travail libre, tant qu'elle sera appelée à fonctionner, les locaux qu'ils pourront avoir besoin, pour y établir leurs bureaux et tenir réunions. » ADSM, 4M 572, Rapport du sous-préfet du Havre au préfet, le 1er juillet 1901.

121 Après deux déménagements, en 1901 et 1904, les syndicats s'installèrent, en 1907, dans un local assez vaste où ils restèrent jusqu'en 1914, année de leur retour à Franklin, dont ils seront une nouvelle fois expulsés pendant la grève des métallurgistes de 1922. *Cf.* Barzman, John, *Dockers, métallos, ménagères. Mouvements sociaux et cultures militantes au Havre, 1912-1923*, Rouen, Publications de l'Université de Rouen et du Havre, 1997 ; Rannou, Hélène, *La Bourse du travail du Havre*, Master 2, Université de Rouen, 2009.

122 Sans se prononcer sur son exactitude, le commissaire de la Sûreté du Havre l'évoquera encore en 1914, attribuant la paternité de l'accusation au patronat local. AN, F7 13701, Rapport du 26 mars 1914.

LES HORIZONS MULTIPLES D'UN MILITANT

Si le départ vers l'Angleterre entraîne l'interruption de son activité syndicale, l'installation à Londres et les emplois exercés doivent beaucoup aux liens noués avec des syndicalistes britanniques de la FIT. Marck franchit sans difficulté l'obstacle de la langue. L'influence anglo-saxonne est grande au Havre, sur les quais et à bord des navires, comme dans les salons et les bouges. Marck lui-même est déjà venu à Londres en 1898. À la veille de revenir en France, le doute n'est plus possible, quant à sa pratique de l'anglais. Elle lui permet de servir d'interprète, à Londres comme, plus tard, à Paris et dans le cadre de ses responsabilités à la CGT. Traducteur attitré de son ami Tom Mann[123] lors de ses passages à Paris, il permettra, notamment, à Monatte de s'entretenir avec le syndicaliste américain William Z. Foster[124].

Marck maîtrise aussi l'allemand. D'origine alsacienne, la branche maternelle de la famille parle, en effet, un dialecte régional, que s'approprie le jeune Charles à l'écoute de sa tante. À 14 ans, il songe d'ailleurs à s'embarquer sur un navire brêmois, dont le capitaine voudrait qu'il apprenne le français à ses deux enfants. Pour lui, ce serait l'occasion d'améliorer son allemand. Il y renonce finalement, mais continuera de valoriser son acquis dialectal.

Marck se distingue également de la plupart de ses camarades par ses voyages hors de France[125]. Mousse, il a entrevu le Brésil, adulte il traverse la Manche, puis vit en Grande-Bretagne. En 1911, il effectue un assez long périple en Allemagne. À Paris même, polyglotte, il assiste à maintes conférences, où il croise des délégués venus de Suède, de Belgique, des Pays-Bas, du Danemark, d'Autriche-Hongrie, d'Italie, d'Espagne, etc.

---

123 Tom Mann (1856-1941), ingénieur de formation, socialiste, anima la grande grève victorieuse des dockers londoniens de l'été 1889 et présida leur syndicat général. Fondateur de la Fédération internationale des marins et dockers-Fédération internationale des transports, il en fut le président jusqu'en 1901. Après un long séjour en Nouvelle-Zélande et en Australie, il revint en Grande-Bretagne en 1910. Partisan de l'action directe, il s'opposa à la guerre et participa à la création du PC britannique et aux luttes ouvrières des années 1920.

124 Monatte, Pierre, « La fondation de la Vie ouvrière », *La Révolution prolétarienne*, octobre 1959. William Z. Foster (1881-1961), ouvrier américain, milita à l'IWW, syndicat d'action directe, avant de rejoindre l'AFL. Il joua un rôle important lors de la grande grève de la sidérurgie de 1919-1920. Membre du Parti communiste, il en fut le secrétaire général de 1929 à 1932, puis le président, de 1945 à 1957.

125 Et qu'enregistre d'une certaine façon l'index des noms de lieux relevés dans les mémoires : sur les 105 répertoriés, 20 se situent en dehors de la France métropolitaine.

On ignore jusqu'à quel point ces échanges, dont certains sont amicaux, ont pu influencer les manières de penser et d'agir du militant informé des expériences syndicales étrangères différentes, pour ne pas dire aux antipodes des orientations cégétistes. Ce qu'il retient de son séjour en Allemagne ne diffère guère de ce qu'en pensent les autres membres de la délégation, impressionnés par la puissance des organisations allemandes, mais critiques envers l'usage qu'elles en font, du double point de vue de la bureaucratisation et du défaut d'audace par crainte d'entamer le patrimoine accumulé.

L'index des personnes citées, camarades et adversaires confondus, donne un aperçu de l'étendue des contacts qu'il a pu établir jusqu'en 1916, à l'intérieur comme à l'extérieur des frontières du pays. Certains noms, parfois inattendus, confirment la capacité de l'ancien docker à se lier comme à frapper aux bonnes portes. Matelot anonyme, le jeune Havrais n'hésite pas, ainsi, à solliciter l'appui de Jules Siegfried en vue de bénéficier d'une libération anticipée du service militaire[126]. Le syndicaliste convié au bal du Président de la République, se souvient avoir été reçu deux fois par Félix Faure quand il était ministre de la Marine. La liste est, certes, plus longue des militants côtoyés, quelquefois de près, à l'exemple de Louise Michel, Aristide Briand, Victor Griffuelhes, Georges Yvetot, Léon Jouhaux, Jules Grandjouan, Gustave Hervé, Georges Cochon, etc. Aux lisières du mouvement syndical et au carrefour des milieux libertaires et révolutionnaires, Marck semble à l'aise auprès des « Jeunes Gardes » de *La Guerre sociale*, cependant que d'autres fréquentations amènent jusque dans son bureau de la Grange-aux-Belles, un membre de la « bande à Bonnot[127] » ou l'inquiétant Léon Lacombe[128].

126 Libération à laquelle lui donne droit son statut de soutien de famille.

127 Jules Bonnot (1876-1912), ouvrier mécanicien, plusieurs fois condamné, fut aussi plusieurs fois licencié pour sa participation à des grèves. Familier des milieux anarchistes, il multiplia les cambriolages et les braquages, parfois sanglants et pour lesquels il inaugura le recours à des voitures lui permettant de semer la police. Le 27 avril 1912, il fut tué lors de l'assaut donné par les centaines de policiers et de soldats contre le pavillon de Choisy-le-Roi, où il s'était réfugié.

128 Léon Lacombe (1885-1913), mineur, puis terrassier, fréquenta les milieux anarchistes, tout en participant à plusieurs délits et crimes. Arrêté en mars 1913, il se suicida, le 5 avril, à la prison de la Santé.

# À LA CGT AU TEMPS DU SYNDICALISME RÉVOLUTIONNAIRE

## POLYVALENCE : « HOMME À TOUT FAIRE » ET MILITANT

Entré au siège de la CGT par la petite porte, l'« homme à tout faire » de la Confédération entre, au bout de trois ans, au bureau de la Confédération dans le contexte délicat d'une grave crise de direction. Son élection n'est pas une formalité[129], mais les responsables cégétistes n'ont pas attendu 1909 pour lui proposer des missions de confiance, plus en rapport avec son activité passée qu'accordées à son emploi officiel de manœuvre. Loin de s'en plaindre, polyvalent, il relève le défi d'interventions dans des secteurs difficiles ou inédits de l'action syndicale : garçons d'écurie, marins-pêcheurs, employés des grands magasins…

Délégué par la CGT, il œuvre classiquement à la propagande, prend la parole dans les meetings du 1er mai et à la faveur des campagnes nationales contre la loi sur les retraites ouvrières et paysannes, la vie chère ou pour la semaine anglaise[130]… Il contribue également à l'organisation de la solidarité lors de grèves menacées d'enlisement ou à retentissement national. Au gré des circonstances, il tempère, ranime les énergies, conseille, suit les négociations, voire y participe. Bon connaisseur du monde portuaire, il est dépêché à Nantes, où le conflit des dockers s'enflamme, mais on le retrouve sur d'autres points chauds des luttes sociales, avec les papetiers de Corbeil, boutonniers de l'Oise, les postiers parisiens, à Villeneuve-Saint-Georges…

Acquis de longue date à l'action directe, Marck l'associe volontiers aux méthodes « énergiques ». Pour contraindre le Bazar de l'Hôtel de Ville à

129 Le 2 février 1909, la candidature de Marck, posée pour protester contre les méthodes employées à l'encontre de Lévy ne suscita pas d'opposition ouverte, mais le mécontentement des proches de Griffuelhes se traduisit par un nombre élevé d'abstentions – 63 –, supérieur à celui des voix recueillies par le nouveau trésorier – 49. APP, BA/1603, Rapport du 4 février 1909.

130 La revendication d'un repos hebdomadaire élargi, sans perte de salaire, sur tout ou partie du samedi – dite « semaine anglaise », car répandue en Grande-Bretagne –, en sus de celui, dominical, acquis en principe depuis 1906, fut décidée lors de la conférence des Bourses et Fédérations organisée en juin 1911. Elle se substituait, de fait, à la campagne pour les 8 heures, mise en difficulté, mais en reprenait certaines modalités. Elle devait débuter le 1er mai 1912 et une hausse de 10 à 15 % des cotisations fut adoptée pour la populariser.

fermer ses portes à 19 heures, il s'assure du concours des gars du Bâtiment, dont, jadis, au Havre, il avait pu apprécier l'efficacité musclée. C'est aux terrassiers, confirmés dans leur réputation d'« hommes-camarades[131] » et d'avant-garde combative du syndicalisme parisien, qu'il fait appel pour l'organisation de chahuts. Il relate avec humour une expédition ratée au Moulin-Rouge, qui n'est pas la première du genre[132]. La brutalité n'est pas exclue. Un ancien secrétaire de rédaction de *La Petite République* se souvient son irruption dans les locaux du journal, canne levée et en compagnie de Lévy, à la suite du refus opposé à un droit de réponse. Toujours partant dès qu'il s'agit de ridiculiser les autorités, ministres compris, il n'aime rien tant que narguer la police. Il est de l'équipée motorisée formée pour distribuer, le 10 janvier 1911, des tracts aux alentours du Palais de Justice et qui, à coups de poing, écarte les sergents de ville agrippés au véhicule, manque de renverser le préfet Lépine, puis se réfugie sur l'impériale d'un bus et continue de jeter des dépliants syndicaux[133]. En délicatesse avec la légalité bourgeoise, Marck n'approuve pas seulement la séquestration de Lucien Métivier[134], il assiste à l'interrogatoire de l'informateur de Clemenceau par Almereyda et ses « Jeunes Gardes ».

### TRÉSORIER CONFÉDÉRAL : FAIRE SUIVRE L'INTENDANCE

Témoignage de première main sur la CGT des grandes heures du syndicalisme révolutionnaire, les mémoires donnent davantage à voir et à comprendre les pratiques et les mentalités des militants

131 Expression empruntée à Georges Navel. Navel, Georges, *Travaux*, Paris, Stock, 1979, p. 186.

132 En mars 1906, en compagnie d'Albert Lévy et de « quelques autres », il aurait programmé d'aller siffler la pièce – « Au-dessus des frontières » – d'un rédacteur de *L'Écho de Paris.* APP, BA/1601, Rapport du 7 mars 1906.

133 Le récit de Marck est corroboré par les divers rapports de police qui, tout au long de la journée, rendent compte du déroulement de l'initiative cégétiste. APP, BA/1643.

134 Lucien Métivier était né en 1884. Ouvrier biscuitier, il devint secrétaire de rédaction de l'organe de la Fédération de l'Alimentation, secrétaire du syndicat des biscuitiers de la Seine et siégeait au comité confédéral de la CGT. En mai 1908, il obtint, sur sa demande, d'être appointé comme informateur de la Sûreté générale sous le pseudo de « Luc » et fut reçu par Clemenceau en personne qui, publiquement, le décrivait comme un « anarchiste très violent » et un syndicaliste dangereux. L'arrestation de Métivier, lors de la grève de Draveil-Vigneux, contribua aux tragiques événements de Vigneux et Villeneuve-Saint-Georges le 30 juillet 1908. Trois ans durant, il multiplia les actions provocatrices avant d'être démasqué par Almereyda et ses camarades. Après s'être enfui au Maroc, il s'installa à Nice, comme représentant de commerce, puis à Vence, où il tint une épicerie.

que les débats autour des orientations stratégiques, des initiatives tactiques, le jeu des tendances et des sensibilités, l'affirmation de l'échelon confédéral. Les réponses à ces questions se reflètent, certes, dans les finances, qui en conditionnent la mise en œuvre. Projet après projet, les objectifs de simplification et d'homogénéisation tardent à aboutir face au mauvais vouloir d'organisations affiliées jalouses de leurs prérogatives. Modeste et laconique, Marck passe vite sur les restructurations réalisées sous son mandat, qui contribuent pourtant à stabiliser l'organisation confédérale. Quatre mois après sa désignation comme trésorier, une conférence extraordinaire des fédérations et des bourses traite des finances[135]. Barème des cotisations, cartes et timbres confédéraux, unification des caisses centrales, patrimoine immobilier, *viaticum*[136]... les délégués font le tour des problèmes. De premières décisions sont adoptées. À partir du 1er janvier 1910, une caisse centrale réunit les comptes des deux sections – Fédérations et Bourses –, ainsi que ceux de la propagande pour les 8 heures et pour la grève générale[137]. La carte confédérale est substituée aux multiples carnets fédéraux. Sa deuxième page est destinée au collage de deux timbres mensuels qui, délivrés par la Confédération aux fédérations et aux unions interprofessionnelles territoriales, sont ensuite vendus aux syndiqués *via* les trésoriers des syndicats. Les responsables confédéraux lui savent gré de ce travail. Après le congrès de 1910, le comité confédéral le réélit, cette fois à l'unanimité des 88 votants. L'application des décisions n'est cependant pas une mince affaire[138]. Outre, le surcroît de travail qui en résulte pour les trésoriers, la Confédération ne dispose d'aucun moyen de contrôler les comptes des fédérations, bourses et syndicats. Tout au plus obtient-elle qu'on lui adresse des informations financières, dont elle ne peut vérifier la sincérité. Atténuées, les fraudes, rétentions de cotisations et entorses aux règles communes, fruits de désaccords et d'égoïsmes corporatifs,

135 *Compte rendu de la conférence extraordinaire des Fédérations nationales, Bourses du Travail et Unions de syndicats (Paris, 1er-3 juin 1909)*, Paris, Maison des Fédérations, 1909.

136 Secours de route hérité de l'époque du compagnonnage qui, par-delà le service rendu au syndiqué à jour de ses cotisations et voyageant pour trouver du travail, visait à éviter qu'il ne s'embauche pour un tarif inférieur aux conventions locales.

137 Le nombre des caisses passa de 6 à 3. Outre la nouvelle caisse centrale, subsistaient celles de *La Voix du Peuple* et des grèves. Dès 1911, cependant, l'instauration du *viaticum* obligatoire entraîna l'ouverture d'un quatrième compte.

138 *Cf.* Pigenet, Michel, « Les finances... », art. cité.

ont encore de beaux jours devant elles. En 1912, le rapport financier feint de s'étonner que les adhérents de certaines fédérations soient « vraiment peu nombreux ». Il pointe le cas du Textile qui, opposé à la direction confédérale, annonce 48 000 adhérents, mais ne commande que 10 100 cartes et 11 110 timbres mensuels[139].

La tenue des comptes est chronophage. Un « travail considérable », précise Marck à la suite d'une intervention critique, qu'aggrave la décision de présenter des rapports trimestriels[140]. Écrasé sous les tâches, il ne s'y plie qu'une fois, au terme de « deux nuits » de travail et réclame la nomination d'un adjoint[141]. Élu, en février 1911, mais emprisonné pour deux ans au mois d'août, Georges Dumoulin n'est guère en mesure de l'aider. Membre du bureau confédéral, le trésorier prend aussi sa part aux nombreuses activités d'une direction composée de quatre « permanents[142] ». Pour nous en tenir aux délégations et voyages effectués par Marck au nom de la Confédération, le rapport financier au congrès du Havre en dénombre 32, dont 1 en Allemagne et 26 en province de juillet 1910 à juillet 1912[143]. Il faudrait ajouter une multitude de réunions dans la capitale, dont celles du bureau et du comité confédéral, du moins tant qu'il est libre de ses mouvements…

---

139 La prise tombera à 5 600 au second semestre 1912… Au cours du congrès de 1912, Marck rappela qu'en 1911, Renard, le secrétaire du Textile aurait fait état d'un « accord tacite » entre la Fédération et son prédécesseur, qui fermait les yeux sur la violation des barèmes statutaires. *Le congrès du Havre (16-23 septembre 1912*, Le Havre, Imprimerie de l'Union, 1912, p. 29.

140 *Ibidem*, p. 76.

141 Georges Dumoulin (1877-1963) est élu trésorier adjoint par 76 voix sur 88. Mineur et syndicaliste, il avait appartenu au POF. Il participa aux grèves de 1906, avant de venir à Paris, où, proche de Monatte, il fréquenta les milieux anarchistes et syndicalistes. En 1911, il devint trésorier adjoint de la CGT, avant de passer, un an plus tard, à *La Voix du Peuple.* Mobilisé en 1914, il s'opposa à l'union sacrée avant de se rallier aux majoritaires en 1918. Socialiste, fonctionnaire du BIT, il dirigea l'UD du Nord de 1936 à 1938 et soutint la tendance *Syndicats.* Rallié à Vichy, il adhéra au RNP.

142 Soit, en 1910-1911, Jouhaux, Yvetot, Marck et Dumoulin, dont les appointements mensuels sont fixés à 250 francs, somme à laquelle il faut ajouter, pour le trésorier et son adjoint, un complément de 50 francs chacun, au titre de la comptabilité séparée de *La Voix du Peuple.* Rapport financier présenté en 1912, *Le congrès du Havre…*, *op. cit.*, p. 100.

143 Les 7 réalisées au moment de l'affaire Durand arrivent en tête devant les participations à des congrès fédéraux (5) et à des tournées de propagande, (5), le soutien à des grèves (4), la campagne contre la loi sur les retraites ouvrières et paysannes (4), l'action contre les lois scélérates (3), les meetings des 1ers mai 1911 et 1912 (2), la grève des cheminots (1), la délégation en Allemagne (1). Rapport financier présenté en 1912, *Le congrès du Havre…*, *op. cit.*, p. 103-107.

CE QU'IL EN COÛTE…

Marck a l'expérience de la répression : témoin de l'arbitraire administratif, habitué des charges policières et de cavalerie, il ne compte pas les expulsions de locaux, parfois prolongées de passages par les commissariats. L'enfermement pose plus de problèmes. Moins de trois mois après son élection, le trésorier est arrêté à Rouen et inculpé pour outrage à un commissaire présent aux deux réunions publiques organisées le 1er mai 1909. Indépendamment de la qualification des propos litigieux, les conditions de l'interpellation, à 1 heure du matin et au domicile privé de l'ami cafetier qui l'hébergeait, signalent l'acharnement d'autorités résolues, fût-ce au prix de quelque liberté avec la procédure, à frapper les militants les plus en vue de la Confédération. La condamnation de Marck à quatre mois de prison[144] prive la CGT de son trésorier à la veille de la conférence extraordinaire convoquée pour discuter de mesures financières. En catastrophe, Jouhaux ajoute la trésorerie à ses responsabilités. À Rouen, la situation du prisonnier se complique à l'annonce que la justice militaire le tient pour insoumis. L'ancien timonier réussit à prouver l'inanité de l'accusation. Épargné du conseil de guerre, il doit néanmoins effectuer, à sa sortie de prison, une période de neuf jours de caserne en tant que réserviste.

Le militant n'en est pas à son premier séjour en cellule. Hormis les punitions subies pendant son service militaire, il connaît la maison d'arrêt rouennaise, où il avait été emprisonné trois à quatre semaines en 1899. L'incarcération la plus longue, un an, a lieu en 1907-1908 et sanctionne son rôle pendant la grève des dockers de Nantes. La cour d'assises, dont le président ne dissimule pas son hostilité à l'égard des accusés[145], a la

144 Jugement du 6 mai, confirmé en appel, le 22 mai.

145 Marck, inculpé d'incitation au meurtre et au pillage, fut jugé en compagnie d'Yvetot, qui écopa de 4 ans pour les mêmes chefs d'inculpation auxquels s'ajoutaient la provocation de militaires à la désobéissance et les injures envers l'armée. L'accusation reprochait au trésorier de la CGT plusieurs déclarations. Il aurait encouragé à la vengeance contre les non-grévistes – « Vous montez des sacs sur un escabeau (sic), vous êtes en haut mais vous êtes fatigué vous avez en bas un non-syndiqué qui vous suit, alors vous avez l'air, étant fatigué, de glisser et vous laissez tomber votre sac… » –, au sabotage – « Les grues marchent à l'électricité. Vous coupez en passant avec un couteau, avec un outil quelconque, les fils et tout est arrêté, une explosion peut surgir… » – et au pillage – « Si, vous n'avez pas de légumes et de bois pour les soupes communistes, vous savez où en trouver… ». Marck nia les phrases qu'on lui imputait. Il fit valoir que les dockers n'auraient aucun intérêt à détruire leurs instruments de travail et observa que les grues nantaises n'étaient

main lourde, en dépit des circonstances atténuantes accordées à Marck. Par chance, le directeur des prisons de l'Ouest, a croisé le syndicaliste dans une vie antérieure[146]. À chacune de ses tournées, il vient le saluer et discuter avec lui, intérêt bénéfique au détenu que le personnel pénitentiaire ménage. Celui-ci relève, en outre, du « régime politique[147] ». « Nous faisions absolument ce que nous voulions », écrit-il, exemples à l'appui : réception de journaux, de livres et de provisions, dispense de travail, préparation des repas, liberté de circulation à l'intérieur de la prison, droit de visite, notamment de sa compagne à raison d'une heure par jour… Il en va de même à Rouen, en 1909, où, midi et soir, un restaurateur proche de la CGT lui livre gratuitement des plats.

Sensible aux autres témoignages de sympathie parvenus des quatre coins du pays sous la forme de centaines de lettres et de cartes postales, Marck ne reste pas moins prisonnier. Si ses mémoires n'en laissent rien paraître, d'autres sources, intéressées au moindre signe de découragement, notent un début de fatigue militante. Sitôt sa peine accomplie, le trésorier aurait déclaré « qu'il espérait que maintenant on le laisserait un peu tranquille[148] ». Il ne perd pas pour autant son humour. Toujours disponible pour se rendre auprès de grévistes, il pense déjouer de futures poursuites par la répétition au mot près des anciens discours de Briand…

Les autorités, quant à elles, ne relâchent pas leur pression. Les mémoires offrent un aperçu de la succession quasi interrompue d'arrestations et de procès de syndicalistes. Malgré les non-lieux et les acquittements prononcés, les amendes, les incarcérations ou les fuites à l'étranger pour y échapper épuisent les hommes et déstabilisent les organisations. Au sommet de l'État, après les coups portés par Clemenceau et Briand, Barthou engage à son tour l'épreuve de force avec la CGT, dont la lutte contre la loi des Trois ans ravive l'antimilitarisme, qui lui est propre et l'expose davantage que la SFIO à la répression.

---

pas électriques, mais hydrauliques. Quant à l'approvisionnement des soupes, il protesta contre la déformation des propos qui invitaient non au vol, mais aux collectes auprès des producteurs : « Allez prendre chez les maraîchers ce dont vous avez besoin, en supprimant, ainsi les intermédiaires ». *Cf. l'Humanité* du 12 juin 1907.

146 Reconverti dans la fonction publique, cet ancien secrétaire de rédaction de *La Petite République* avait reçu la visite, fort peu amicale, de Marck, mais ne lui en tenait pas rigueur.

147 Régime spécial appliqué aux détenus « politiques » et fixé par l'arrêté du 4 janvier 1890 qui leur accorde une plus grande liberté de communication avec l'extérieur et de circulation dans la prison.

148 APP, BA/1603, Rapport du 18 août 1909.

Marck y prend part. Selon un rapport de police, il serait le cosignataire d'une circulaire qui, en février 1913, recommande de profiter des conseils de révision pour expliquer aux jeunes que l'armée est « au service du patronat exploiteur contre la classe ouvrière », dénoncer le militarisme, « une plaie », et montrer combien le budget des armées « paralyse le développement économique » et mène à une « boucherie entre les peuples du monde entier[149] ». L'initiative et l'argumentaire ne sont pas vraiment nouveaux, mais, à la veille de l'annonce de l'allongement de la durée du service, la circulaire attire l'attention sur le trésorier. En mai, les autorités voient la main de la CGT derrière les troubles survenus dans des casernes et ordonnent, le 23, la perquisition de nombreux sièges syndicaux. En complément, le 1er juillet, dix-huit mandats d'arrêt sont lancés contre des cégétistes provinciaux et parisiens, dont Yvetot et Marck. Le juge poursuit le premier pour avoir payé les timbres nécessaires à l'envoi de circulaires du « Sou du soldat » avec l'argent que l'on reproche au second de lui avoir fourni. L'un et l'autre sont maintenus à la Santé pendant la durée de l'instruction, absences qui perturbent, une fois de plus, le fonctionnement de la direction confédérale.

La procédure judiciaire, riche en rebonds, s'étire en longueur. La CGT, décidée à croiser le fer sur ce terrain, réunit un collectif d'avocats, dont Pierre Laval[150], en charge des dossiers de Marck et d'Yvetot. Cette collaboration n'est pas inédite[151]. La défense met en cause les rôles

149 APP BA/1605, Rapport du 19 février 1913 sur la circulaire Marck-Calveyrach du 10 février.

150 Pierre Laval (1883-1945), alors avocat et socialiste, défendit de nombreux syndicalistes avant la Première Guerre mondiale. En 1914, il fut élu député dans la banlieue nord de Paris. D'abord partisan de l'union sacrée, il rejoignit ensuite les minoritaires. Battu en 1919, il fut réélu en 1924, après être devenu maire d'Aubervilliers. À cette date, il n'était plus socialiste et amorçait une évolution qui, la fortune aidant, en fit l'un des dirigeants de la droite conservatrice. Président du Conseil en 1931-1932, puis 1935-1936, il contribua de façon décisive à l'instauration du régime de Vichy, dont il fut le chef du gouvernement en 1940, puis de 1942 à 1944. Jugé, il fut condamné à mort et fusillé. Les autres défenseurs membres du barreau de Paris sont André Berthon, René Bloch et Louis Oustry. André Berthon (1882-1968), était déjà l'un des avocats attitrés de la CGT. Il fut élu député SFIO en 1919, rallia les communistes et fut réélu jusqu'en 1932, où il rompit avec le PCF. Ami de Laval, celui-ci le fit nommer conseiller municipal de Paris en 1943. René Bloch (1881-1943) était également socialiste. Avocat, il travailla avec la CGT et les conseillers prud'hommes jusqu'à la Seconde Guerre mondiale. Il mourut en déportation. Louis Oustry, avocat, fut d'abord socialiste indépendant avant de rejoindre la SFIO, à laquelle il resta fidèle après 1920.

151 *Cf.* Bance, Pierre, *Les fondateurs de la CGT à l'épreuve du droit*, Paris, La Pensée sauvage, 1978 ; Olszak, Norbert, *Mouvement ouvrier et système judiciaire (1830-1950)*, thèse d'histoire

attribués aux inculpés et la compétence de la 8e chambre du tribunal correctionnel de Paris pour des délits dont elle conteste qu'elle ait à en juger au nom de la « loi scélérate » du 28 juillet 1894. Selon ses conclusions, les circulaires incriminées ont le caractère public d'écrits relevant des délits de presse justiciables devant la cour d'assises. Après que la 8e Chambre se soit déclarée compétente, le 26 novembre 1913, les avocats saisissent la cour d'appel qui, un mois plus tard, confirme la compétence du tribunal correctionnel, mais fait droit aux demandes de libération des prévenus. Au terme d'un semestre d'emprisonnement, Marck et ses camarades quittent la Santé le 26 décembre 1913. Leur liberté demeure toutefois provisoire, dans l'attente du jugement qui, rendu le 26 mars 1914, prononce l'acquittement de Marck[152].

## LE TOURNANT ET LES RUPTURES DE LA GUERRE

### SIDÉRATION ET IMPUISSANCE

Les mémoires décrivent avec justesse l'effondrement des militants face aux événements qui laminent leurs plus solides certitudes. Le premier choc suit l'assassinat de Jaurès, dont la nouvelle se répand vite parmi les responsables syndicaux, d'abord incrédules, puis sidérés. À l'heure de l'épreuve, les résolutions et les stratégies d'hier manquent soudain de netteté, cependant que la détermination fléchit et que grandit le sentiment d'impuissance. Pris au dépourvu par la réalité d'une marche accélérée à la guerre si souvent dénoncée, Marck essaie de comprendre ce qui arrive, se mêle à la foule et assiste au départ des soldats à la gare de l'Est. Il observe la « folie » d'une population intoxiquée par un « poison » chauvin que nul ne contre plus. Des scènes le scandalisent et l'effrayent assez pour lui interdire de tenter quoi que ce soit. « Lamentable », le terme, répété, traduit aussi le désarroi moral du syndicaliste contraint, deux fois de « déguerpir » afin d'échapper au lynchage pour avoir tenté

du droit, Université Strasbourg III, 1987 ; Narritsens, André, Pigenet, Michel (dir.), *Pratiques syndicales du droit, France,* XX*e*-XXI*e siècles*, Rennes, PUR, 2014.

152 Yvetot fut condamné à un an de prison avec un syndicaliste nantais, tandis que les peines d'autres militants s'échelonnaient entre huit mois et six mois.

de contester des « bobards », que le « bourrage de crâne » propage à gros débit.

Des décennies plus tard, la plume du mémorialiste n'enregistre pas moins l'évolution du syndicaliste, dont les « nos », les « nous » et les « nôtres », autrefois réservés aux camarades et aux travailleurs, désignent, dorénavant et exclusivement, ses compatriotes. Conscient des échecs militaires que concrétise l'invasion du territoire, l'auteur n'interroge pas plus leurs causes que la nécessité de la défense indissociable de la patrie et de la République. Trop âgé pour être mobilisé[153], sevré de lutte collective, mais ému par le sort des réfugiés qui affluent dans la capitale et toujours soucieux de réalisations, il s'attèle au ravitaillement de la population civile.

### L'UNION SACRÉE À L'ÉPREUVE DU SECOURS NATIONAL ET DES PREMIERS DOUTES

La création, début août 1914, du Secours national[154], auquel la CGT apporte son soutien, offre à Marck l'occasion de se rendre utile. Organisateur expérimenté des soupes communistes, il mobilise un savoir-faire qui, dans l'urgence des problèmes pratiques à résoudre, présente aussi l'avantage de contourner les questions de stratégie syndicale.

L'auteur les ignore, à l'instar du ralliement spectaculaire de Jouhaux à l'Union sacrée[155], approuvé par la plupart des responsables de la CGT, Marck compris, qui n'en dit mot. L'orientation du bureau confédéral est ratifiée par le comité confédéral. Le 3 septembre 1914, celui-ci prend acte des rapprochements intervenus depuis juillet et envisage, en rupture avec la charte d'Amiens, une collaboration permanente avec la SFIO, qu'officialise la constitution d'un Comité d'Action, bientôt élargi à la Fédération des coopératives[156]. Dans les conditions très difficiles créées

---

153 À 47 ans, il pourrait l'être. Il appartient en effet à l'ultime classe d'âge de la réserve territoriale, dont seules les classes les plus jeunes furent mobilisées.

154 L'organisme se propose d'apporter une aide aux soldats, à leurs familles et aux populations civiles victimes de la guerre. Dans l'esprit d'union sacrée qui prévaut à la CGT, Léon Jouhaux siège à sa direction aux côtés de l'ancien préfet Lépine, du nationaliste Barrès et du royaliste Maurras.

155 Le 4 août 1914, dans le discours qu'il prononça aux obsèques de Jaurès. Début septembre, le secrétaire général de la CGT, parti à Bordeaux avec le gouvernement, accepta, « à titre personnel », le mandat, très symbolique, de Commissaire à la Nation.

156 *Cf.* Horne, John, « Le Comité d'Action (CGT-PS) et l'origine du réformisme syndical du temps de guerre (1914-1916) », *Le Mouvement social*, n° 122, janvier-mars 1983, p. 33-60.

par la conjonction de la mobilisation et de l'invasion, le Comité entend concilier le soutien à la défense nationale et la protection économique et sociale des populations ouvrières. Si l'objectif s'impose au regard de la situation, l'heure n'est plus à l'action revendicative, qu'interdisent à la fois l'état de siège et la désorganisation syndicale[157]. Reste la concertation avec les autorités, pratique inédite à laquelle s'exercent les militants non mobilisés tentés de faire de nécessité vertu[158].

Ainsi en va-t-il pour Marck qui, à sa fonction de trésorier de la CGT ajoute celle de trésorier-secrétaire des 45 « repas populaires » mis en place à Paris et en banlieue par le Secours national avec le concours de l'Union des syndicats et de son secrétaire, Jules Bled[159]. Contre 40 centimes, les bénéficiaires sont assurés d'un repas chaud et complet. Pour les organisateurs, la tâche est lourde. Pendant le seul mois d'octobre 1914, plus d'un million de repas sont servis par les camarades bénévoles de Marck[160], qui doit gérer des sommes considérables, sans commune mesure avec celles qu'il contrôle pour la CGT[161]. En un an, il estime à plus de deux millions de francs le montant des fonds passés entre ses mains. Du double point de vue de l'aide apportée et de l'intendance, le mémorialiste est manifestement fier de ce bilan. Non content de veiller au bon fonctionnement du dispositif, Marck fonde et dirige le « repas populaire » ouvert au 75 du boulevard de la Villette[162], non loin du local de la Grange-aux-Belles. « Avec l'aide de toute [sa] famille », d'un

---

157 En 1915, la CGT ne comptait plus que 50 000 adhérents. Ils étaient 350 000 avant la guerre.

158 En décembre 1914, Monatte démissionna du comité confédéral, dont les réunions de novembre et décembre avaient montré combien les opposants à la guerre étaient ultra-minoritaires. En refusant de participer à une conférence des socialistes des pays neutres, « la CGT s'est déshonorée » concluait-il dans la lettre qui annonçait sa décision. Isolé, malgré l'appui de Bourderon, Merrheim a décrit le climat exécrable qui régnait au sein du comité et à la Grange-aux-Belles, où les majoritaires l'insultaient et ouvraient son courrier. *Cf.* Chambelland, Colette, *Monatte...*, *op. cit.*, p. 94.

159 Jules Bled (1879-1961) était jardinier. Secrétaire du syndicat de la Seine, puis de la Fédération Horticole à compter de 1904, il fut secrétaire de l'Union des syndicats de la Seine (1907-1908), puis de l'UD (1913-1918). Syndicaliste révolutionnaire, il rallia l'union sacrée, dont il fut l'une des principales figures. Socialiste, puis néo-socialiste, il devint maire de Levallois-Perret en 1939 et le resta jusqu'en 1944.

160 « Déclaration » du Comité d'Action, *l'Humanité* du 21 décembre 1914.

161 Au moment du congrès du Havre, l'encaisse confédérale se montait à 3 264 francs. Les recettes annuelles moyennes de l'exercice 1912-1914 avoisinaient 113 000 francs.

162 Selon un rapport de police, Marck aurait habité à cette adresse en 1912. APP BA/1643, Rapport du 10 janvier 1912.

cuisinier professionnel et d'un acheteur compétent, l'établissement aurait « bonne presse » et accueille jusqu'à 600 « clients » à midi et 400 le soir.

Malgré le silence de ses mémoires sur ce point, le trésorier de la CGT se sent de plus en plus mal à l'aise aux côtés des partisans de l'Union sacrée, avec lesquels il votait jusque-là. La première expression semi-publique d'un désaccord a lieu au comité confédéral de février 1915, lorsqu'il s'abstient, avec six autres délégués, quand l'écrasante majorité de l'instance repousse la demande de Merrheim[163], opposé, au nom de l'idéal internationaliste, à la participation de la centrale à une conférence, convoquée à Londres, des seuls partis socialistes de l'Entente. Exigeant, Rosmer ne s'en satisfait pas. En privé, il qualifie Marck « d'ouvrier de la onzième heure » et note qu'il « n'a rien dit » « malgré toute sa fureur[164] ». Un pas est néanmoins franchi, qui en annonce bientôt d'autres. S'il avait su, rapporte Rosmer une semaine plus tard, que deux ministres iraient à Londres, il « aurait voté la proposition Merrheim[165] ». Le trésorier aurait même ajouté « que plus de dix qui l'ont repoussée auraient fait comme lui... ». Les amis de Jouhaux s'irritent de cette évolution. Au comité confédéral, Luquet, « arrogant et insolent », a failli en venir aux mains avec Marck qu'il avait traité de « Ponce Pilate[166] ».

Ces tensions se superposent à des difficultés d'un autre ordre. Depuis décembre 1912 et le départ de Dumoulin à *La Voix du Peuple*, un nouveau trésorier adjoint, André Calveyrach[167], seconde Marck. La chute rapide des effectifs et des cotisations met à mal les finances confédérales. La réduction drastique des dépenses n'épargne pas les « permanents », passés, en novembre 1914, de cinq à deux, le secrétaire général et le trésorier, dont les appointements mensuels ont été maintenus à 300 francs. Si la décision n'affecte pas Dumoulin, mobilisé, et Yvetot, dorénavant

---

163 Huit membres du comité confédéral ont soutenu Merrheim.

164 Lettre de Rosmer à Monatte, le 23 mars 1915, *in* Maitron, Jean, Chambelland, Colette (présentées par), *Syndicalisme révolutionnaire...*, *op. cit.*, p. 119. À la demande de la Fédération des Métaux, il accepta cependant d'intégrer la délégation cégétiste afin d'y défendre les positions minoritaires.

165 Lettre de Rosmer à Monatte, le 24 février 1915, *Ibidem*, p. 115.

166 Lettre de Rosmer à Monatte, le 2 mars 1915, *Ibid.*, p. 117.

167 André Calveyrach (1863-1926) était ouvrier-joailler. Secrétaire du syndicat parisien, il devint trésorier de la Fédération de la Bijouterie, fonction occupée jusqu'en décembre 1912, où il fut élu trésorier adjoint de la CGT, avant de devenir trésorier de fait au printemps 1915, fonction confirmée officiellement en 1918 et exercée jusqu'en 1926.

accaparé par l'organisation des secours aux orphelins de guerre[168], elle pénalise durement Calveyrach. À 51 ans, avec son passé syndical, le militant échoue à retrouver du travail[169]. Marck, qu'il continue d'aider bénévolement, s'en inquiète et propose de diviser par cinq plutôt que par deux la somme consacrée aux appointements, soit un salaire de 120 francs pour chacun. C'est peu, de l'avis même du trésorier qui, déçu et fatigué, a désormais la tête ailleurs.

L'expérience utile des « restaurants populaires », dans laquelle il s'engage à fond, participe d'une prise de distance plus ou moins consciente et perçue comme telle par certains syndicalistes. Ainsi n'est-ce pas tout à fait un hasard si, au printemps 1915, le secrétaire de la Bourse du travail de Saint-Nazaire, lui-même sollicité par une entreprise locale, le sonde au sujet d'un emploi de contremaître dans une entreprise locale de manutention maritime. Marck se saisit d'une opportunité rarement offerte aux militants inscrits sur les listes noires patronales. Habitué à larguer les amarres, il troque sans regret apparent son bureau de la Grange-aux-Belles contre un retour sur les quais. Esprit pratique, il négocie au mieux un contrat de travail qui lui garantit un salaire de 300 francs[170] et dont une clause l'autorise, en cas de nécessité confédérale, à reprendre son poste de trésorier du jour au lendemain. Loyal et conciliant jusqu'au bout, Marck part sans claquer la porte et se félicite de cette solution d'augmenter les appointements des quatre « permanents » de la centrale, dont Calveyrach, qui lui succède comme trésorier de fait. Le comité confédéral de juillet ratifie les ultimes ajustements, alors que Marck a déjà pris ses fonctions à Saint-Nazaire[171].

168 Après la déclaration de guerre, Yvetot n'assista quasiment plus aux réunions du comité confédéral. Il reprit un temps son activité de typographe, puis assura la direction de l'Association nationale des orphelins de guerre, association fondée dès le 2 août 1914 et destinée à prendre en charge les enfants des soldats tués au combat. À ce titre, elle ouvrit une colonie à Etretat destinée aux orphelins de la région parisienne. D'autres établissements furent créés dans le Midi, notamment à Saint-Jean-Cap-Ferrat, Nice, Antibes et Juan-les-Pins. En 1915, Yvetot alla au Monténégro et en Serbie pour procéder à l'évacuation d'orphelins de ces pays. Yvetot s'embaucha ensuite comme correcteur et resta définitivement à l'écart des luttes internes de la CGT.

169 APP BA/1605, Rapport du 18 juillet 1915.

170 Équivalent à celui que lui versait la CGT avant la guerre.

171 APP BA/1605, Rapport du 27 juillet 1915.

## LARGUER LES AMARRES : LE CHOIX D'UN RETOUR À LA BASE ET SUR LES QUAIS

À Paris, les rumeurs vont bon train dans le petit monde syndical. Dumoulin s'en fait l'écho[172]. Les plus favorables banalisent le choix d'un trésorier parti « travailler comme tout le monde ». Les moins bienveillantes assurent qu'il ferait « le contre-coup au profit d'un travail de guerre », d'autres encore qu'il s'en est allé « pour une question de salaire », car « il ne gagnait pas assez à la CGT. » Gautier, qui l'a fait venir à Saint-Nazaire, ira beaucoup plus loin dans la médisance en colportant l'accusation de trahison de la cause syndicale.

Il n'en est rien, mais les déconvenues professionnelles du contremaître ont détérioré les relations du fondateur de la Fédération des Ports et Docks avec les syndiqués nazairiens. Dégagé de son obligation de réserve confédérale, le militant renoue tant bien que mal avec ses positions d'avant-guerre. En contact avec le libertaire Sébastien Faure, il accepte d'être le dépositaire de *Ce qu'il faut dire*, l'un des journaux par lesquels un courant pacifiste émerge à la croisée des frontières bouleversées de l'anarchie, du syndicalisme révolutionnaire et du socialisme[173].

Sans rompre avec son passé, Marck entame une nouvelle étape de sa vie professionnelle et militante, que l'interruption inopinée de ses mémoires invite à connaître à travers d'autres sources. Mais ceci est une autre histoire...

---

172 Lettre à Monatte, le 7 août 1915, *in* Maitron, Jean, Chambelland, Colette (présentées par), *Syndicalisme révolutionnaire...*, *op. cit.*, p. 161.

173 Le journal, dont le premier numéro parut en avril 1916, sous la direction de Sébastien Faure et avec le concours de Mauricius, vit son tirage monter à 20 000 exemplaires et compta jusqu'à 3 000 abonnés, avant de disparaître à la fin de 1917. *Cf.* Maitron, Jean, *Le mouvement anarchiste en France, de 1914 à nos jours*, tome 2, Paris, Gallimard, 1992, page 16. Sébastien Faure (1859-1942) fut agent d'assurances. D'abord socialiste, il devint anarchiste avant la fin des années 1880 et fut l'infatigable propagandiste des idées libertaires. Il s'opposa d'emblée à la guerre. Mauricius (1886-1974), de son vrai nom Maurice Vandamme, fut commis d'architecte, docteur ès sciences et directeur d'un centre médical controversé. Libertaire individualiste, il fit l'apologie de Bonnot. Opposé à la guerre, il fut accusé par l'ancien ministre Malvy d'être un indicateur de la police, soupçon jamais complètement lavé malgré les conclusions d'un jury d'honneur. Il demeura anarchiste en dépit des liens noués avec des résistants socialistes sous l'Occupation.

# SUR LES ROUTES QUE J'AI PARCOURUES[1]

## LE DÉPART DANS LA VIE

La tâche que j'entreprends aujourd'hui est de celles auxquelles on s'attelle avec une certaine appréhension. Pour moi, il s'agit de raconter une partie de ma vie. Et de le faire, est-il besoin de le dire, sans aucune vanité et de telle façon que les faits cités ne risquent pas de paraître empruntés à l'exagération, soit dans un sens ou dans l'autre, pour essayer d'en justifier la sincérité.

Certains passages des événements successifs, auxquels j'ai pris part, pourront peut-être susciter des doutes quant à leur réalité. Qu'il me soit permis d'affirmer qu'ils ne relatent que des choses vécues et qui se sont passées ainsi que je les ai notées et au gré de mes souvenirs, lointains, pour la plupart, mais combien présents à ma mémoire. Pareil en cela à tous les humains, j'ai eu au cours de mon existence, bien des joies et à subir bien des malheurs et des tourments. Nul ne peut se vanter d'y avoir échappé, mais je dois reconnaître qu'à la vérité, il m'a toujours suffi de vivre une seule journée de bonheur, pour me faire oublier bien des déboires et des misères.

C'est Le Havre qui m'a vu naître, en juin 1867, dans ce quartier Saint-François, qui est en quelque sorte, le véritable berceau sur lequel

---

1 La publication d'une première version des mémoires de Charles Marck débuta le 13 mai 1948, en dernière page du *Peuple*, alors organe hebdomadaire de la CGT. Un chapeau de présentation la précède : « Nous commençons cette semaine la publication des souvenirs de Charles Marck. Qui ne connaît celui qui est aujourd'hui le secrétaire général de la Fédération des Vieux Travailleurs ? Écrits d'une plume alerte, comme au fil de la conversation pleine d'humour, de gentillesse et de générosité, les souvenirs de Charles Marck sont un document humain riche de valeur; ce sont aussi des chroniques qu'on dirait écrites au jour le jour. La leçon qui s'en dégage est une leçon de confiance dans l'union et la lutte des travailleurs : elle n'a aujourd'hui rien perdu de sa valeur. »

fut édifié le port, sous François I$^{er}$. La maison où je suis né est contigüe à l'emplacement sur lequel s'élevait, jadis, celle où naquit Casimir Delavigne[2], au coin du quai qui porte son nom et de la rue Dauphine. J'y habitais au n$^{o}$ 63.

Mon père était natif de Lorraine, ai-je toujours entendu dire, mais je n'ai jamais su, par exemple, de quelle partie. Non plus qu'il ne m'a été donné de savoir s'il lui restait de la famille, s'il avait continué à correspondre avec elle, ou si celle-ci l'avait simplement répudié, en raison d'une conduite qui laissait à désirer, sans aucun doute.

Ma mère, elle, était Alsacienne, de Lembach, Bas-Rhin, et ses parents, en 1871, et alors qu'ils habitaient Le Havre depuis quelques années déjà, optèrent pour la France. En 1869, je devais perdre ma mère. Elle mourut de chagrin et de misère. Car mon père, qui était un alcoolique impénitent oubliait toujours le chemin de son logis, lorsqu'il lui arrivait de posséder quelque argent en poche.

Est-il besoin d'affirmer que le ménage manquait de tout et que ma mère, avec ses deux enfants, devait souvent avoir recours au service de ses frères et sœurs, pour pouvoir nous donner un peu de lait. J'avais, à sa mort, 29 mois, mon frère atteignait à peine 14 mois. Obligés de déménager, nous habitions, à cette époque – 1869 – dans un taudis, qui existe toujours[3], dans une rue qu'il n'est pas trop osé de classer parmi les plus insalubres du Havre, et qui aurait dû disparaître entièrement depuis longtemps déjà.

J'ai dit que ma malheureuse mère ne voyait pas souvent d'argent. Il convient cependant de rappeler que le travail battait son plein. Le port était fréquenté par de nombreux voiliers qui venaient y décharger les marchandises provenant des colonies ou d'Amérique. Et mon père était docker – comme je devais moi-même le devenir plus tard –, seulement le courage ne l'étouffait pas et il lui suffisait de pouvoir passer son temps pour être pleinement satisfait. Qu'on se rende compte de la triste existence que celle qui fut réservée à ma pauvre mère, qui n'avait alors que 26 ans et qui, jeune, avait toujours conservé un caractère jovial et enjoué.

---

2 Casimir Jean François Delavigne, né le 4 avril 1793 au Havre, mort le 11 décembre 1843 à Lyon, fut un poète et un dramaturge célèbre en son temps. En 1866, un an avant la naissance de Charles Mark, la ville comptait 60 000 habitants.

3 Indice d'une rédaction commencée avant les terribles bombardements de septembre 1944, qui rasèrent la ville.

Il est, dans la vie, des fatalités qui influent terriblement sur vos destinées. En la circonstance, et aussi pénible que cela puisse être affirmé, toute la responsabilité de cette situation incombait à mon grand-père, dont on comprendra que je n'aie pu garder de lui qu'un très mauvais souvenir. Ce fut lui – et lui seul – qui fut la cause de l'union de ma mère avec cet homme, de 20 ans plus âgé qu'elle, et qu'elle ne connaissait pas. Mais pour échapper aux mauvais traitements que lui faisait subir son père, elle n'avait trouvé d'autre issue que de recourir au mariage. Elle eut à s'en repentir, hélas !, de s'être unie à cette sombre brute.

Et puisque je suis appelé à faire allusion à sa mémoire, je dois, ici, parler de ce grand-père, rustre et hargneux, qui fut père de sept enfants, cinq filles et deux garçons. Ma mère était la plus jeune de tous. Il appartenait, il y a plus de cent ans, à cette pléiade d'illettrés et de demi-sauvages, constituée par des hommes qui vivaient en forêt, où leur travail consistait à construire des fours en terre, pour y brûler du bois et en faire du charbon. Il quittait régulièrement son logis, hiver comme été, le lundi, vers 2 heures du matin et n'y revenait seulement que le samedi soir, vers 9 ou 10 heures, toujours armé de sa lanterne. Véritable troglodyte, en somme, vivant avec les hiboux et les taupes, pendant six jours complets de la semaine, et ne voyant jamais âme qui vive, à part les animaux et les oiseaux de la forêt, il ne pouvait souffrir les jeux et les cris de ses enfants, le seul jour où il lui était donné de les avoir autour de lui, c'est-à-dire le dimanche. On saura, tout à l'heure, combien je devais, moi-même, devenir la victime de ce tyran.

Mais revenons à mon père. Car ici se place un événement qui devait changer le cours de nos deux existences, à mon frère et à moi. Un matin, des voisins intrigués vinrent prévenir la famille que notre père n'avait pas paru chez lui depuis la veille. En effet, il nous avait simplement abandonnés et nous ne devions plus en entendre parler, sauf dix ans après où il fit une rapide apparition. Il était dans une misère noire, m'a-t-on dit. Un conseil de famille se réunit, et il fut décidé que je serais confié à une sœur de ma mère – déjà mère de trois enfants – et, de son côté, mon frère fut adopté par une autre de nos tantes, elle aussi mère de quatre enfants, et qui en eut neuf à sa table, plus tard. La guerre, qui éclata en 1870, avait permis à notre père de se vendre pour remplacer un bourgeois, contre le versement d'une somme de

1 500 francs[4]. Qu'on se rappelle, qu'en effet, les riches avaient le droit d'envoyer un autre se faire tuer à leur place. Les parents apprirent incidemment le départ de notre père pour l'armée, mais ils ne virent pas un centime de cet argent, est-il besoin de le dire ? Puis-je dire que le seul souvenir qui me soit resté gravé de cette guerre réside dans le fait que, gosses, nous étions tous choyés par les gardes nationaux, qui nous payaient des friandises et nous promenaient dans les rues.

Donc, je faisais partie de la famille d'une tante qui, brave femme, ne fit jamais de différence entre ses cinq enfants et moi-même. J'allais à l'asile du quartier[5], d'où on me retira vers l'âge de six ans, pour m'envoyer à la petite classe de l'école laïque de garçons. Entretemps, je devais être hébergé par une autre tante, également sœur de ma mère, chez qui je restai complètement et dont je vais m'entretenir.

Comme ma propre mère, la pauvre femme avait, elle aussi, été la victime d'un triste sire, dont il est préférable de ne pas parler. De son mariage, il lui était resté une fille, qu'elle adorait, laquelle eut pour moi, à partir de l'instant où je vécus à ses côtés, des attentions qu'il me serait difficile d'oublier. Ma cousine était la bonté même et d'une douceur évangélique. C'est à elle qu'incombait la charge de s'occuper de moi. Elle le faisait d'ailleurs avec un grand dévouement et je suppose que j'étais un petit jouet entre ses mains. J'ajoute que je me prêtais volontiers à tous ses caprices et à ses fantaisies, sauf cependant lorsque je la voyais s'emparer du démêloir, car mes cheveux étaient passablement frisés. Oh ! alors, je protestais carrément. Ce qui ne l'empêchait pas de continuer, tout en me faisant ressortir que je serais un joli garçon, pas comme ceux de l'école. Chaque jour, la séance se renouvelait, sans que je prisse goût

4 Depuis 1804, l'obligation du service militaire, limitée par le tirage au sort, prévoyait la possibilité de payer un remplaçant, source d'un véritable trafic. Après la guerre de Crimée, une loi de 1855 institua l'exonération, dont le montant, élevé, revenait à l'État, qui l'utilisait pour financer le réengagement de soldats. Ce système fut abandonné en 1868, au profit d'un retour au remplacement, supprimé en janvier 1871, puis rétabli en mai. Il disparut définitivement, ainsi que le tirage au sort, en 1889. Dans le cas du père de Charles Marck, la somme de 1 500 francs paraît faible. À la même date, dans le département voisin de l'Eure, un remplacement se négociait autour de 1 700 francs. *Cf.* Jauffret, Jean-Charles, « Le remplacement militaire dans le département de l'Eure de 1870 à 1872 », *Annales de Normandie*, 32-2, 1982, p. 153-182.

5 Depuis la fin des années 1820, des salles d'asile, d'abord fondées à l'initiative de philanthropes, accueillaient les enfants de 2 à 6 ans, dont les mères exerçaient une activité professionnelle. En 1881, elles furent remplacées par les écoles maternelles.

à la réfection de cette partie de la toilette. Ceux qui ont eu des cheveux frisés me comprendront. Bref, j'étais soigné et tout marchait au gré de cette pauvre fille, pour laquelle j'avais une grande affection. Et elle le méritait. Aussi fut-ce, pour ma tante et pour moi, un véritable désastre lorsqu'elle mourut, terrassée par cette terrible tuberculose, dont elle était atteinte. Jamais ma tante ne quitta le deuil. Sa fille avait, à ce moment, vingt ans, j'en avais sept. Et nous étions en 1875.

Dois-je dire qu'il était souvent impossible à ma tante de s'occuper de moi ? Elle était employée au service d'une commerçante, dont le travail consistait à faire des paillasses destinées aux émigrants qui, par milliers et par milliers, quittaient leurs pays respectifs pour voguer vers l'Amérique du Nord ; Russes, Allemands, Polonais, Italiens, pour la plus grande partie, à la recherche ou à la course à la fortune. Pour 12, 14 ou 16 heures par jour, et souvent la nuit, il lui fallait travailler, coudre, pour être en mesure de fournir la literie nécessaire. Il arrivait fréquemment que, dans l'impossibilité de pouvoir en confectionner en quantité suffisante, certains passagers devaient partir en voyage pour 15 ou 16 jours, à destination de New York, et coucher sur des planches enveloppées dans de légères couvertures, quand ils avaient eu la précaution de s'en munir, car là encore, il arrivait qu'on en manquât à la vente. Je signale, en passant, que toute la sainte journée, la patronne, « la Mère Rousselle », comme nous l'appelions, surveillait le travail et, sans arrêt, lançait ses « dépêchons-nous ! allons, dépêchons-nous ! ». C'était la seule conversation qu'elle était susceptible d'engager avec ses ouvrières. Depuis la mort de sa fille et obligée de se lever tôt pour pouvoir être de bonne heure à son travail, ma tante me confiait à sa sœur, qui venait pour me conduire à l'école en même temps que mes cousins.

Mes souvenirs de cette époque et jusqu'à ce je fus appelé à travailler, sont assez imprécis. J'étais quelque peu indiscipliné et j'avoue que les professeurs durent, plus d'une fois, avoir du fil à retordre pendant que je restai sous leur coupe, pour essayer de me maîtriser. Combien de temps restai-je à la 7e classe – la dernière – de la grande école, en sortant de l'asile ? Je ne m'en souviens que vaguement et je m'en excuse.

Ce dont je me souviens, par contre, c'est comment je fus expulsé de la classe de Monsieur Rousselin, le maître, à qui je trouvai, un jour, le moyen de casser une plume dans le creux de la main. Il est juste d'ajouter qu'exaspéré de voir la parfaite indifférence avec laquelle je suivais les leçons, il avait levé, puis rabattu sa main pour me frapper, alors que prévoyant la taloche, je tenais mon porte-plume sur ma tête, le bec en l'air. J'arrivai chez nous, peu fier de mon exploit, me demandant ce qui allait se décider à mon égard. Je n'ignorais pas qu'une correction me serait réservée, mais après ? Me reprendrait-on à l'école ?

En ce temps-là, la régularité scolaire n'était pas stricte ni obligatoire comme elle l'est heureusement à présent, et il y avait bien des gamins qui, pour diverses raisons, ne fréquentaient l'école qu'à de rares intervalles. Quant à mon sujet, la résolution fut vite prise : je resterais au magasin et serais employé à coudre des oreillers et à les bourrer de paille.

Bientôt, d'ailleurs, ma tante devait, pour son propre compte, prendre la suite du commerce, la claudicante Mère Rousselle, ayant gagné assez d'argent pour se retirer des affaires, venait, par surcroît, de bénéficier d'une part importante, d'un héritage qui lui était tombé du ciel et avait passablement arrondi son bas de laine. En somme, comme, je le faisais déjà le jeudi[6], avec la Mère Rousselle – « Dépêchons-nous » – qui nous donnait deux sous pour tout l'après-midi, j'allais à présent travailler pour ma tante. J'étais donc « paillassier » ! Qu'aurais-je pu faire d'autre, d'ailleurs ?

Au magasin, en dehors de celle qui m'élevait, et une autre personne affiliée à ma famille par alliance, il y avait mon grand-père, auquel j'ai déjà fait allusion. Il était toujours assis à mon côté et il se chargeait de me surveiller. Et comment ! Il était nanti d'un bâton, qui ne le quittait jamais, surtout pour l'abattre sur mon dos et ma tête. Il m'était du reste interdit de lever les yeux de sur mon ouvrage – l'oreiller que je cousais. Et c'était, qu'on me permette cette comparaison, l'application du travail à la chaîne qu'il avait instauré à mon usage. Et qu'on se représente ma situation : mon tabouret était installé près d'une grande ouverture munie de deux larges battants de porte, complètement ouverte et qui donnait sur une vaste cour, où venaient s'ébattre tous les enfants de la maison, à la sortie de l'école et les jeudis, toute la journée. Furtivement, il m'arrivait d'essayer de suivre leurs jeux – et combien j'aurais donné pour pouvoir m'échapper et prendre part à leurs ébats. Hélas ! mon « ange gardien » était à l'éveil pour me rappeler à la réalité, au moyen de sa canne. Ma tante essayait bien, chaque fois, de montrer au tyran

6 Le jeudi resta jour de congé scolaire jusqu'en 1972.

l'odieux de sa façon d'agir vis-à-vis de moi, qui n'avais que 9 ans à peine[7]. Je crois bien que, loin de l'amender, cela devait l'exciter davantage à redoubler de sévérité. En tout cas, je n'eus rien à y gagner et pour ne pas entrer en conflit avec son père, elle le laissait faire, bien à contrecœur.

Qu'on imagine, dans ces conditions, la peine, le chagrin que j'éprouvai, lorsqu'après une maladie de quelques semaines, on vint m'apprendre qu'il avait rendu son âme à dieu. C'est tout juste si je ne dansai pas de joie. Les charitables diront que cela dénotait chez moi un cœur de pierre. J'aurais voulu les voir à ma place. Bref, à partir du moment où je fus délivré du bâton et de celui qui savait si bien le manier avec cette dextérité qui lui était familière, je pris un peu plus de goût à la besogne qui m'était confiée. Je dois déclarer que cette dernière affirmation ne s'applique que lorsque j'étais vraiment au travail. Car il m'arrivait souvent, très souvent même, de laisser là l'aiguille, la paillasse ou l'oreiller que j'étais en train de coudre, pour me sauver dans la rue et aller gambader avec les autres copains.

Il est presque inutile que j'ajoute que je profitais largement de la plus grande liberté qui m'était octroyée, depuis la disparition du grand-père. Je voulais rattraper le temps perdu, comme un petit chien auquel on vient d'enlever son collier, quoi ! Et je m'en donnais exagérément. Cela n'allait pas toujours tout seul, pourtant. Et ma pauvre tante dut, plus d'une fois me gratifier de quelques taloches, lorsque les pantalons témoignaient, par les accrocs, des exploits auxquels je devais m'être livré. Ici, j'ai à indiquer la cause des accidents successifs auxquels je fus sujet.

J'ai déjà dit, plus haut, qu'il y avait un trafic maritime intense dans mon quartier et que les navires, dans le bassin de la Barre, étaient continuellement obligés de s'amarrer sur deux et même trois rangs, avant de pouvoir prendre place à quai, suivant leur tour d'arrivée. Tous étaient des voiliers, portant, pour la plus grande partie, le pavillon américain. Or le quai Casimir-Delavigne, très étroit, puisqu'il ne mesure que quelque 20 mètres de largeur, ne pouvait recevoir toutes les marchandises composées, en général, de balles de coton, en provenance de New-Orleans ou de Galveston. De ce fait, la majeure partie de ces balles étaient étalées dans les rues adjacentes, moitié sur le trottoir et moitié sur la chaussée, pour permettre l'évacuation des eaux dans les ruisseaux. Pour la circulation des habitants, on laissait un espace libre,

7 Il fallut attendre 1882 pour que la scolarité devînt obligatoire de 6 à 13 ans.

en face de chaque allée des immeubles, tout comme on le pratique actuellement pour le stationnement des autos[8]. Quant aux véhicules, ils se débrouillaient comme ils le pouvaient, car il n'y avait pas de « sens unique » et les rues étaient étroites et ne leur laissaient que peu d'espace pour circuler. Bref, d'une allée à l'autre, on comptait suivant la distance, 4, 6 ou 8 balles de coton[9] et c'était là, pour nous, l'occasion de nous livrer à des sauts, en prenant notre élan, pour en franchir l'espace.

Pour qu'on comprenne bien les difficultés que présentait cette gymnastique, il faut qu'on sache que le coton contenu dans les balles est entouré d'une grosse toile d'emballage, et que les balles sont cerclées, ce qui leur donne une forme ondulée entre les cercles. Ce point doit être énoncé, car on comprendra mieux pourquoi nous prenions assez souvent des « bûches », d'où nous sortions quelquefois avec le nez amoché, surtout quand nos pieds se trouvaient retenus par les bouts de toile lorsqu'elle était déchirée. Quant à moi, je dois dire, que de ce côté, je n'eus pas trop à en souffrir, mais, par contre, où j'étais à la première place, c'était pour les entorses aux pieds provoquées par les porte-à-faux, en touchant la balle qui se trouvait à 2 ou 3 mètres plus loin. Ah ! le rebouteux avait de la besogne, à Saint-François, je vous l'assure. Car j'avais des « imitateurs », on le conçoit. Lorsque je me remémore cette époque et étant donné le peu de précautions qui étaient prises, j'en suis encore à me demander comment il n'y eut pas plus d'incendies de ce coton, si inflammable, pourtant. Car les fumeurs ne se gênaient pas, je vous en donne mon billet.

Un autre accident, qui aurait pu m'être fatal, fut celui qui me cloua sur le lit pendant près de six semaines. Au premier étage, en dehors de la grande ouverture que le magasin avait sur la cour, en existait également une autre, plus petite, permettant de donner de la clarté, dans le fond. On la fermait au moyen d'un anneau, servant à la ramener. Audacieux comme je l'étais, j'avais pris un malin plaisir à me balancer dans le vide, en m'y cramponnant. Or, un jour, manquant l'anneau, je fus précipité dans le vide et vins m'abattre à terre, de la hauteur de

8 La description rejoint celle des frères Bonneff qui, dans *l'Humanité* du 30 mai 1911, évoquaient l'enfance des futurs dockers, passée « sur les quais, entre les balles de coton et les montagnes de charbon. »

9 Variable, le poids des balles en provenance des États-Unis tournait alors autour de 275 kilos. Dans les années 1870, chaque navire pouvait transporter jusqu'à 5 000 balles de coton.

7 mètres, environ, et tombai sur les fesses, à dix centimètres, à peine, d'un panier rempli de bouteilles cassées. Une voisine, qui m'avait vu tomber, prévint ma pauvre tante qui, sans calculer l'état dans lequel je me trouvais, se disposait à m'infliger une correction. Mais les plaintes que j'exhalais lui firent comprendre que je devais être bien blessé et elle me fit transporter dans mon lit. J'aurais pu me tuer. Je restais allongé, et guéri, je n'avais plus qu'à recommencer, ainsi que m'y incita le toubib.

Ayant repris ma place à la couture, je jurai de ne plus me livrer à cette sorte d'acrobatie. J'avais été trop échaudé. Croyant que je serai moins audacieux et que les souffrances endurées m'auraient quelque peu assagi, ma tante m'imposa une corvée : elle me fit embaucher comme enfant de chœur. Je m'abstiendrai de raconter toutes les fredaines que mon jeune âge ne justifierait pas. Mais ce que je sais, c'est qu'elles scandalisaient ma pauvre parente lorsqu'elles lui étaient contées. Elle me faisait bien surveiller, mais cela était bien inutile, car tout se passait dans de vastes magasins, situés juste en face de l'église, véritables labyrinthes, lesquels étaient destinés à la démolition. Malheureux magasins, aux murs muets, premiers souvenirs de ce qui peut germer dans de jeunes cerveaux prédestinés aux aventures amoureuses. Je passe ! Je fus expulsé de l'église, un jour que, surpris par un sacristain, nous avions déjà vidé trois bonnes bouteilles de blanc, que nous avions subtilisées. Nous étions jolis !

Avide de liberté, et pour varier les exercices, je me pris à rêver de voyages, imprégnés d'aventures tirées de celles racontées par Mayne Reid[10]. Et n'étais-je pas un enfant de ce quartier spécifiquement habité par des marins ? La première fois, je fus sur le point de partir sur un navire allemand : le trois-mâts carrés[11] « Clara » de Brême, qui retournait en Californie, à San Francisco, pour y prendre un chargement de blé. J'étais embarqué en qualité de boy, pour apprendre le français aux deux petits enfants du capitaine. J'y aurais, pour ma part, complété mes connaissances en allemand, car je ne connaissais que l'alsacien, dialecte que me causait ma tante. Le voyage devait durer un an. Cela m'avait

10 Thomas Mayne Reid (1818-1883) était un romancier d'origine irlandaise. Parti aux États-Unis à 22 ans, il vécut différentes aventures auprès des tribus indiennes et des pionniers. Devenu journaliste, ami d'Edgar Poe, il publia des poèmes avant de s'engager pour combattre le Mexique. En 1848, il regagna l'Irlande, où il écrivit plusieurs romans inspirés par son séjour en Amérique.

11 Navire de grande taille à voile à trois-mâts gréés par des voiles carrées et affectés à la guerre et au commerce.

déjà quelque peu refroidi. Mais quand j'appris que le navire devait doubler le Cap-Horn, qu'il y faisait un froid de loup, en un mot, que ce ne serait pas un voyage d'agrément, alors, je mis sac à terre et revins au logis. Puis j'essayai de me faire embarquer sur le « Saint-Germain », un transatlantique, qui faisait les traversées du Havre à New York. Mais n'y réussis pas.

## ENFIN, MOUSSE

Je n'abandonnais pas mon projet, pourtant. Et je finis par trouver un embarquement, comme mousse, en juin 1882[12], sur un navire des Chargeurs Réunis[13], le « Ville de Santos », qui quittait le Havre pour le Brésil.

Comment oublier les préparatifs de départ d'un gamin quittant le foyer pour la première fois et qui, en tous points, voulait singer les plus vieux loups de mer ? On dut m'acheter un « suroit » – ciré, veste et pantalon –, un coffre avec quelques vêtements de laine et, surtout, une paire de bottes plus hautes que le genou, qu'on finit par trouver, en quelque marché aux puces, pour une pièce de cent sous et dont la pointure devait être au moins de 41, alors que je ne chaussais à peine que du 36. Je ne les mis pas une seule fois, d'ailleurs. Et le tabac ? Car, là encore, pour être à la page, je voulais avoir de quoi fumer. J'aurais voulu un « brûle-gueule[14] ». On me fit cadeau de deux paquets de cigarettes « caporal ordinaire[15] », avec lesquels je revins au port, après 2 mois et demi d'absence, il m'en restait trente-six sur les quarante que j'avais emportées. J'avais trouvé le moyen d'en fumer quatre, en me cachant, car il m'avait été interdit de fumer, non pas tant pour m'empêcher de faire sortir la fumée par le nez que pour éviter que je misse le feu à bord.

---

12 Peu après, donc, l'instauration, le 28 mars 1882, rendant l'école obligatoire de 6 à 13 ans. Charles Marck s'embarqua à 15 ans.

13 La Compagnie de navigation fut fondée au Havre en 1872 par un banquier parisien, Jules Vignal. Elle assurait des liaisons régulières avec l'Amérique du Sud. Depuis 1983, la compagnie est renommée « Chargeurs ».

14 Pipe à tuyau très court.

15 En fait, les « Gauloises Caporal ordinaires » n'apparurent sous ce nom qu'en 1910. Jusque-là, et depuis 1876, les cigarettes équivalentes étaient vendues sous la marque « Hongroises ».

Des souvenirs de ces deux voyages, j'en ai rapporté, évidemment. J'ai dit que c'était la première fois que je quittais le port – sauf pour des traversées vers Trouville[16] ou Honfleur[17] – et ce jour-là, la « mer faisait des bosses » et le vent soufflait en tempête. Aussi, à peine avais-je eu le temps de voir disparaître les jetées que notre petit sabot[18] – 75 mètres de long sur 4,50 mètres de large, environ – se mit à danser dangereusement. Je vis l'avant s'enfoncer dans la lame, puis se soulever, en ramenant en arrière toute l'eau qu'il y avait happée au passage. Je sentais la peur m'envahir et, bientôt, ce fut le cœur qui se trouva en mauvaise posture, au point que je fus contraint de m'asseoir sur le bord du panneau[19], défaillant. Celui qui n'a jamais eu le mal de mer ne peut pas connaître les souffrances qu'on endure. Pour moi, on aurait pu me jeter par-dessus bord que je n'aurais pas trouvé la force ni le moyen de protester. Mais le maître d'équipage[20] intervint brutalement et d'un coup de pied au cul m'obligea à évacuer sur l'avant, plus vite que je ne l'aurais voulu. Ce ne fut pas le seul que je reçus, d'ailleurs, et je m'aperçus vite que j'aurais affaire à « plusieurs grands-pères ». Je m'y habituai, comme du reste, ai-je besoin de le dire.

Où je trouvais également un changement « dur à digérer », si je puis dire, ce fut pour la question de la nourriture. Combien je regrettai les petits plats confectionnés par la tante et les gâteaux de toutes sortes qu'elle savait si bien préparer « à l'alsacienne » – et elle s'y connaissait en matière de cuisine, je puis l'affirmer. À bord, la table – ou du moins ce qu'on appelait ainsi, car nous étions obligés de manger sur les genoux – se garnissait, chaque jour, matin et soir, d'une grande gamelle, dans laquelle nageaient des kyrielles de haricots, dans une eau chaude, où on aurait en vain cherché des « yeux ».

Le premier voyage, les haricots rouges étaient les seuls employés. Pourquoi ? Mystère ! Or, un jour, l'équipage excédé, manifesta son indignation qu'il en fût ainsi et délégua deux matelots pour aller porter la protestation au Commandant. Un bourru, comme il y en avait tant à l'époque. Dès qu'il fut au courant, il ne se révéla pas, pour une

16 Port de pêche du Calvados, situé face au Havre du côté sud de l'estuaire de la Seine.

17 Port de commerce du Calvados, situé face au Havre, situé au sud de l'estuaire de la Seine.

18 Expression familière désignant un navire qui tient mal la mer.

19 Pièce amovible en bois ou en métal donnant accès à la cale d'un navire.

20 Équivalent d'un contremaître, souvent surnommé « bosco », il dirigeait les manœuvres des matelots selon les ordres reçus du capitaine ou des officiers.

fois, trop irascible. Il se déclara, au contraire, tout à fait surpris qu'il en fût ainsi et dit regretter qu'après plus d'un mois l'équipage ait tant attendu pour venir se plaindre à lui de cette situation. Incontinent, il fit appeler le chef de cuisine pour lui poser la question : que donnez-vous à manger à mes hommes ? « Mais, Commandant, suivant vos ordres, des "haricots rouges" » fut la réponse. « Comment ! Mais, vous ne changez donc jamais ? Vous m'entendez, à partir d'aujourd'hui, vous n'en donnerez que des blancs. Et que je n'entende plus de récriminations à mon bord ». Et, de fait, nous ne vîmes plus de haricots rouges jusqu'à notre retour au Havre. La protestation avait porté, on le voit. On dira, naturellement, que rouges ou blancs, c'était tout de même des haricots. Mais il y avait la nuance, comme on dit. Les pommes de terre que nous mangions dans les ragoûts qui nous étaient confectionnés étaient la majeure partie du temps immangeables. On ne nous en faisait, d'ailleurs, qu'une ou deux fois par semaine, le midi. Et le bœuf bouilli et le potage gras apparaissaient seulement le dimanche midi. Le jeudi : morue. On connaît le menu de tous les autres repas : haricots... haricots...

Un jour, nous eûmes un espoir. On avait mis à la traîne, à la mer, et partant du bout de la vergue de misaine[21], une grosse ligne munie d'un hameçon, auquel on avait attaché un bout de tissus rouge comme appât. Trois heures après, nous hissions sur le pont un superbe thon sauvage – c'est ainsi que le qualifièrent les marins –, pesant certainement 200 kg, avec quel mal, même avec l'aide du treuil à vapeur, car le « Monsieur » se défendait. On le laissa sur le pont pour lui permettre de perdre sa force, car il était impossible de s'en approcher sans craindre de recevoir un coup de sa queue, qu'il agitait démesurément, et qui nous eut cassé une jambe aussi facilement que l'un de nous un fétu de paille. Une fois dépecé, le poisson fut mis dans des tonneaux et recouvert de sel. Nous pensions bien qu'il nous serait réservé quelques morceaux à l'un de nos prochains repas et nous nous en léchions déjà les babines. Hélas ! tout ce qu'il nous fut permis de goûter, ce fut une soupe confectionnée avec la tête et... tout le reste passa à la table de la maistrance[22] et aux quelques passagers de « première » que nous avions à bord.

---

21 Pièce de bois horizontale, longue et ronde, attachée au mât avant d'un navire et destinée à soutenir sa voile principale, la misaine.

22 Ensemble des maîtres d'équipage et des officiers.

Une affaire sérieuse, au retour du voyage. Après avoir doublé le cap Finistère, sur la côte d'Espagne, nous nous dirigions vers la France, il régnait une brume « à couper au couteau ». En entrant dans le golfe de Gascogne, elle persistait encore. Demandez à tous les marins ce qu'ils préfèrent : sans exception, ils vous répondront qu'ils aiment dix fois mieux une tempête que la brume ou la neige, plus terrible pour la navigation. En voici un exemple. Nous marchions au ralenti, comme il se devait et comme le prescrit le code maritime, et en faisant marcher le sifflet à vapeur[23] toutes les 30 secondes pour indiquer notre présence. Tout à coup, l'homme de bossoir[24] signale un navire dans les parages, sans pouvoir indiquer, même approximativement, la position dans laquelle il se trouvait, tellement le son de la trompe était faible et semblait provenir de différents côtés. Tout l'équipage s'était porté à l'avant, pour essayer de voir quelque chose et l'officier de quart, pour plus de sécurité, avait heureusement fait stopper la machine quand, à 20 mètres devant nous, apparut l'arrière d'un grand voilier norvégien, toutes voiles dehors – le « Peru » d'Arendal[25] –, chargé de billes de bois d'acajou, dont le pont était rempli également, navire qui se rendait au Havre, où nous le vîmes quelques jours après. Une minute de plus, et nous l'aurions pris par le travers. Comment s'en serait retirée notre pauvre coque ?

Le second voyage ne se termina pas non plus sans accident, dont le plus malheureux fut la perte de notre nouveau Commandant, aimé celui-là, parce que plus humain que le précédent et qui, pour des raisons inconnues, se jeta à la mer. Nous ne pûmes le retrouver, malgré nos pressantes recherches, en raison de l'obscurité qui régnait à ce moment. Puis ce fut notre charpentier qui tomba à la mer, au Cap-Vert, où pullulent les requins et que nous réussîmes difficilement à sauver. Il était resté assez longtemps à l'eau, car il avait fallu mettre le canot à la mer et les appareils ne fonctionnaient pas, collés qu'ils étaient par la peinture, et leur manœuvre ne se faisait que par palans maniés à la main.

Nous marchions, un jour, toutes voiles établies, car notre navire, qui était mixte, était gréé en trois-mâts brick-goélette, ce qui signifiait qu'il possédait des vergues aux deux mâts de l'avant : misaine et grand

23 Trois mâts, le « Ville de Santos », mis à l'eau en 1873, était mixte, comprendre à voile et à vapeur, ce que Marck confirme, plus loin.

24 Homme de veille placé à l'avant d'un navire.

25 Port norvégien.

mât, l'artimon étant goélette[26]. Le vent soufflait en bonne brise et les voiles étaient établies. Mais tout d'un coup, le temps ayant changé, l'ordre fut donné de serrer les voiles[27]. Il y avait pas mal de roulis et qui sait ce qui se produit quand on se trouve dans la mâture dans ces conditions connaît le balancement auquel on est sujet, surtout lorsqu'on est obligé de monter jusqu'au « perroquet », la plus haute vergue du mât de misaine, et jusqu'à laquelle je devais grimper pour aider à serrer cette voile. Manquant le marchepied, j'allais perdre l'équilibre, quand le matelot qui était près de moi s'en aperçut et eut juste le temps de me saisir par le col de ma chemise et de me maintenir jusqu'à ce que je puisse, avec son aide et celle d'un autre marin, reprendre les haubans[28] pour redescendre sur le pont. J'avais eu chaud, je vous prie de le croire.

Je ne remontai jamais plus dans la mâture, à partir de ce moment, voir ce que le mal de mer peut faire souffrir. Non pas seulement pour moi-même, car au bout d'un certain temps, même quand on continue à y être sujet, le mal est plus supportable. Mais nous avions à bord une passagère, qui se rendait à Santos et qui ne put rien manger pendant les 30 jours que dura le voyage, à part quelques œufs qui lui étaient donnés et ceux que je subtilisais pour elle dans le poulailler et qu'elle absorbait. Dans quel état elle arriva à destination ! Et de retour au Havre, à l'entrée de l'hiver, connaissant la vie des marins, je fus momentanément guéri de la mer.

Alors, je fus engagé comme petit scribe chez un avoué où je restai à peine quatre mois et fus prié d'aller raconter ailleurs mes funèbres histoires. En effet, n'allant déjeuner que de 2 heures à 4 heures, l'après-midi, je revenais rarement avant 4 h et plus souvent vers 5 heures, trouvant toujours une excuse ou un alibi pour justifier ce retard : ou bien je venais d'enterrer un parent ou un ami, et lorsque je croyais que ça prendrait mieux, j'étais allé à l'hôpital.

---

26 Le mât d'artimon, dressé à l'arrière du navire, comprenait, à sa base, des voiles triangulaires ou auriques – quadrangulaires dissymétriques –, par opposition aux voiles carrées.

27 Les enrouler autour des mâts.

28 Câbles servant à tenir droit les mâts.

## QUELQUES ANECDOTES QU'IL CONVIENT DE RAPPELER

En ce temps-là, comme on dit, nous, les gosses, avions à notre disposition quelques distractions à bon marché et, parmi celles-ci, il en était une que j'affectionnais particulièrement : le théâtre. Il est resté un de mes plus grands favoris, du reste. Donc, ceci étant, chaque samedi ou dimanche soir, le Grand Théâtre havrais donnait des représentations pour lesquelles je ne manquais jamais de taper ma tante. Elle se faisait tirer l'oreille, car la religion, disait-elle, enseigne que c'est un lieu pernicieux qu'il fallait éviter aux jeunes et, par suite, défendu par l'Église. Ce qui fait qu'elle me donnait quelquefois les cinquante centimes, comme à regret. Et pour ces « dix ronds », j'allais prendre ma place à côté des copains, au poulailler, où, à partir de 6 h 45 et jusqu'à près d'une heure du matin, j'assistais à la représentation – aux deux devrais-je dire – où se jouaient un opéra-comique en 3 actes et un drame en 5 actes et plusieurs tableaux. Comme on le voit, on en avait pour son argent. Et je sortais de là, en même temps ravi d'avoir vu les « Cloches de Corneville[29] » ou les « Mousquetaires au couvent[30] » et les yeux gonflés et tout rouges, qui attestaient que j'avais passablement dû chialer aux aventures survenues aux « Deux Orphelines[31] » ou au personnage principal de « Trente ans ou la vie d'un joueur[32] ». Et les traîtres en prenaient pour leur grade, je puis le certifier, car nous ne manquions par de manifester notre colère à haute voix. C'est ainsi qu'un soir qu'on jouait les « Bats d'Af », un chaouch[33] apparaissait armé d'une trique avec laquelle il devait frapper un disciplinaire[34] qu'il avait pris en défaut. Au moment où il se disposait à le frapper, un des « titis » de notre bande se leva et d'une

---

29 Opéra-comique en 3 actes de Robert Planquette, sur un livret de Clairville et Gabet, créé à Paris en 1877.

30 Opérette en 3 actes de Louis Varney, sur un livret de Jules Prével et Paul Ferrier, créée à Paris en 1880.

31 Drame en 5 actes d'Adolphe d'Ennery et Eugène Cormon, créé à Paris en 1874.

32 Mélodrame de Victor Ducange, Prosper-Parfait Goubaux, Jacques-Félix Beudin, musique d'Alexandre Piccini, créé à Paris en 1827.

33 Terme péjoratif d'origine turque désignant les gradés des bataillons d'Afrique, plus particulièrement les sous-officiers.

34 Soldat appartenant à une unité disciplinaire.

voix courroucée lança : « Ah ! la vache ! » (c'était pour le chaouch), puis s'adressant au disciplinaire qui ne bougeait pas : « Mais fous donc le camp, imbécile ». Et nous l'applaudissions. Combien en ai-je vu jouer de ces drames sur le banc où j'avais ma place marquée, tout comme un abonné des fauteuils d'orchestre ?

Nous avions un autre passe-temps, celui-là réservé à la défense de notre « Île sacrée » – car Saint-François était encore une île à cette époque – et elle était interdite, certains jeudis, à ceux du Perrey[35], quartier situé là-bas, vers la mer, au pied de Sainte-Adresse[36]. On faisait la petite guerre pour défendre les quatre ponts qui la reliaient à la terre ferme. Et nous formions des bataillons de combattants armés de bâtons et des cailloux pleins leurs poches. Pour rendre le pont Notre-Dame, le plus important à nos yeux, imprenable, nous avions, d'honneur, conclu un pacte d'alliance avec ceux de l'autre côté et ils fermaient, ce jour-là – jour d'attaque – une sorte de barrière qui obligeait les assaillants à faire un détour par les autres ponts, pour venir nous attaquer. Et nous avions un hymne de guerre, s'il vous plaît, que nous chantions à tue-tête, en agitant nos armes au-dessus de nos têtes. Je ne puis résister au désir de le reproduire. Le voici :

> Nous irons jusqu'à Sainte-Adresse, étrenner les gars du Perrey / Notre-Dame sera l'avant-garde, Saint-François ne périra pas.

La bataille prenait fin quand les parents ou, plus souvent, les flics, faisaient leur apparition. Alors, c'était le sauve-qui-peut général. Certains avaient naturellement, dans la bagarre, récolté quelques gnons, et quelques dommages à leurs vêtements, mais c'était un prétexte tout trouvé pour une revanche future.

J'ai parlé du théâtre, mais comment ne ferais-je pas un petit tout d'horizon vers les music-halls – ceux-ci installés dans d'anciennes boutiques, véritables boyaux –, où je me rendais chaque fois que j'avais en poche les quarante centimes que coûtait le bock. Et pour ce prix, j'allais passer d'agréables moments à écouter les refrains mélodieux ou grivois qu'y débitaient de charmantes artistes qui, leur tour de chant terminé et le faisant avec de gracieux sourires, passaient entre les tables et vous

---

35 Alors quartier industriel et ouvrier, siège, entre autres, de chantiers de construction navale.

36 Commune balnéaire et résidentielle limitrophe du Havre.

présentaient un petit plateau sur lequel on se serait cru déshonoré de ne pas y déposer les deux ou trois sous qui restaient en poche. C'était là, pour les malheureuses créatures, toute la rémunération qui leur était dévolue... en dehors des nombreuses consommations qu'on ne manquait pas de leur offrir. Les ténors, les comiques, eux, qui composaient l'élément masculin de la troupe, étaient mieux lotis, car ils avaient régulièrement un fixe, et pouvaient également boire « à l'œil ».

J'avais un faible pour l'un de ces music-halls, le « Bijou », pour ne pas le nommer, qui se trouvait installé rue de Paris. On y était mieux que chez la Mère Faillant, à tous points de vue. C'était plus propre, mieux fréquenté, si j'ose dire, et si on y trouvait la marine, c'était la haute maistrance qui la fournissait : capitaines, chefs mécaniciens, maîtres d'hôtel, etc. Tandis qu'à Saint-François, aussi bien chez la Mère Faillant que chez les « Jacob's » – qui tenaient le « Star » –, plus fréquentés par les marins anglais et américains, c'était en majeure partie des chauffeurs ou matelots qui en formaient la clientèle. Du côté féminin, les artistes étaient aussi plus distinguées. Et le bock étant au même tarif, de même que la petite « aumône » au plateau, pourquoi aurais-je hésité à choisir entre les deux genres ?

Donc, je fréquentais le « Bijou » et j'y applaudissais particulièrement un comique, qui avait eu son heure de célébrité à Paris, mais que l'alcoolisme avait rejeté des meilleurs établissements de la capitale. Il ne dessoulait pas, mais comme ses numéros comportaient invariablement des chansons bachiques, il n'avait nul besoin de se grimer pour les exécuter ; il était bien dans la note, toujours. Quelquefois, il restait absent pendant deux, trois jours ou plus. On ne s'inquiétait pas de lui, on savait qu'il reviendrait. Et on lui conservait sa place.

Mais un jour, on vit arriver au « Bijou » le ténor, son ami, tout essoufflé et encore sous le coup d'une émotion qui n'était pas feinte et qui mit la troupe au courant de ce qu'il avait été le témoin oculaire, dans le courant de l'après-midi. Passant à la morgue, il avait reconnu son collègue comique sur les dalles funèbres. Il était noyé ! Au matin, tout le monde se retrouva au rendez-vous pour la reconnaissance du cadavre repêché. Il n'y avait pas de doute possible, c'était bien le collègue. Les formalités remplies, chacun ayant apporté son obole et fourni fleurs et couronnes, on procéda à l'inhumation du « malheureux », au cimetière de la Côte. Or, ce n'était pas notre poivrot qu'on avait enterré ! Celui-ci avait tout bonnement pris le bateau de Trouville, où il était allé rejoindre un de ses anciens camarades de débauche, qui l'y avait invité à passer quelques jours. On juge de la stupéfaction qui s'empara du ténor, de la chanteuse à voix, de la réaliste et de la patronne du « Bijou », quand ils le virent reparaître au bercail, frais et dispos. Ils n'en croyaient pas leurs yeux. « Comment ! Toi, ici ! » Notre comique était aussi effaré que les autres, ne comprenant rien à la réception qui lui était réservée. Il pensait qu'il s'agissait d'une cabale montée pendant son absence :

> Eh bien quoi ! Oui, c'est moi, et puis après ?
> – Mais mon vieux, nous t'avons mis en terre avant-hier !...

Du coup, il n'y tint plus et éclatant de rire, leur dit : « Tout de même, vous auriez pu attendre pour me demander l'autorisation, c'est pas gentil ! ». Après lui avoir expliqué ce qui c'était passé, et pour qu'il n'en doutât pas, il fut décidé qu'on se rendrait, en groupe, le lendemain, au cimetière, où il lui faudrait bien constater la réalité. Toutefois, et pour que le chemin lui parût moins long et aussi moins lugubre, il exigea qu'on fasse quelques haltes en route. Ce qui fut tenu. De sorte qu'il arriva en haut de la Côte passablement éméché. Il dut se rendre à l'évidence, quand on le mit en face de la tombe, sur laquelle une croix en bois portait bien son nom. Vingt fois, il répéta : « C'est pourtant vrai, les salauds, ils m'ont foutu en terre. » C'est tout juste s'il n'avait pas la larme à l'œil devant tant d'ingratitude de la part de ses collègues. On dut le ramener à son hôtel en fiacre, car, au retour, il ne consentit à suivre la colonne qu'à la seule condition qu'il lui serait payé encore une absinthe, pour lui faire oublier qu'il venait de passer.

Une autre fois, semblable histoire macabre advint à un bougre, qui avait l'âme chevillée au corps. On peut en juger par ce qui suit. Dévoyé, mais honnête type, en somme, nous l'avions surnommé « Pot-de-gin », parce qu'il avait vraiment un faible pour cette mixture. Et mon amie, qui tenait une boutique de friperie et de chiffonnerie, l'employait depuis de nombreuses années au triage des chiffons et des métaux qu'elle achetait. Personne ne sut jamais ce que « Pot-de-gin » pouvait avoir été avant de venir échouer là. Certains prétendaient qu'il avait été très bien, qu'il avait exercé la profession de maître d'hôtel dans une grande maison. En tout cas il ne consentit jamais à en parler à qui que ce soit, non plus que de se coucher devant le lit que mon amie lui avait installé.

Par contre, on le trouvait toujours dormant à poing fermé, tantôt ici, tantôt là, sur le trottoir ou sur le quai, et par tous les temps. Je le vis à maintes reprises, totalement recouvert de neige, ou trempé jusqu'aux os ; l'été il était allongé avec un soleil de plomb sur la tête.

Un matin, on le trouva au pied de l'escalier de pierre qui descendait au bassin de la Barre[37], ne donnant plus signe de vie. Les agents, prévenus, vinrent l'y prendre et croyant fortement qu'il s'était noyé, car la marée montante avait envahi les marches sur lesquelles il s'était endormi, puis s'était retirée au moment de la marée descendante. Ils le remontèrent sur le quai et comme il ne faisait aucun mouvement, ils le transportèrent à la morgue où, après l'avoir déshabillé, ils le couchèrent sur les dalles et ouvrirent les robinets d'eau sur lui. Combien de temps resta-t-il ainsi inerte ? Il ne put me le dire à son retour au magasin, car il était frigorifié. En tout cas, la douche l'avait réveillé. Il frappa encore aux vitres du gardien qui, en présence de cet homme tout nu demandant à sortir, se demandait s'il ne rêvait pas. Quand je revis « Pot-de-gin » quelques heures après sa délivrance, il me narra son « aventure funèbre » et ajouta : « mon pauvre Charles, j'ai eu peur, sais-tu ? », il n'eut pas de mal à me convaincre.

Je ne voudrais pas quitter cette époque sans évoquer les autres batailles, dont mon quartier était chaque jour le témoin. Car nos luttes entre gosses n'étaient rien auprès de ce qui se passait, après les beuveries, entre les marins, qui logeaient pour ainsi dire, presque tous, dans la rue Dauphine. La maison que j'habitais, n° 40, était sans conteste la plus jolie du quartier, et elle servait d'hôtel pour tous les capitaines des navires américains. Le propriétaire était un certain Lynch, américain lui-même, homme capable de tout, excepté le bien, et qui vivait largement avec l'argent qu'il « gagnait » avec cette clientèle, qui regorgeait d'or. Le jeu était la principale occupation de ces capitaines et rares furent, à ma connaissance, les disputes qui éclatèrent dans les salons où on jouait. La cuisinière était mon amie, dont j'ai déjà parlé à propos de la chiffonnerie qu'elle monta. Comme les capitaines ne mangeaient pas, la majeure partie du temps, c'était notre famille qui en profitait, et notre amie savait faire de bonnes choses.

---

37 Le bassin, longé au nord par le quai Casimir-Delavigne, fut inauguré en 1820, au terme de près de 30 ans de travaux retardés par les événements politiques et les guerres. Il fut longtemps affecté aux bois et au coton.

Mais si, chez Lynch, on ne se battait pas, par contre, les locataires des « boarding-houses » – maisons de marins[38] – étaient de véritables ennemis à partir du moment où ils avaient élu domicile dans l'un ou l'autre de ces établissements, chez Donavan ou chez XXX[39] qui, eux aussi, étaient des types de sac et de corde et exploitaient les malheureux à qui mieux mieux. Il n'était pas de jour où le sang ne coulait sur la chaussée. Car pour voir sortir les couteaux de leur gaine – ils les portaient toujours à leur ceinture –, il suffisait qu'un marin lance un « *Goddam, son of a bitch* » – ce qui signifiait : « Nom de dieu d'enfant de chienne[40] » – pour qu'une mêlée s'ensuivît et que certains restent sur le pavé, avec des blessures graves souvent. Ces scènes ne prirent fin qu'au moment où les navires allèrent décharger leurs marchandises dans le bassin de l'Eure[41], puis, dès qu'ils furent terminés, dans le bassin Ballot[42]. Saint-François avait, de ce jour, totalement changé de physionomie, au détriment des marchands de poissons.

## UNE DATE : 26 MARS 1882

Puisque je suis en train de rappeler quelques souvenirs locaux, je ne voudrais pas continuer sans faire allusion à un des plus tristes événements maritimes, dont j'ai été le témoin, souvenirs que me sont restés gravés dans la mémoire – comme dans celle des anciens Havrais, très certainement – comme une véritable vision d'horreur.

Le 26 mars, une terrible tempête s'était élevée, et le mauvais temps avait obligé le pilotage à consigner le port, obligeant les navires à rester amarrés dans les bassins pour y attendre l'accalmie. D'énormes vagues balayaient la jetée où nul ne pouvait s'aventurer sans risquer d'être

38 Ou pensions de famille.

39 Référence illisible.

40 Que l'on peut aussi traduire, sans altérer l'insulte, par : « Bon Dieu (ou "putain") de fils de pute »...

41 Le dernier des quais du bassin de l'Eure, lui-même inauguré en 1855, fut achevé en 1877. Siège d'un chantier naval, il accueillait en 1907 la première gare maritime, dite « tente New York ».

42 Le bassin Bellot, inauguré en 1887, est relié au canal de Tancarville, dont les travaux d'agrandissement se terminèrent la même année.

emporté par-dessus l'estacade[43]. De plus, les lames battaient la plage avec une telle force qu'elles enlevaient les galets et les rejetaient le long du sémaphore avec une violence inouïe. Le vent faisait rage et ceux qui s'étaient dérangés pour assister à ce spectacle des éléments déchaînés se tenaient à l'abri vers l'anse des pilotes et du côté du musée. Tout à coup, on vit accourir les lamaneurs – canotiers au service des pilotes du port[44] et chargés de la surveillance du port – et rapidement s'emparer d'un des canots de sauvetage qu'ils armèrent. À force de ramer, ils réussirent à quitter l'avant-port pour la haute mer sous la conduite d'un chef pilote, père d'un de mes camarades : Durée. Le guetteur du sémaphore de la Hève[45] venait de signaler qu'un sloop[46] de Trouville, le « Vivid », était en perdition au large, près de Villerville[47] et faisait des appels désespérés au moyen de son pavillon, qu'il avait mis en berne, c'est-à-dire à demi-mât. Quittant leurs abris, nombreux furent ceux qui, bravant la pluie, qui tombait à torrents, voulurent suivre les évolutions de cette barque, dans laquelle 11 braves sauveteurs s'évertuaient, par des coups d'avirons, à se diriger vers le sloop pour arracher son équipage au danger qui le menaçait. Pour les aider, ils avaient établi un petit bout de toile sur le mât, qu'ils avaient réussi à mettre en place. Hélas ! Si le sloop finit par pouvoir rallier Trouville par ses propres moyens et, ainsi, rendre les marins à leurs familles, il n'en fut pas de même pour ceux du canot de sauvetage. En effet, celui-ci, entraîné par la tempête vers l'estuaire de la Seine, fut jeté sur des bancs de sable mouvant, en face de Honfleur, sur lesquels il se retourna, précipitant les 11 marins à la mer, où ils devaient trouver la mort. On devait ramener le canot vide. Quant aux lamaneurs, on retrouva leurs corps flottants les jours suivants. On leur fit des funérailles splendides et au cimetière leur fut érigé un monument commémoratif, qui est toujours le pèlerinage pour les parents et les camarades pilotes. Ce triste événement évoqué, je reprends mon récit au point où je l'avais quitté.

---

43 Construction à base de madriers établie à l'entrée d'un port dans un but de protection.

44 Marins également affectés aux opérations de sauvetage par canots. Aujourd'hui, le terme désigne les agents en charge de l'amarrage (arrivée) ou de l'appareillage (départ) des navires.

45 Construit dans les années 1860 sur les hauteurs de Sainte-Adresse.

46 Petit voilier à un mât.

47 Village de pêcheurs entre Trouville et Honfleur.

## ME VOICI DOCKER

Donc, au sortir de l'étude où l'avoué m'avait si bien engagé à aller ailleurs porter mes balivernes, il me fallait trouver une autre occupation. C'est alors que, pour la première fois, je décidai, moi aussi, d'aller travailler en qualité de docker, comme la plus grande partie de ma famille. J'y trouvai avantage puisqu'au lieu de 15 francs par mois, que me donnait l'avoué, je recevrais 2 francs par jour. Dure besogne. Cela dura jusqu'en juin 1885[48].

Comme la totalité de mes camarades dockers et marins, je devais contracter une funeste habitude : celle de m'alcooliser. Comment y échapper, quand on sait l'entraînement auquel nous étions sujets ? Et puis, ne fallait-il pas faire comme les autres, sous peine de passer pour une « mauviette » ? Ma tante, à qui je remettais ma paye chaque jour, ne me permettait-elle pas de boire en me laissant une certaine somme en poche ? Elle m'en donnait davantage, même, le dimanche, pour que j'aille à la messe. Et c'était le bistrot qui en bénéficiait. Mais ma vie allait brusquement changer de direction et je puis dire que c'est vraiment à partir de ce moment qu'il m'advint toute une kyrielle d'aventures, toutes plus abracadabrantes les unes que les autres. On en jugera par la suite.

## MARIN DE L'ÉTAT

Mes 18 ans à peine révolus depuis 8 jours, je m'engageais dans la marine de l'État, devançant l'appel, par conséquent, cela me permettait d'être enrôlé comme « inscrit maritime[49] » en raison de ma navigation antérieure. Ma position, en arrivant à Cherbourg – 1er arrondissement

48 À 18 ans, Charles Marck travaillait sur les quais, approximativement, depuis 2 ans.

49 Système inauguré en 1673, puis redéfini et perfectionné sous cette expression en 1795, 1896 et 1932 avant son abolition en 1965, il concernait les gens de mer qui, précocement enregistrés comme tels, étaient susceptibles à tout moment, entre 18 et 50 ans, d'être requis par la marine de guerre. En contrepartie, les « inscrits » percevaient, à 50 ans et après 25 ans de navigation, une demi-solde en guise de pension de retraite.

maritime auquel j'appartenais – me permettait, comme matelot de 3e classe, de toucher une solde de 24 francs – 12 francs d'argent et 12 francs pour le sac[50] –, ce qui, pour l'époque, était énorme, comparativement aux cinq centimes par jour, qui étaient versés aux « biffins[51] ».

Versé comme élève fourrier, j'entrai à la Majorité de la Flotte[52], mais n'y fis, comme tel, qu'un stage de 3 mois à peine. Je fus vite dégoûté de ce port de guerre – et ceux qui ont fait un séjour à Cherbourg seront certainement de mon avis. On ne pouvait rien y trouver d'attrayant, même avec sa grande place, où Napoléon Ier, sur son socle, menace de sa main tendue dans la direction de la « perfide Albion », aujourd'hui notre alliée.

Il est inutile, je pense, d'insister sur l'inquiétante quantité de cafés, estaminets et autres empoisonneurs de toutes sortes, qui étaient installés autour des dépôts de marins et de casernes de soldats de l'infanterie et d'artillerie de marine. L'un d'eux, et comment ne pas le nommer, était particulièrement renommé et nous nous serions déshonorés de ne pas y rentrer, aussi bien en quittant notre dépôt que pour y revenir le soir. Nous appelions cette double halte : « aller se faire déconsigner chez Fénard ». C'était son nom, d'ailleurs, à ce malfaisant bistrot. Chez lui, pour dix centimes, on nous servait un verre d'une affreuse mixture qualifiée tafia[53], dont une seule goutte aurait suffi pour détruire un cobaye. Cela vous brûlait à l'intérieur. Est-il besoin d'ajouter que d'autres « assommoirs » recevaient également notre visite, « tout en suivant la colonne », si je puis employer cette expression. Le plus couru de ces débits de boisson, après le « Fénard », s'appelait le « Café Maure », où nous allions, pour la plupart, passer et terminer notre soirée, en attendant le coup de canon, avant lequel il nous fallait rallier l'entrée du port de guerre, qui signalait la fermeture des portes. On y buvait force « petits sous », consistant en un peu de café, au fond d'un bol, arrosé de plusieurs verres de ce tafia déjà cité. Et il arrivait que, mis en joie par maintes libations et en retard pour arriver à l'heure, nous devions nous rabattre sur le « refuge », espèce de cabane en planches, installée

50 Somme destinée à la constitution et à l'entretien du trousseau du matelot.

51 Terme familier en usage dans l'armée pour désigner les fantassins. L'expression s'applique aussi aux chiffonniers.

52 Ensemble des services d'un état-major dans la marine de guerre.

53 Initialement le tafia est un alcool issu de la mélasse de canne. Par extension, le terme s'applique à toute boisson forte.

par la Marine, à proximité du port. Nous y passions le restant de la nuit, couchés sur des lits de camp, en attendant le réveil, au matin, qui se faisait d'assez bonne heure, de façon à ce que nous puissions arriver pour répondre à l'appel.

Un soir que j'avais bu plus que de coutume, et ma raison s'étant quelque peu égarée, je fus incapable d'atteindre le « refuge », il était déjà tard, et je m'allongeai dans l'herbe, à quelques pas de la route. Le temps était relativement doux. Lorsque je me réveillai, il pouvait être 4 heures du matin, quelque peu transi tout de même, je m'aperçus avec stupeur, qu'on m'avait vidé mon escarcelle. Les « Briqueville[54] », ainsi qu'on les nommait, étaient passés par là. Ils auraient pu, s'ils l'avaient voulu, me laisser nu comme un ver. Je n'avais, en réalité, plus notion d'exister, lorsque je m'étais étendu là. Ce fut grâce à un gendarme, qui avait connu ma famille au Havre et que j'avais moi-même déjà rencontré bien des fois, que je dus d'être revêtu et de « passer au travers ». Autrement, je ne sais comment la fête se serait terminée.

Bref, ayant décidé de changer de spécialité, je fis une demande pour être versé dans la timonerie[55]. Cette demande ayant été acceptée, je fus dirigé sur Brest. Quelques jours après mon débarquement dans ce port, on m'embarqua sur le « Bretagne[56] », vieux vaisseau à trois ponts, anciennement « Ville de Paris[57] », qui était ancré en rade et y restait à demeure. Étant donné sa vétusté, il lui eut été difficile de prendre le large, du reste. À bord de ce navire, nous étions environ 1 200 apprentis timoniers, gabiers[58] et canonniers. Le complément de l'équipage était composé d'officiers et d'instructeurs. En arrivant à bord, nous fûmes informés que pendant six mois, durée de notre apprentissage, il ne nous serait accordé aucune permission, même celle d'aller à terre un seul soir. Pour moi, ce fut un coup dur. Cette restriction n'était pas faite pour me satisfaire : voir la terre et

54 Terme argotique désignant les portefaix, qui briquent la ville à force de la parcourir.

55 Ensemble des matelots affectés au service du gouvernail.

56 En fait, le « Bretagne II », anciennement « Ville de Bordeaux » – non de Paris –, lancée à Lorient en 1860, reprit ce nom au précédent navire-école qui venait d'être détruit et auquel elle succéda de 1880 à 1894. *Cf.* Amicale des Pupilles-Mousses, « Les vaisseaux-écoles », https://www.amicalepupillesmousses.fr/index.php/presentation/l-ecole-des-mousses/80-les-vaisseaux-ecoles (consulté le 9 mai 2021).

57 Confusion de Marck avec le « Ville de Bordeaux ». Le « Ville de Paris », lancée en 1850, fut transformée en navire de transport de troupes et caserne de l'infanterie de marine en 1882, avant d'être détruite en 1898.

58 Matelot affecté à l'entretien et à la manœuvre de la voilure.

n'y jamais mettre les pieds ! Quel supplice ! Et puis, qu'on se rappelle le vice contracté sur les quais du Havre. Être privé de boisson ! ! !...

J'eus bien l'intention, dès les premières semaines de cette réclusion, d'envoyer au diable cette nouvelle spécialité, que j'avais choisie et d'accepter n'importe quel autre emploi, pourvu qu'il me fût permis d'aller à terre, boire devrais-je dire ! Mais les camarades qui se trouvaient naturellement dans le même cas que moi m'en dissuadèrent. Et je terminai mes classes à l'école de timonerie, avec combien de difficulté, car je ne voulais pas en f... un coup.

Une autre surprise m'était réservée sur ce « bagne flottant », ainsi que nous le qualifiions : chaque dimanche, il nous fallait aller à la messe et un aumônier était attaché à bord pour nous la débiter. Il n'était d'ailleurs pas nécessaire d'être catholique pour être condamné à ce service, comme on va le voir. Qu'on veuille bien se rappeler que la religion catholique était la maîtresse absolue de la marine de guerre et la totalité des officiers étaient des pratiquants et des cléricaux invétérés, et d'un sectarisme outrancier. J'eus plus d'une fois l'occasion, par la suite, de m'en rendre compte. Oh ! Bien sûr, sur le « Bretagne », comme sur les autres navires-écoles du reste, l'équipage n'était pas « obligé » d'aller à la messe, cependant, suivez-moi bien, il y avait trois batteries[59], c'est-à-dire trois faux-ponts[60], et c'était dans la première batterie, haute et à bâbord, que l'autel démontable était dressé – c'était le travail exécuté par les timoniers, dont j'étais – et où officiait l'aumônier. Et pendant la messe, il était INTERDIT de stationner à bâbord de cette batterie, défendu de descendre dans les autres faux-ponts ni dans la cale, non plus que de monter sur le pont et, naturellement, dans la mâture[61]. Et avec cela, le plus grand silence était imposé. Vous comprenez que, dans ces conditions, il nous était impossible de nous y soustraire et nous avalions les orémus[62], bien à contrecœur. Vous comprendrez que nous la trouvions mauvaise, mais comme nous aurions risqué les fers[63] en

59 Pour pont-batterie, le terme désigne une plateforme portant des pièces d'artillerie.

60 Plancher compris entre la cale ou un pont inférieur et le pont supérieur ou premier pont.

61 Ensemble des mâts d'un navire.

62 Prières.

63 Depuis 1858, le code de justice militaire pour la Marine avait supprimé les peines corporelles, mais maintenu la mise aux fers, qui consistait initialement à emprisonner les jambes du matelot puni, par ailleurs alimenté de pain sec et d'eau, dans des anneaux coulissants sur une barre de fer.

violant la consigne, nous nous mettions derrière les rangs et racontions, tout bas, des histoires.

Un jour que j'avais fait un article pour *La Dépêche de Brest*[64], et que le journal en avait inséré la partie essentielle, on nous informa que celui qui l'avait envoyé serait puni, s'il était connu, pour avoir dit des mensonges. Rien ne fut changé, on le conçoit. On verra par la suite que je devais moi-même devenir une sorte d'aumônier de bord et les avatars que cela devait me procurer. C'est Camille Pelletan[65], lorsqu'il fut ministre de la Marine, qui fit supprimer heureusement ces singeries, en même temps que la coutume, qui existait depuis longtemps, de mettre les « vergues en pantenne[66] », c'est-à-dire en croix, le jour du Vendredi saint, sur tous les navires de guerre.

C'est en 1886 qu'un jour, je reçus de ma tante une lettre m'informant que mon père – disparu, comme je l'ai déjà dit, depuis plus de 16 ans – était au Havre, où on l'avait rencontré dans le quartier. Mon frère aurait eu la possibilité de pouvoir lui parler, mais il s'y était refusé. Je m'en fus trouver le commandant, lui expliquai la situation et sollicitai une permission. Il me l'accorda, pour 6 jours. J'arrivai au Havre, mais toutes les recherches faites furent infructueuses. Au dernier refuge qu'on m'avait indiqué, on m'affirmait qu'il devait être reparti depuis la veille de mon arrivée. Où ? Nul ne le savait. Je perdais donc la seule occasion de voir celui qui nous avait quittés si misérablement, à tous points de vue.

Mon voyage ne fut toutefois pas inutile. Je n'avais averti personne de mon voyage au Havre et rencontrant une personne affiliée à ma famille, j'appris que ma tante avait dû s'aliter, très malade, chose qu'on m'avait cachée, et qu'on la soignait très sérieusement. Je sautais rapidement chez elle et, en effet, la pauvre femme avait triste mine. Je me fis annoncer, craignant que ma brusque présence n'eût d'autre effet que d'augmenter son indisposition. Et je rentrai dans sa chambre et lui sautai au cou. Je

64 Quotidien régional de tendance radicale, qui commença à paraître en 1886, année où Marck effectuait ses classes à Brest.

65 Homme politique (1846-1915), opposant républicain à l'Empire, puis radical-socialiste, il fut ministre de la Marine de juin 1902 à janvier 1905, dans le Cabinet Combes.

66 Littéralement l'expression s'applique à un navire dont les vergues sont en désordre, par exemple au sortir d'une tempête. Il est de tradition de les y « mettre » à la mort d'un capitaine. Les disposer en croix pour le Vendredi saint participe d'un affichage religieux peu compatible avec la laïcité républicaine.

la vois encore devant moi, dans son lit. Quelle réaction ! Elle se dressa sur son séant, me regarda longuement sans pouvoir dire un mot, n'en pouvant croire ses pauvres yeux. Fringant, dans un costume neuf, retaillé, avec un col bleu de fantaisie et mon béret crânement coiffé, elle n'en revenait pas. « Comment, c'est toi ? Si beau ! » C'est tout ce qu'elle trouva à dire, répétant à plusieurs reprises : « c'est toi, si beau ! » L'après-midi, elle demanda à se lever pour être à mon côté et le lendemain, aussi phénoménal que cela parût, ce fut elle qui sortit avec moi en ville, pour me présenter à toute la famille et aux amis. Elle était guérie. Et ce fut elle qui me reconduisit à la gare, pour mon retour à Brest.

Je restai sur le « Bretagne », en subsistance[67], en attendant mon envoi à Toulon. Ce qui se fit attendre tellement qu'un jour, apprenant que les maîtres de toutes les spécialités étaient sans « domestique » pour les servir, j'offris mes services, prétextant que j'avais déjà exercé la profession de garçon de restaurant. Admis, me voici servant à table et mangeant, de ce fait, le même menu, et partant, mieux que sur le « Ville de Santos », lorsque j'étais mousse, les haricots de toutes couleurs composaient les mêmes aliments de la semaine, à raison de 10 repas sur 14. Voici comment, du reste, se répartissaient les menus sur le « Bretagne », en commençant par le lundi avec haricots le midi et, le soir, un fromage :

le mardi avec haricots le midi et, le soir, un fromage ;
le mercredi avec haricots le midi, et, le soir, un fromage ;
le jeudi avec un pot au feu le midi, et, le soir, un fromage ;
le vendredi avec morue le midi, et, le soir, haricots ;
le samedi avec haricots le midi, et, le soir, haricots ;
le dimanche avec pot-au-feu le midi, et, le soir, haricots.

J'avais, quant à moi, pris l'habitude de ne manger que mon pain trempé dans mon quart de vin et, quelquefois, un peu de beurre, que j'achetais à une marchande qui venait s'installer à bord.

Bref, je me trouvais relativement privilégié au poste de maîtres. J'avais le droit de descendre à terre tous les quatre jours et, quelquefois, j'y allais pour faire des courses pour mes chefs, dans la journée. De plus – et cela non plus n'était pas pour me déplaire –, j'échappais aux manœuvres et exercices de toutes sortes et ne prenais jamais la garde la

67 Prise en charge, par un navire, de la nourriture et la solde d'un matelot isolé.

nuit, ce qui m'assurait un sommeil régulier, ce qui pour moi primait toute le reste, j'ose le dire.

Faut-il y insister ? J'avais repéré un estaminet, sur le Cours d'Ajot[68] et l'adoptai. Ma jovialité et mon esprit gavroche ont vite conquis la clientèle, uniquement composée de marins. Je chantais les répertoires les plus variés et racontais des histoires apprises un peu partout et qui, plus elles étaient piquantes, plus nombreuses étaient les rasades qui m'étaient gratuitement offertes, non seulement avec les permissionnaires, mais aussi par la patronne, une luronne, laquelle voyait avec satisfaction sa clientèle augmenter chaque jour, menée par ceux qui avaient déjà assisté à de précédentes excentricités de ma part et de deux autres loustics de mon genre. Dire que je rentrais toujours à bord avec tous mes esprits serait un peu osé, mais cela n'avait pas une grande importance, car j'étais quelque peu libre de faire ce que je voulais en arrivant à mon poste. Et si j'avais fini par avoir le « coffre galvanisé » et ça ne se voyait presque pas. De sorte que je ne fus jamais puni pour ivresse. L'aurais-je mérité, pourtant ?

Après un an passé sur le « Bretagne », on me débarqua et je fus envoyé au dépôt, d'où, une quinzaine plus tard, on m'expédia, avec 400 autres marins, sur Toulon. Le voyage dura trois jours et nous étions parqués dans de vieux wagons, comme les ont connus les anciens. Ceux qui circulent encore aujourd'hui, parmi les vieux wagons, sont presque du luxe auprès de ceux qui nous obligeaient à faire nos besoins dans un journal et de le jeter par la portière, qu'on m'excuse de le rappeler. Nous étant arrêtés, pour une nuit, à Clermont-Ferrand, nous devions y être logés chez l'habitant. Avec un de mes camarades de Trouville, nous reçûmes un billet de logement libellé : chez l'abbé X..., au presbytère, rue... où ils recevront..., etc. Nous y étant présentés, ce brave curé nous remit à chacun une somme de 1,50 franc, nous disant regretter de ne pouvoir nous héberger et que trouverions très certainement un hôtel qui nous donnerait un lit. Que faire avec une somme aussi minime ? D'abord, dis-je à mon Trouvillais, je crois qu'un bon verre de vin nous donnera du cœur et de l'imagination pour nous en tirer. Après le premier verre, nous en prîmes un second, puis un troisième – 10 centimes le verre, époque bénie. Et nous sortîmes du bistrot heureux comme des rois. Pour le coucher, nous nous en remîmes à la chance de rencontrer une occasion

68 En fait, cours Dajot, une promenade publique de Brest, donnant sur la rade.

sur notre route. Elle se présenta sous la forme d'un brave homme qui, nous voyant déambuler, et autant pour montrer qu'il aimait la marine française que pour nous être agréable, nous interpella et, comme il sied en pareilles circonstances, nous invita à venir à quelques pas de là, pour faire plus ample connaissance, chez un bistrot. Nous ne pouvions tout de même pas refuser une pareille aubaine. Et nous pûmes étancher notre soif, à souhait, car nous dûmes avaler quelques autres verres de vin. Quand nous eûmes quitté cet ami de rencontre, dans quel état étions-nous ? Le diable m'emporte si je savais exactement dans quelle situation nous nous trouvions et ce que nous allions faire. Mon Trouvillais s'étant éloigné de moi, je le perdis de vue et, au tournant d'une rue, je vis que j'étais arrivé devant la gare. Alors se passa quelque chose qu'il m'eût été difficile d'expliquer. Vers 10 heures du matin, je fus brutalement réveillé par les coups que le chef de gare m'octroyait sur les côtes, en me priant de vouloir bien déguerpir au plus vite et d'évacuer le wagon de 1re classe dans lequel j'étais couché. Heureusement qu'un des employés de la gare m'avait déniché là, sur la voie de garage où stationnait le wagon, parmi tant d'autres, sans quoi le convoi aurait pu m'emmener on ne sait où et j'aurais risqué, le soir, de ne pas partir avec la colonne. Bref, j'avais bien dormi, mais j'avais quelque peu mal aux cheveux.

Mis à la porte de la gare, qu'allais-je faire ? Je décidai de monter voir le Puy-de-Dôme – autant là qu'ailleurs, pensais-je – et en route ! Mais je ne devais pas aller plus loin que la « fontaine pétrifiante[69] », car j'avais repéré sur la route quelques vignes chargées de belles grappes et comme j'avais faim, je m'assis au bord d'un talus et que je t'avale des raisins, quoique pas tout à fait mûrs. Cela ne me réussit pas, du reste, car… je ne veux pas revenir sur les inconvénients des wagons que j'ai décrits.

J'arrivais à Toulon, sans autres avatars et fus immédiatement mis à la disposition de l'embarquement sur un navire de l'escadre, pour y obtenir mon brevet de timonier. Ce fut sur le « Redoutable[70] », un cuirassé – dont on peut voir le modèle exact, où il est exposé à la Ligue maritime, rue Mogador, près du théâtre, au pied de l'escalier – que je fus dirigé. Et là, tout comme sur la « Bretagne », j'appris en arrivant à

69 Fontaine située dans le quartier Saint-Alyre, un faubourg de Clermont-Ferrand. Une des curiosités de la ville depuis le XVIe siècle, son eau très minéralisée était utilisée pour la pétrification ou l'incrustation d'objets.

70 Un des premiers cuirassés construits en France, il fut armé en 1878 et resta en service jusqu'en 1910.

bord que les apprentis timoniers ne descendaient pas à terre au cours de leurs classes, c'est-à-dire encore pendant six mois.

Décidément, c'était pour moi une fatalité et j'en arrivais à croire que tout mon service s'écoulerait sur de telles interdictions de fouler le plancher des ruminants. Regarder, toujours par-dessus les bastingages, les chaloupes qui démarraient avec les permissionnaires, n'était pas fait pour me soutenir. Et il fallait se résigner, pourtant. Je recommençais à vouloir tout envoyer aux bains, école et brevet ! Mais il y avait la question des gros sous qui jouait. En effet, au lieu de ne toucher que 12 francs par mois, la solde, dès que j'aurais été en possession de mon brevet, s'élèverait à 27 francs, plus 12 francs pour le sac. C'était donc bientôt un avantage qu'il me fallait bien faire entrer en ligne de compte dans la balance.

Le « Redoutable, avec toutes les autres unités de l'escadre, resta ainsi en rade pendant 4[71] mois, sans bouger. J'avais appris par cœur la quantité de bistrots existant sur le quai de Cronstadt… à travers une longue-vue, lorsque j'étais de quart. Je voyais également se promener de très jolies filles – du moins, je le présumais – qui, chaque soir, venaient se promener au bord de la mer. Et lorsque je rejoignais mon hamac, je vous assure que, chaque fois, j'échafaudais des projets mirifiques qui me permettraient de rattraper le temps perdu.

Un jour, nous fûmes appelés à appareiller. Où allions-nous ? Nous le sûmes rapidement par les gazettes du bord. L'escadre quittait la rade pour effectuer une croisière en Méditerranée. Enfin, ce serait tout de même une diversion et la Côte d'Azur valait pour nous un déplacement. Le « Richelieu » – portant pavillon de l'amiral – suivi des cuirassés « Colbert », « Indomptable », « Courbet », « Dévastation » et du « Redoutable », sur lequel j'étais, on le sait, accompagné du « Milan », aviso d'escadre[72], prirent la direction des îles d'Hyères. Puis, successivement, nous mouillâmes au Golfe Juan, à Cannes – île Sainte-Margueritte –, Nice et des exercices et manœuvres d'artillerie furent exécutés sous les rochers de Monte-Carlo, se poursuivant jusqu'à Vintimille. Nous avions l'impression que toutes ces dépenses de poudre n'étaient destinées qu'à satisfaire la curiosité des riches propriétaires de Monaco et de Monte-Carlo, auxquels était offert gratuitement cet imposant spectacle. Passons.

71 Quelques lignes plus haut, Marck évoquait six mois.
72 Petit navire de guerre à voiles, rapide et de faible tonnage.

Ici s'impose un autre souvenir, qu'il me faut évoquer, car il est d'importance, qu'on en juge. En arrivant au Golfe Juan, et dégoûté de plus en plus du manque de descente à terre, j'allai trouver mon officier instructeur – un Suédois, entre parenthèses – et lui fis savoir que je voulais abandonner les cours de timonerie. Tout surpris, puisqu'il ne me restait plus que 2 mois d'école pour en terminer avec les examens, il m'en demanda la raison. On l'a deviné, j'en avais marre de rester à bord. Alors, notre lieutenant de vaisseau alla trouver le commandant et sollicita de lui qu'il intervienne, si possible, auprès de l'amiral pour qu'il permît la descente à terre des apprentis timoniers. Chose à laquelle il ne s'attendait pas lui-même, l'autorisation fut accordée. Elle le fut, d'ailleurs, à la seule condition que nous resterions en groupe, sous la surveillance de notre officier et des instructeurs. On peut juger du succès que je rencontrai auprès de tous mes camarades, auxquels j'avais fait part de ma démarche. Bref, ayant armé notre chaloupe, nous voilà ramant de bon cœur vers le « plancher des sergents de ville » – ô Niçois qui mal y pense !. Le but autorisé de cette promenade était Vallauris, où nous devions visiter les poteries et la parfumerie Maubert[73].

Malgré une surveillance assez sévère, je trouvai le moyen de m'évader des rangs et de pénétrer dans un petit café, dont le rideau de perles fut vite écarté, et j'avalai, coup sur coup, deux absinthes bien corsées. Je rejoignis le groupe au moment où il allait pénétrer dans l'usine Maubert, et autant dire que personne ne s'était aperçu de ma fugue, tellement j'avais bien calculé mon plan. J'achetai, comme les autres, un flacon de Yiang-yang[74] et quelques savonnettes, et lorsqu'à son tour, la poterie fut visitée, on donna l'ordre du retour. Si je m'étais tenu aux deux absinthes que j'avais déjà absorbées, il est certain que ma conduite serait passée inaperçue. Eh bien, non ! Ayant réussi en allant, ce fut avec le même succès qu'en revenant j'avalai un autre verre de ce poison, à la sauvette. Je n'ai pas besoin de dire que si les deux premiers m'avaient passablement chaviré le cerveau, ce que ce fut après avoir ingurgité le troisième. Quand j'embarquai dans la chaloupe, dans quel état étais-je ? L'officier crut d'abord que j'étais malade, car il faisait très chaud cet

73 Entreprise de parfums et arômes fondée en 1850 par François Chauve, dont le neveu, Jean-Baptiste Maubert dirigea les fabrications. Rachetée en 1875 par Paul Robertet, sa direction reviendra en 1923 à Maurice Maubert, fils de Jean-Baptiste.

74 Eaux de toilette et parfums produits à l'aide de l'huile essentielle extraite de fleurs de l'arbre éponyme originaire d'Asie du Sud-Est.

après-midi-là. Mais quand il s'aperçut que j'étais ivre, je laisse à penser combien il était ennuyé. Sa responsabilité était engagée. En arrivant à la coupée[75], il signala qu'un de ses hommes avait été subitement pris d'une indisposition et demanda à ce que je fusse couché dans mon hamac. Ce qui fut fait. Je l'avais échappé belle, ce jour-là. Et je m'attendais bien à aller passer encore quelques nuits aux fers.

L'escadre reçut ensuite l'ordre de lever l'ancre et de partir pour une tournée en Corse. Et en route pour Calvi, Ajaccio, Bonifacio, Porto-Vecchio, l'île Rousse et, enfin, Bastia, où je devais – et plus malproprement qu'à Vallauris – renouveler ma funeste attitude. À peine avions-nous jeté l'ancre à Bastia, que l'amiral donnait le signal d'envoyer les apprentis timoniers à terre, et de les mener à la promenade sur la route d'Olette. Ai-je besoin de dire que la surveillance s'exerça sur moi d'une façon particulière ? Inutilement, d'ailleurs, puisqu'en ayant donné l'ordre, au tournant d'un chemin, de nous arrêter pour nous reposer – il y avait environ une heure que nous marchions –, je trouvai le moyen de me glisser derrière une haie, à la recherche d'un lieu de « rafraîchissement » et j'en dénichai un, non loin de là, à 200 mètres à peine, d'où j'apercevais les marins, avec leurs pompons rouges et leurs cols bleus, qui faisaient tache sur la terre grise, sur laquelle ils s'étaient couchés. Deux absinthes furent bues par nous – car j'avais entraîné avec moi un jeune novice sortant de l'école des mousses et qui n'avait guère que 18 ans – et nous rejoignîmes le groupe sans que notre absence ait été remarquée.

Pourquoi fallut-il que notre officier nous permît à tous de demander une bouteille de vin pour quatre hommes au seul bistrot qui fut rencontré sur le chemin de retour ? Et pourquoi s'obstina-t-il à se tenir près de moi et de Leguillermit – c'était le nom du novice en question ? Sans doute pour mieux se rendre compte que nous ne prendrions, comme les autres, qu'un seul verre de ce vin de Corse, qui toque. Je n'avais nulle envie de goûter, on peut me croire, craignant avec juste raison, du reste, que ce mélange ne me fût pas des plus salutaires. D'un autre côté, ne pas le boire paraîtrait suspect. Et je l'avalai tranquillement, et mon novice aussi. Ce que j'avais prévu se produisit : on nous embarqua tous deux dans la chaloupe, tout comme on l'avait déjà fait au Golfe Juan. Seulement, cette fois, nous déversâmes notre trop-plein jusque sur le pantalon de notre officier et il était impossible de cacher notre conduite.

75 Échelle mobile permettant d'embarquer ou de débarquer d'un navire.

Par surcroît, le commandant en second était à la coupée par laquelle il nous fallait bien embarquer. Après s'être enquis de ce qui se passait, le commandant donna l'ordre de nous transporter à l'infirmerie et de nous laisser dormir jusqu'à ce que nous nous soyons réveillés nous-mêmes. Le lendemain matin, l'homme de garde, qui avait été posté spécialement pour nous surveiller, alla prévenir le capitaine d'armes – flic du bord –, qui vint nous prendre pour nous conduire devant le commandant.

Le novice passa le premier et, comme c'était à prévoir, il n'eut pas l'air de sortir trop satisfait de sa visite. Il fut envoyé sur un autre cuirassé et je ne le revis plus. Quand je fus introduit à mon tour, le commandant me toisa longtemps, puis, brutalement, me lança : « va-t'en, tu es un salop ! » Je dois avouer que cette insulte me fut certainement plus sensible que s'il m'avait annoncé trente jours de prison – auxquels je m'attendais, on n'en sera pas surpris. Au moment où j'allais franchir le seuil de la porte du salon, il me rappela et se mit en devoir de me questionner :

> Qu'auraient pensé de toi ton père ou ta mère, s'ils t'avaient vu dans cette position ?
> – Je n'ai ni père ni mère et ne les ai connus ni l'un ni l'autre », lui répondis-je.

Il voulut alors connaître ma vie. Je trouvai sans doute de tels accents de sincérité, qu'il se montra intéressé au récit que je lui fis. Ce fut presque paternellement qu'il me congédia, après m'avoir supplié de ne pas recommencer et de fuir le bistrot. Ce que je promis. J'ai gardé du commandant Chassériau[76] un de mes meilleurs souvenirs.

De retour à Toulon et m'étant sérieusement mis au travail, car les examens arrivaient, j'obtins mon brevet de timonier. Je quittais le « Redoutable » pour retourner au dépôt, en attendant un embarquement. Mis provisoirement en subsistance sur le « Trident », un cuirassé, j'y fus appelé à servir de garçon au carré des aspirants, qui y avaient été dirigés, de même que sur d'autres cuirassés mouillés en rade, un incendie ayant éclaté sur leur vaisseau-école l'« Iphigénie », sur lequel ils avaient embarqués.

À ce sujet, dois-je raconter les scènes scandaleuses auxquelles il me fut donné d'assister. Une seule suffira pour montrer la mentalité basse de ceux qui, plus tard, devaient devenir les profonds moralisateurs pour

76 Philippe Louis Augustin Chassériau (1833-1904), entra dans la Marine en 1851 et fut capitaine de frégate en 1881 avant d'être versé dans le cadre de réserve en 1892.

clubs de vieilles douairières, en même temps que les chefs futurs de la Marine nationale. Après quelques facéties, d'un goût plus que douteux, l'un de ces fils d'amoraux, d'archevêques, ou d'autres nobles familles, tous plus titrés les uns que les autres, c'est-à-dire, aux noms se dévissant en accordéon, émit la proposition de se mettre tout nu pour exécuter une ronde infernale autour de la table. Et incontinent, cette trentaine d'immoraux apparurent dans le costume d'Adam et se livrèrent à une danse effrénée, qu'ils accompagnaient de gestes des plus obscènes et en hurlant, au point que les officiers du bord durent intervenir pour faire cesser ce scandale, que tout l'équipage pouvait entendre, et les rappeler à la pudeur. Je ne cite que ce fait. Mais il y en eut d'autres. Celui-là suffit !

Je débarque du « Trident » pour aller sur les pontons qui servaient de dépôt, et 15 jours après, je fus désigné, avec trois autres timoniers, pour le « Vauban », un croiseur qui armait pour une campagne au Pirée. Pourquoi ne fis-je pas cette campagne ? Elle m'eut permis, à bon compte, de voir un joli pays – si j'en crois ce qui m'en a été dit. Je le dus à une circonstance absolument exceptionnelle. En même temps que le « Vauban », il y avait à quelques encablures, un petit transport[77], qui était venu apporter du matériel destiné aux cuirassés en achèvement aux chantiers de construction du port. Je n'aurai pas de mal à démontrer que ce fut pour mon malheur.

À partir du jour où j'acceptai de permuter avec le timonier de l'« Isère[78] » – c'était le nom du transport, qui ressemblait plutôt à un navire de commerce –, les tribulations commencèrent pour moi, au-delà de tout ce qu'on peut rêver. Que j'indique tout de suite que ce qui m'avait incité à permuter, c'est que l'« Isère » se rendait quelquefois au Havre pour y prendre des chargements de chaudières et autres pièces de machines ou canons et, qu'ainsi, je comptais pouvoir revoir ma tante et mes amis. Hélas, pendant une année tout entière, je fus condamné à vivre à bord. En effet, l'« Isère » n'alla pas une seule fois au Havre. Et y fût-elle allée, que je n'aurais certainement pas pu obtenir la permission d'aller embrasser mes parents. Pendant tout le temps que je passai sur ce transport, TROIS FOIS SEULEMENT j'eus le droit de descendre

77 Navire spécialement construit – ou réquisitionné – pour transporter des troupes et leur matériel.

78 Frégate mixte de transport construite à Lorient et lancée en 1866, elle connut son heure de gloire en 1885, un avant l'affectation de Marck à son bord et ainsi qu'il le rappelle plus loin, lorsqu'elle fut requise pour transporter à New York la statue de la Liberté.

à terre, car j'étais continuellement, ou consigné, ou puni de fers ou de prison. Trois jours de liberté : à Noël, 1er janvier et 14 juillet, ce fut tout. Et encore dois-je dire que je le dus à ce que les punitions furent levées partout.

Indomptable, je l'étais, certes – pourquoi ne pas l'avouer ? – et les turpitudes qui nous étaient imposées n'étaient pas faites pour m'amender, loin de là. Le caractère aigri contre cette discipline du bord, j'en étais arrivé à être dégoûté de tout. Mais les nombreuses punitions que j'eus à subir provenaient moins de mes actes d'indiscipline proprement dits que de la façon dont je m'acquittais de la corvée qui, chaque matin et chaque soir, m'était dévolue : celles de dire la prière devant l'équipage rassemblé. J'étais, de par ma fonction de timonier, consacré aumônier. Il était assez rare que je la fasse, cette prière, sans qu'il s'ensuivît une anicroche. Et les seules fois où cela m'arrivait, c'était les jours où le commandant en second – un nommé Costes, un Parisien, s'il vous plaît – était parti à terre. Jamais je n'ai rencontré de calotin, qui fut susceptible de le dépasser de ce côté-là.

Il me faut, avant de poursuivre et d'insister sur l'inqualifiable conduite à mon égard de la part de « numéro », faire un arrêt pour causer du commandant en chef, sous les ordres duquel nous étions placés. Cette espèce de nabot, haut d'un mètre cinquante environ, nommé Goën, à la voix châtrée, ingurgitait régulièrement son demi-litre d'absinthe chaque jour. Et lorsqu'il lui prenait la fantaisie de se livrer à quelque excentricité, alors l'équipage était loin de partager le plaisir qu'il affectait ostensiblement. Un exemple, entre tous. Un dimanche après-midi, nous étions à la mer par un temps merveilleux, les marins étaient au repos, les uns jouant aux cartes, les autres occupés à la réparation de leurs vêtements et leur linge, comme l'imposait le service, et ne devaient reprendre le travail qu'à 6 heures. Et il était 4 heures seulement. Un coup de sonnette et m'étant présenté, il me pria d'appeler le maître d'équipage, auquel il donna l'ordre de mettre les marins à la manœuvre, en abandonnant leurs sacs, dont le contenu était étalé sur le pont. Il spécifia qu'il s'agissait de « larguer les voiles sur les cargues[79] », et puis de les serrer. Travail d'une heure environ. Il crut devoir ajouter : que la bordée qui aurait terminé la première – misaine ou grand mât – recevrait une double ration de

79 Les cargues sont des cordages qui, manœuvrés depuis le pont, servent à replier – carguer – les voiles.

vin. Les hommes de misaine avaient largement gagné sur le grand mât et ils s'attendaient bien à recevoir le prix de leur empressement. Mais ils durent compter sur la lubie du commandant qui, sur la passerelle haute, voulut se rendre compte que rien n'avait cloché. Lui ayant, sur sa demande, passé la jumelle, il commença à scruter la mâture avant. Tout à coup, il s'arrêta d'un air de colère, montra au maître d'équipage éberlué, qu'un petit bout de ruban, servant à fixer la toile sur la vergue, pendait, absolument incapable d'être vu à l'œil nu, et qu'à ce sujet, non seulement la double ration ne serait pas donnée, mais encore que les marins seraient tous retranchés, même de leur ration ordinaire. Cela suffit, je pense, pour bien définir l'individu à qui nous avions affaire.

Nous apprîmes, en arrivant à Rochefort-sur-Mer, qu'il débarquait et que son remplaçant serait embarqué le lendemain. Autant celui qui était parti était petit, autant celui qui nous était dévolu était grand. Et Duteil de la Rochère[80] – c'était son nom – ne valait pas mieux que son prédécesseur. Et s'il ne buvait pas comme l'autre, il apportait son militantisme royaliste et catholique pratiquant. Et comment ! Le jour de son arrivée, il amena avec lui une telle quantité de caisses de toutes sortes, que je me demandais ce qu'elles pouvaient bien contenir. Je ne devais pas tarder à l'apprendre. Il m'enjoignit de procéder à leur ouverture et d'aider son garçon – Lècheler était son nom – à mettre tout en place. On se serait cru dans un magasin de « bondieuserie » : une vierge qui mesurait 1 mètre de hauteur et un christ qui pouvait bien en avoir autant firent leur apparition, puis ce furent des saints, des chandeliers et d'autres accessoires religieux, que nous fixâmes sur une commode spécialement construite pour recevoir chacun de ces objets. Lorsque je mis mes camarades au courant, quelles gorges chaudes ! Ma principale occupation, le matin, après avoir avalé le « jus », consistait à fourbir les cuivres du logement où l'attirail béni s'étalait.

De sorte que le lendemain matin, je me rendis comme de coutume, pour ce nettoyage et, écartant le rideau qui pendait de la porte, je reculai et partis d'un éclat de rire. Le grand escogriffe était devant sa commode et, à genoux, se livrait à ses simagrées, en se frappant la poitrine, tout en débitant des litanies. Il m'avait entendu et cela me valut 8 nuits de fer.

80 Plus vraisemblablement, Dutheil de la Rochère, vieille famille de l'aristocratie catholique, dont nombre de membres furent militaires. Les registres d'officiers de la Marine nationale gardent la trace d'un Henri Marie Victore Dutheil de la Rochère (1848-1916).

Ça commençait bien pour moi, comme on le voit. Et je fus vite fixé sur ce que l'avenir me réservait. Et je reviens à mon commandant en second.

Donc, quand il était de service, j'étais certain de l'avoir à mes trousses et non moins certain que je coucherais au fer le soir. J'en avais pris l'habitude et, de moi-même, j'aurais pu me rendre aux fers offrir mes pieds au capitaine d'armes, pour lui permettre de les emprisonner jusqu'au lendemain matin. Mais un jour, l'affaire se corsa particulièrement. C'était un dimanche matin et les marins, qui venaient de subir l'inspection, étaient alignés de chaque côté du pont, attendant que je leur débite des « perfisaintprostyl » au moment où l'ordre m'aurait été donné par l'officier qui se tenait derrière moi. Juste à ce moment, des marins des Ponts et Chaussées venaient de relever la bouée qui indiquait la « Banche », un banc de la rade de Saint-Nazaire. Le firent-ils exprès ? Je les en soupçonnais. Car à peine avais-je commencé à larmoyer ma litanie incompréhensible, qu'ils se mirent à entonner une de ces chansons « shocking » aux refrains plus qu'osés, et que tous reprenaient en chœur en se tournant vers notre bord. Et les 12 rameurs étaient joyeux du succès obtenu. Ils étaient si près de l'« Isère » qu'il me fut impossible « d'ouvrir la séance » et partant d'un éclat de rire, il se propagea rapidement dans les rangs des marins rassemblés. Bondissant sur moi, l'officier m'intima l'ordre de descendre dans la cale, pour les fers, où je restai 8 jours.

Ce fut le timonier adjoint qui me remplaça pour cette corvée à partir de ce jour-là. J'en étais heureusement débarrassé. Naturellement, le motif porté sur le cahier de punition ne spécifiait pas la véritable raison, mais on y lisait : négligence grave dans le service. Ce dont je me f... royalement, d'ailleurs. La vengeance ruminée par le commandant en second devait cependant, bientôt s'exercer d'une façon à laquelle j'étais loin de m'attendre. L'occasion se présenta quelques jours après cette scène grotesque, c'est-à-dire, à la veille de notre arrivée à Cherbourg, où nous allions débarquer du matériel pris à Saint-Nazaire pour ce port. Cet individu, le commandant en second – qui aurait rendu des points au plus jésuite des jésuites – me sonna et lorsque je me présentai, je le trouvai, assis à son bureau, un sourire sur les lèvres et, sans autre préambule, il me demanda d'où j'étais, ce qu'il n'ignorait pas, et combien il y avait de temps que je n'avais pas été en permission chez moi. Je lui répondis que, depuis plus de deux ans, je n'étais pas allé au Havre, d'où j'étais. Que j'indique qu'il était de coutume, sur l'« Isère », d'envoyer les marins en permission lorsque le navire s'ancrait dans un port, et que ses hommes appartenaient à la division – 1re Cherbourg, 2e Brest, 3e Lorient, 4e Rochefort, 5e Toulon. En ce qui me concernait, Le Havre était compris dans la 1re, donc je pouvais avoir le droit d'en profiter. C'est pourquoi je ne fus pas autrement surpris lorsqu'il me parla de m'accorder un congé de 4 jours. J'étais loin de m'attendre à ce qui allait se produire, car il avait bien calculé son affaire. M'ayant rappelé dans l'après-midi, il m'avisa que ma permission était prête et, en effet, me la remit.

« Vous mettrez les permissionnaires en rang, m'avait-il dit – il y en avait de Trouville, Dieppe, Boulogne, Calais et Dunkerque – mais vous vous placerez le dernier ». Je m'attendais à un petit speech de sa part. Vers 4 heures, le jeudi, nous étions en ligne et je fus trouver la commandant en second, pour l'en prévenir. Il vint aussitôt et, comme je l'avais prévu, il commença à donner des conseils sur la conduite que devaient tenir les marins en liberté et qu'il comptait bien ne pas recevoir de plaintes. Mais il ne se tourna pas de mon côté, s'adressant ostensiblement à mes camarades. Lorsqu'il eut terminé avec eux, il se planta en face de moi et d'un air détaché entama le dialogue suivant :

> Timonier, vous êtes certainement très heureux de partir chez vous ?
> – Oui, commandant, puisque vous avez bien voulu me l'accorder.
> – J'espère que je n'aurai pas à regretter de vous avoir laissé partir et qu'aucune plainte ne sera déposée contre vous, pour mauvaise tenue.
> – Non, commandant.
> – Au fait, où est-elle donc votre permission ?
> – Dans mon béret, commandant.
> – Voulez-vous me la montrer ?
> – La voici, fis-je en la lui remettant.
> Alors, je vis sa face se contracter et un méchant rictus crisper ses lèvres.
> Que diriez-vous, timonier, si je vous déchirais cette permission ?
> – Je n'aurais rien à dire, commandant, répondis-je.
> – Eh bien ! allez reprendre votre service.

Et il mit le petit bout de papier en morceaux. Je fis un grognement qu'il essaya d'exploiter, car, visiblement, tout dans son attitude, à ce moment dénotait une provocation.

> Qu'est-ce que vous dites ? lança-t-il méchamment.
> – Rien, commandant.

Je repris mon service. Les larmes coulèrent. Quant aux camarades, ils étaient tous atterrés de ce qui venait de se passer sous leurs yeux. À partir de ce jour, je ne me fis aucune illusion sur la haine que me vouait ce chef et me rendais bien compte que cela finirait mal pour moi. Partis de Cherbourg pour Brest, puis pour Lorient, nous retournâmes à Saint-Nazaire, où un chargement de chaudière nous attendait. De plus en plus consigné, je devais continuer à voir la terre sans pouvoir y mettre les pieds. Et l'endroit était complètement désert. Le dimanche soir, alors que seul l'homme de veille était à la coupée, le maître d'hôtel du commandant – qui avait remplacé la vieille loque, dont j'ai parlé –, vint me trouver et me conseilla de venir le retrouver à terre, en empruntant les amarres de l'avant et me donna l'assurance que là où il m'attendrait, il n'y aurait aucun danger pour moi d'être vu. Leste comme je l'étais, ce fut un jeu d'enfant de me laisser glisser jusque sur le quai et… en route pour le rendez-vous.

Astruc, le maître d'hôtel, un Toulousain débrouillard, mais qui pour une fois jouait de malheur, me conduisit dans une de ces maisons que la morale réprouve, mais à qui la « tolérance » a légué son nom. À peine avais-je franchi le seuil de la porte que j'aperçus, assis à une table, un sous-officier de marine qui dégustait un bock en compagnie d'une pensionnaire et qui, dès qu'il se retourna me permit de reconnaître mon chef de timonerie, qui lui non plus ne me portait pas dans son cœur. En rentrant à bord, sans avoir eu recours aux amarres, cette fois, puisque j'étais dénoncé, je fus reçu par le capitaine d'armes, qui me conduisit aux fers, une fois de plus. Le lendemain, je fus gratifié de 30 jours de prison, que je fis, partie à fond de cale, à Pontaniou[81], à Brest, et à la prison de Lorient. De retour à bord, nous quittâmes Saint-Nazaire pour Rochefort. Et de là nous apprîmes la disparition, « corps et bien », de la « Vienne », autre transporteur, frère de l'« Isère ». Il était disparu sans laisser de trace. Je dois rappeler, pour mémoire, que c'est l'« Isère » qui a transporté la statue de la « Liberté éclairant le monde » à New York, avant mon embarquement. Peu de temps après notre départ pour Toulon, nous revînmes à Rochefort. Dans tous les ports de guerre, il est absolument interdit de fumer, sauf dans un emplacement réservé à cet effet. Des pompiers surveillent à bord. J'étais ce qu'on est convenu d'appeler un « marin faraud ». J'entends par

81 Prison maritime de Brest.

là que je ne portais jamais les vêtements comme ils m'étaient remis par le service de l'habillement. Je les faisais retailler et c'est pour cette raison que, ce midi-là, je m'enfuis du fumoir, après avoir revêtu deux costumes les uns sur les autres, pour pouvoir revenir en tenue de bord. Le tailleur qui m'avait été indiqué tenait boutique à 200 mètres à peine de la porte du port. J'avais exécuté cette fugue avec une telle rapidité, que j'étais bien persuadé de n'avoir été vu par personne du bord. Va te faire fiche ! Pour mon malheur, deux yeux m'avaient aperçu, ceux du commandant en second, Costes, mon sympathique tortionnaire.

Le soir, au commandement, les punitions, après la prière, je m'entendis nommer : n° 53, 30 jours de prison – à bord on ne prononce pas votre nom, c'est sous un numéro que nous sommes inscrits. Et, chose qui ne s'était jamais produite auparavant – à ma connaissance du moins –, ma punition ayant été portée à la Majorité de la Flotte, elle revint doublée, c'est-à-dire, 2 mois.

Malheureusement, débarqué, je fis mes 60 jours à la prison de Rochefort. À ma sortie, je fus envoyé au dépôt et pris les fonctions à l'aubette[82]. Il n'y avait, au dépôt, que deux timoniers de disponibles à l'embarquement. Une quinzaine de jours après mon arrivée, une demande arriva, il s'agissait d'un timonier destiné au « Rôdeur », un petit remorqueur qui faisait la navette avec l'île d'Oléron, pour y transporter les « peaux de lapin » – ainsi qu'on qualifiait les disciplinaires, dont j'avais été menacé sur l'« Isère » –, qui étaient enfermés au Château.

Charité commence par soi-même, si elle est bien ordonnée. Je mis donc mon nom sur la demande et, dès le lendemain, j'embarquai. Et c'est ainsi que je devins, en quelque sorte, le maître d'un navire, quand nous ne sortions pas du port, mon chef, un premier maître[83], n'étant jamais à bord. Il me restait à peine deux mois de service à accomplir pour atteindre les quarante exigés à cette époque dans la Marine. Mais l'ordre vint d'avoir à congédier tous les marins ayant accompli plus de trente-six mois. Je fus donc renvoyé dans mon foyer, non sans avoir été contraint de faire intervenir Siegfried, le député du Havre, car on avait la prétention de ne pas me libérer en raison des punitions qui m'avaient été infligées au cours de mon service.

82 Guichet de renseignements à l'entrée d'un établissement de la Marine nationale.

83 Grade de sous-officier dans la Marine nationale, entre maître principal et maître, correspondant à celui d'adjudant dans l'armée de terre.

## DE NOUVEAU DOCKER ET… SYNDIQUÉ

De retour au Havre, j'alternai dans les travaux de matelassier et de docker. Entretemps – juillet 1890 –, je quittai ma pauvre tante, qui me faisait constamment des reproches sur ma conduite. Je fréquentai les bals et rentrai à des heures indues, ce qui l'eut peut-être pas trop choquée, mais je n'étais presque jamais seul. Question de tempérament et j'avais à peine 23 ans. Je continuai à travailler sur les quais. Mais une fois libéré de sa tutelle, je m'aperçus qu'il était beaucoup plus difficile d'équilibrer sa vie que je me l'étais figuré. Surtout que j'avais pris une compagne à demeure.

J'avais, au moment de mon départ de chez elle, à peu près 300 francs en poche[84]. Cela m'avait semblé une fortune dont je ne verrais jamais le bout. Il me fallut bientôt déchanter. D'abord, je devais me meubler. Et malgré toutes les précautions prises et en pratiquant la plus stricte économie, mon pécule fondit rapidement. J'achetai les objets les plus nécessaires au couchage et à la cuisine, sans oublier le « petit cœur », poêle qu'on trouvait chez tous les débutants à cette époque déjà lointaine. Quand vint l'hiver, et gagnant assez bien ma vie à décharger du coton[85], nous vécûmes cette saison avec une certaine aisance. Mais cela devait changer quand arriva le mois de mars. Obligé d'aller me faire opérer d'un goitre, je rentrai pendant quatre semaines à l'hôpital. Pensant être complètement guéri – le chirurgien m'ayant laissé entendre que cela allait tout à fait bien –, je demandai l'autorisation de retourner chez moi, ce qui me fut accordé, non sans avoir été prévenu qu'il y avait un certain danger. Naturellement, j'avais la certitude que rien de grave ne s'ensuivrait et comme un de mes camarades me proposa d'accepter de faire un travail assez facile, je crus pouvoirs m'y livrer de façon à me permettre de faire bouillir la marmite chez moi.

J'avais mal calculé mon plan. La blessure que j'avais au cou, et qui n'était pas totalement fermée, se rouvrit et je dus abandonner mon ouvrage l'après-midi de ce même jour. La conséquence d'une telle imprudence fut que le mal gagna les yeux et que, pendant près de deux mois, j'eus terriblement peur de perdre la vue. Cela ne mit pas de beurre dans les épinards, on s'en doute ! Il me serait difficile, aujourd'hui, d'expliquer exactement comment

84 Somme à comparer aux 4,5 à 5 francs gagnés chaque jour par un docker havrais.

85 Le coton américain, récolté en septembre et octobre, arrivait au Havre pendant l'hiver.

nous réussîmes à manger, ma compagne et moi ; le boulanger et l'épicier furent mis à contribution et le crédit qu'ils nous accordèrent nous sauva d'une situation qui était loin d'être brillante. Ici, un aveu s'impose, et il est de circonstance. Quand le temps était beau, nous partions tous deux à la campagne et, suivant que nous trouvions, soit des noix, des noisettes, des poires ou des pommes et autres fruits – car tout était bon –, nous nous en régalions. Quand vint l'hiver, et complètement remis, les arrivages de coton reprirent et l'abondance – tout est relatif – rentra de nouveau au logis, car je chômais rarement pendant trois ou quatre mois. Cela nous permit de nous renipper et de regarnir notre armoire, en même temps que nous réglions les dettes que nous avions contractées pendant les « vaches maigres ».

L'été de 1891 fut encore une année excessivement mauvaise pour les dockers. Le choléra avait éclaté et tous les navires à destination du Havre devaient subir une quarantaine avant d'être autorisés à y décharger leur cargaison. Très peu, d'ailleurs, étaient dirigés vers notre port. Au total, pendant trois mois, je travaillai à peine une quinzaine de jours, par intervalles. Cela m'obligea à reprendre, en partie, mes balades campagnardes à la recherche de poires, de pommes, de prunes, etc.

Un matin, il arriva cette chose comique. Aussi démuni d'argent que les jours précédents, nous nous demandions comment se passerait encore cette journée, lorsque, de la rue, j'entendis l'appel de mon nom. M'étant mis à la fenêtre, j'aperçus un de mes camarades qui venait de la pêche aux moules et m'en offrait une « cuisinée ». Je descendis et, avec un pain et un peu de beurre pris à crédit, notre repas de midi était assuré. La coutume, stupide d'ailleurs, voulait que, par mesure de précaution, une pièce d'argent soit mise dans la casserole en même temps que les moules : si elle noircissait, c'était que les moules étaient mauvaises. Il s'en trouvait qui les jetaient, par peur d'être empoisonnés. Ma compagne était de cette opinion. Il lui restait tout juste une belle pièce de cinquante centimes en argent, qui fut bien essuyée et collée avec les moules. Celles-ci, une fois au point, furent versées dans un plat et nous-mêmes à la recherche de la fameuse pièce d'argent, avant de nous mettre à table. Mais pas de pièce, ni dans le plat ni dans la casserole. Nous étions certains de l'y avoir mise, pourtant, et aussi de ne pas l'avoir mangée. Alors ? Alors ? Nous la retrouvâmes, lorsque le feu fut éteint : elle était tombée, en remuant la casserole et elle ne formait qu'une petite boule noircie et fondue, nous mettant ainsi complètement à sec.

J'ai dit, plus haut, que lorsque revenaient les jours d'hiver et que le travail reprenait avec les arrivages de coton, nous regarnissions notre garde-robe. Cela faisait dire à ceux qui nous rencontraient : en voilà qui ne manquent de rien ! Que ne pouvaient-ils inspecter notre porte-monnaie, pour constater que rien n'est plus trompeur que les signes extérieurs de la richesse. De ce côté-là, rien n'est changé et combien de ces jugements portent à faux.

C'est en 1892, pour la première fois, que je me fis inscrire au syndicat des ouvriers du port, qui se reconstitua au cours d'une petite grève. Je devais devenir le secrétaire de cette organisation en 1894. Qu'il me soit permis de dire ici que c'est à cette circonstance extraordinaire que je dus de perdre la funeste habitude que j'avais contractée : celle de m'alcooliser. En effet, écœuré de voir mes camarades rouler quelquefois dans les ruisseaux, je pris l'engagement formel de ne plus boire et de ne plus fumer. Et j'ai tenu le serment, malgré tous les sarcasmes dont je fus abreuvé, surtout lorsque, dans les réunions, je frisais cette question. Cela me laissait complètement indifférent. Bref, j'avais pris mes fonctions à cœur, fier du rôle que j'étais appelé à jouer, et n'eus jamais à me repentir d'avoir pris et respecté une telle décision.

Au commencement de 1893, terrassée par la maladie, ma pauvre tante m'avait engagé à revenir habiter près d'elle, ne voulant pas rester seule et aussi pour surveiller un peu ses affaires, lesquelles n'étaient déjà plus brillantes, un concurrent malhonnête, qui était de ses amis, lui ayant soulevé sa clientèle. La pauvre femme devait mourir quelques mois après. Je repris, une fois encore, le travail de matelassier, sans pour cela abandonner celui des quais. Quand j'y trouvais mon intérêt, naturellement.

## L'INCENDIE : TOUT EST DÉTRUIT CHEZ MOI

Mais en août 1895, éclata un sinistre dont les conséquences furent désastreuses pour nous. En effet, un incendie devait détruire tout ce que nous possédions, nous jeta à la rue, ma compagne et moi, sans un sou, sans mobilier, et avec les seuls vêtements que nous avions sur le dos. Ce fut par un hasard providentiel et en raison de la solidité de la construction de l'immeuble que nous réussîmes à nous sauver.

Le responsable était un entrepositaire, dont la cave était contigüe à mon magasin du rez-de-chaussée et qui, par une imprudence inexplicable, avait provoqué l'incendie. Tout le premier étage était destiné à la marchandise, pour une partie, l'autre étant disposé comme atelier. Ce magasin avait environ 18 mètres de long sur 14 mètres de large, c'est dire quelle conséquence il pouvait avoir. L'endroit où se trouvait la marchandise était directement au-dessus de l'entrepôt dans lequel il y avait deux grands bacs contenant chacun 8 000 litres d'alcool. L'un de ces bacs s'étant mis à fuir, l'entrepositaire avait fait venir des ouvriers pour en assurer l'étanchéité. Au préalable, il avait fait vider l'alcool de ce bac dans des demi-muids, de façon à permettre le matage des boulons[86]. Cela avait demandé quelques heures à peine. Ayant terminé leur ouvrage, les ouvriers en prévinrent le propriétaire. Se munissant d'une bougie brûlant à l'air libre, ce dernier l'approcha du bac réparé pour s'assurer qu'il ne fuyait plus. Un formidable coup de tonnerre s'ensuivit et le feu se communiqua immédiatement aux fûts d'alcool et au bac contigu. L'alcool se répandit tout enflammé dans le dépôt, que les ouvriers avaient évacué heureusement, puis se déversa dans la cour de l'immeuble.

J'étais occupé, au premier, dans mon atelier, à réparer un sommier et à mon côté, à l'établi, un gamin – le fils de mon amie, dont j'ai souvent parlé au cours de ce récit – s'amusait à faire un petit bateau près de la fenêtre qui se trouvait juste au-dessus de la porte par où les flammes s'échappaient. Mon logement, qui était situé à la hauteur du 1^er^ étage, c'est-à-dire du magasin, appartenait toutefois à la maison d'habitation contigüe. Mais les flammes qui s'élevaient du ruisseau, comme attirées par l'appel d'une cheminée, passant devant les fenêtres de l'entresol sans y faire aucun dégât, brisèrent les carreaux de mon logement, s'engouffrèrent dans la pièce et détruisirent, en moins d'une heure, tout ce qui s'y trouvait, malgré les secours apportés promptement par les pompiers et les soldats du 119^e^ de ligne, qui disposaient de 4 lances et d'eau à discrétion.

Recueillie par notre amie – qui décidément fut, en la circonstance et comme à son habitude, la meilleure et généreuse amie –, elle nous hébergea pendant un certain temps, nous procurant également des vêtements ainsi que le gîte.

86 Il s'agissait d'écraser la tête des boulons raccordant les plaques de métal qui composaient le bac d'où venait la fuite d'alcool de manière à rétablir son étanchéité.

Pendant quelques années, et au prix de quels sacrifices, nous nous étions créé un petit intérieur agréable. Et tout était à recommencer. Naturellement, je fis le nécessaire, n'étant couvert par aucune assurance, pour me faire indemniser par mon incendiaire. Mais pour qui connaît les lenteurs avec lesquelles opèrent les compagnies d'assurances, on ne sera pas surpris de savoir que je dus attendre trois années avant de toucher les quelques centaines de francs qui me furent accordés par le tribunal. Car je dus entamer un procès, ce qui paraitra paradoxal. Je redevenais donc à 100 % docker.

Donc, j'étais le secrétaire du syndicat, poste que j'avais accepté à contrecœur, craignant de ne pas être à la hauteur de la tâche que m'imposait cette fonction. Je m'empresse de dire que cette charge n'était pas écrasante, car sur plus de 7 000 dockers qui constituaient la corporation, nous étions ordinairement 32 à 35 inscrits, tout au plus. On verra cependant l'action qu'il mena avec son effectif si restreint et qui fut loin d'être inutile. Par exemple, en ce qui concerne l'application de la journée de 8 heures à tous les travaux des quais.

S'il me fallait énumérer toutes les manifestations auxquelles nous fûmes appelés à prendre part, la liste serait longue. Il me faudrait fatalement faire allusion aux luttes qui souvent n'avaient rien à voir avec le syndicalisme proprement dit. Nous fûmes des premiers à protester contre les criminels auteurs de l'affaire Dreyfus et à prendre la défense des Juifs victimes d'un antisémitisme sordide. Nous répondions toujours présents lorsque nous étions conviés à protester contre une injustice, quelle qu'elle fût. Et, aussi paradoxal que cela puisse paraître, il nous faut dire que nous étions toujours suivis par la plus grande partie de la population ouvrière, réfractaire au groupement, pourtant, mais qui apportait à la cause un enthousiasme qui ne fut pas souvent inutile ou stérile.

Nous arrivons en août 1897, date à laquelle, après maintes démarches auprès de l'administration municipale, qui se montrait mieux disposée en faveur de la classe ouvrière que celle qui l'avait précédée, décida la création d'une Bourse du Travail, en dépit des édiles réfractaires.

## SECRÉTAIRE DE LA BOURSE DU TRAVAIL

C'est à mon camarade Laville, du syndicat des ouvriers voiliers du port et secrétaire de l'Union départementale de la Seine-Inférieure[87], que devait être confié la direction de la Bourse du Travail, mais le Conseil municipal avait bien spécifié qu'il ne voulait à aucun prix de Laville à la tête du comité directeur[88] ni au secrétariat. Ce que voyant et pour ne pas donner de prétexte au refus d'ouvrir la Bourse du Travail, le Comité – d'accord avec Laville lui-même – décida de reporter ses voix sur mon nom et je fus élu. C'est ainsi que je devins le premier secrétaire de cette Bourse du Travail que, trois ans après, je vis fermer par cette même municipalité à la suite d'un mouvement de grève dont il va être question. J'étais resté le secrétaire des dockers. C'est vraiment de cette entrée en fonction que date ma véritable vie de militant.

Les conflits n'étaient pas rares, mais, en somme, ils touchaient des corporations dont les principales revendications étaient assez rapidement résolues, en raison du peu de force de résistance que les travailleurs pouvaient opposer aux refus des patrons de discuter avec les délégués qui leur étaient envoyés. Aussi enregistrait-on les reprises de travail, deux ou trois jours après la déclaration de grève ou avec des augmentations insignifiantes. Il s'agissait d'organiser les ouvriers, de créer des syndicats dans toutes les corporations qui n'en avaient aucun et appeler les autres à rallier les quelques organisations qui fonctionnaient tant bien que mal. La besogne fut rude pour les militants qui se dépensaient sans compter. Les réunions se succédaient, à peine fréquentées au début. Toutefois, nous constations que chaque fois qu'un événement imprévu nous permettait d'organiser une manifestation, le nombre de cotisants augmentait sensiblement.

Cette constatation fut frappante, par exemple lorsque, d'accord avec la Bourse du Travail, le bureau du syndicat des Employés de Commerce – qui avait à peu près une vingtaine de membres inscrits – décida de

87 Marck commet une erreur. Laville fut secrétaire de la Fédération locale. Il n'existait pas d'Union départementale en 1898. La Seine-Inférieure fut renommée Seine-Maritime en 1955.

88 En réalité, comité général.

manifester en ville devant les magasins, pour obtenir la fermeture les dimanches. Dix fois, les patrons avaient été informés du désir des employés d'avoir ce jour de repos et, toujours, la délégation était revenue après avoir été menacée d'être chassée par la police. Or, il advint qu'un dimanche matin, une affiche ayant été apposée en ville, la veille, pour appeler la population à apporter son concours, on eut la satisfaction de voir un fort groupement d'ouvriers accourir vers la rue de Paris, principale voie commerciale, où étaient les plus grands magasins, décidés à faire rendre justice à leurs camarades. Plus de 3 000 manifestants défilèrent ainsi, malgré l'intervention des forces de police appelées en toute hâte. Et les rideaux de fer se baissaient les uns après les autres… pour ne plus se rouvrir ce même jour ni les dimanches suivants. C'était la victoire la plus complète qui venait d'être obtenue. Dirais-je que les moyens employés étaient du goût des directeurs des magasins ? On ne me croirait pas !

C'est ainsi que tel magasin, dont le patron était le plus intransigeant et aussi le plus insolent devant les délégations qu'il devait recevoir comme Président du syndicat patronal, possédait deux vitrines superbes, dans lesquelles étaient exposées de superbes robes de mariées d'une blancheur immaculée et des dentelles fines, sans compter d'autres fanfreluches. La veille, la police, appelée par le Meyer en question, était intervenue et avait enfermé la délégation jusqu'à minuit. Il était donc de mise de commencer par lui et cette visite se traduisit pour lui, par une décoration étrange de tout son étalage. Une belle robe blanche, ses dentelles et le reste étaient maculés de taches d'une encre des plus noires, sortie de bouteilles lancées contre les vitres qui volèrent en éclat. Un autre propriétaire d'un magasin, qui avait menacé nos camarades délégués de leur « brûler la gueule à coup de révolver s'ils venaient l'em… », tomba raide mort lorsqu'il aperçut la colonne de manifestants se diriger vers son établissement. On ne fait pas d'omelette sans casser d'œufs ! À partir de ce jour-là, la Bourse du Travail fut beaucoup plus fréquentée et les réunions plus suivies.

L'action de la Bourse du Travail s'exerçait en dehors du Havre et les environs étaient souvent fréquentés. C'est ainsi que divers mouvements de revendications furent soulevés, mais aucun d'eux n'eut une ampleur méritant d'être évoquée pendant la période allant de la fin 1897 à 1899. Mais en août 1899, éclata à Rouen, la grève des dockers et si je crois devoir la signaler particulièrement, c'est qu'elle fut pour moi une des plus rudes batailles du début de mon militantisme.

Au Havre, j'avais, à maintes reprises, fait connaissance avec les charges de chasseurs à cheval et de fantassins. On se rappelle, en effet, que c'était l'armée qui, toujours, intervenait aux côtés des gendarmes dans les conflits entre le capital et le travail. J'avais également eu l'occasion de faire de longs stages dans les postes de police. Mais c'est à Rouen que je devais subir la première arrestation conséquente et, pendant un mois[89], goûter les beautés du régime cellulaire de la prison « Bonne Nouvelle », un nom qui peut s'allier à celui de la « Santé » à Paris.

Je fus délégué par le syndicat des dockers du Havre. On se rendra facilement compte des raisons qui motivaient une intervention de ma personne dans ce conflit provoqué par le patronat du port de Rouen, dont l'exploitation écœurante menaçait chaque jour d'avoir sa répercussion chez nous. Pour permettre de juger la différence qui existait entre les deux conditions de travail imposées au Havre et à Rouen, il est nécessaire de les connaître. Je ne puis faire mieux que de les relater.

Au Havre, du 1er avril au 30 septembre, la prise du travail se faisait le matin à 6 heures et se terminait à midi, avec une demi-heure d'arrêt de 8 heures à 8 heures ½, pour un petit déjeuner – au total 5 h ½ de travail. L'après-midi, reprise à 2 heures et arrêt à 6 heures – total 4 heures. Pendant l'hiver, du 1er octobre au 31 mars, on commençait à 7 heures ½, arrêt à midi et la reprise se faisait à 1 heure ½, mais progressivement le travail était arrêté le soir, suivant l'époque, en diminution ou en augmentation, de quart d'heure en quart d'heure, jusqu'à 5 heures ½. De sorte que le matin nous faisions 4 heures ½ de présence et l'après-midi, soit 4 heures, 3 h 45, 3 h ½, 3 h ¼, 3 h, c'est-à-dire que nous suivions la lumière du jour. Quelle que soit la longueur de la journée de travail, elle nous était due complètement et variait entre 4,5 francs et 5 francs suivant les entrepreneurs au service desquels nous étions embauchés – les maisons étrangères payant le tarif le plus élevé.

Nous étions payés, par demi-journée, au moyen de jetons que nous étions obligés d'aller échanger contre de l'argent chez n'importe quel bistrot installé aux alentours du port, mais il nous fallait prendre une consommation, naturellement. Ce fut l'application de la journée de 8 heures qui nous permit de mettre un terme à cette coutume. Mais je

89 Plus loin, Marck réduit cet emprisonnement à trois semaines.

n'aurai donné certaines vraies conditions d'emploi que subissaient certains dockers travaillant pour des maisons françaises – Transatlantique, Worms, Compagnie havraise péninsulaire, Messageries maritimes – qu'en indiquant comment la journée d'été, qui ne comportait que 9 h ½ de travail – 5 h ½ le matin et 4 h l'après-midi – se traduisait, en réalité par un travail de 11 heures. On a lu, en effet, que la matinée était de 5 h ½. Or, on embauchait le docker pour la matinée et on l'envoyait promener le soir, pour le réembaucher le lendemain matin. De sorte que pour le même salaire, il était obligé de faire 1 h ½ de plus de présence[90]. Et les entrepreneurs y trouvaient leur compte, de cette façon, hiver comme été. Les heures supplémentaires, qui étaient de 0,75 franc, étaient dues entièrement dès qu'elles avaient été commencées. Est-il besoin d'ajouter que tous les travaux exécutés sur les quais du Havre l'étaient à ciel ouvert, puisque, partout, il n'existait aucun hangar, et, quelle que soit la température, sous la neige, la pluie ou le soleil ?

En comparaison, comment travaillaient nos camarades de Rouen ? Leurs salaires étaient de 0,40 franc de l'heure et, ainsi, lorsque la journée était complète, c'est-à-dire 11 heures, les dockers touchaient 4,40 francs. Pour les charbonniers, les salaires étaient de 5 francs. Donc moins de salaires et plus de travail. Mais on les embauchait à l'heure, à n'importe quel moment de la journée, et les employeurs les renvoyaient de même, après une heure, deux heures ou trois heures. Dans ces conditions, les dockers recevaient 0,40, 0,80 ou 1,20 franc pour toute rétribution. Il arrivait aussi qu'ayant une petite corvée à effectuer, on leur demandait un petit « coup de main » d'une demi-heure pour laquelle on leur octroyait 0,80 franc.

Comme au Havre, les salaires étaient payés au moyen de jetons qu'ils allaient échanger contre espèces chez les mastroquets, même quand il s'agissait d'une petite corvée de 0,20, 0,40 ou 0,80 franc, pour une demi-heure, une ou deux heures. Et ce dernier était toujours, comme par hasard, leur propre contremaître. Je laisse à penser combien il restait d'argent liquide après la retenue prélevée pour l'infecte mixture qui leur était versée. Ai-je dit que Rouen passait pour la première ville de France pour l'alcoolisme[91] ?

---

90 Il s'agit là de cas particuliers. En effet, si les embauches s'effectuaient par vacation d'une demi-journée, la majeure partie des dockers recrutés le matin l'étaient de nouveau l'après-midi.

91 À Rouen, dans les années 1881-1885, la consommation moyenne était estimée à 19,6 litres d'alcool pur par habitant et par an, contre 14,9 au Havre, 13,2 dans le département et

Autre contestation, qu'il est nécessaire de rapporter : l'existence de ces épaves dans ce milieu constitué en majeure partie de tout ce qu'il y avait de déshérités et d'interdits de séjour, véritables épaves humaines. En ai-je vu de ces notaires et de ces curés dévoyés, de ces anciens riches que la noce avait ruinés et jetés sur le pavé, sans autre gîte que celui que leur procurait l'abri sous les bâches, qui recouvraient les marchandises déposées sur les quais, quand il neigeait ou pleuvait, et en plein air, lorsque la température était clémente. Ceci dit, et qu'on m'excuse de cette longue digression, je reviens au sujet qui nous intéresse : à savoir que nos revendications, au Havre, se heurtaient toujours aux réponses invariables de nos entrepreneurs qui, à chacune de nos réclamations, ne manquaient pas de nous répéter : faites donc appliquer vos tarifs à Rouen, faute de quoi nous ne pouvons prendre aucune décision à votre sujet.

C'est dans ces conditions que je reçus la mission d'aller soutenir les dockers rouennais. Le mouvement était général et seuls quelques marins norvégiens déchargeaient les planches de leur propre navire, car leur contrat spécifiait qu'ils devaient y procéder en cas de grève dans un des ports où ils se rendaient. À la réunion qui se tenait à la Halle aux vins, je trouvai 3 500 dockers rassemblés. D'enthousiasme, les suggestions que je leur apportais furent admises. Je devais me borner à rester pour y faire deux réunions, mais, sur l'insistance des camarades du bureau, je dus accepter de prolonger mon séjour, d'accord avec mon syndicat et, en définitive, je restai trois semaines au milieu des grévistes, c'est-à-dire jusqu'au jour de mon arrestation.

La Municipalité protesta auprès du Comité de la Bourse du Travail pour l'abandon de mon poste sans en avoir informé l'administration. Mais comment pratiquer devant le fait accompli ? Je reçus un petit blâme. Et le conflit prit fin le lendemain où je fus arrêté. Il n'avait pas été inutile, puisqu'il se régla au bénéfice des grévistes, auxquels fut alloué une légère augmentation et, en même temps, qu'ils reçurent la certitude de n'être plus embauchés qu'à la demi-journée, le travail à l'heure étant complètement supprimé.

Au cours de la grève, des marins venus du Havre, devaient remplacer les grévistes, mais sur mon intervention – car ces dockers improvisés étaient des hommes connus de moi –, ils refusèrent d'aller au travail,

---

3,9 pour l'ensemble de la France. *Cf.* Nourrisson, Didier, « La consommation alcoolique en Seine-Inférieure au XIX^e^ siècle », *Annales de Normandie*, n° 41-1, 1991, p. 49-73.

prétextant qu'on les avait trompés en leur faisant signer un engagement d'embarquement. Après trois semaines de séjour à la prison « Bonne Nouvelle[92] » et comme rien n'avait pu être relevé contre moi, je fus relâché et revins prendre mon poste à la Bourse du Travail.

## LE BAL DU PRÉSIDENT DE LA RÉPUBLIQUE

Et voici un souvenir qui n'est pas dans une musette. Il y avait quelque temps que j'étais revenu au Havre et des fêtes étaient préparées pour recevoir Félix Faure[93], alors Président de la République après avoir été député du Havre.

Fonctionnaire appointé par la municipalité, au moins considéré comme tel, je reçus un jour une invitation pour assister au bal de l'Hôtel de Ville donné en l'honneur du Président de la République et des officiers de l'escadre de la Manche, qui était venue mouiller sur la rade. Sans oublier le haut gratin de la ville et du département, naturellement.

Le Président de la Bourse du Travail – les statuts en imposaient un – avait été également invité et il me laissa entendre qu'il s'y rendrait. Que faire ? Je ne connaissais rien des usages qui m'auraient permis d'aller y satisfaire ma curiosité – car j'étais curieux – et malgré les difficultés qui se manifestaient à tout point de vue, j'en brûlais d'envie. Finalement, comme il me restait huit jours devant moi, je me mis en campagne pour trouver ce qui pouvait bien me manquer pour pouvoir me présenter dans une tenue correcte. Tout compte fait, je n'avais absolument rien de ce qu'il fallait, du point de vue vestimentaire, qui fut susceptible de me vêtir pour une semblable cérémonie. Ayant pressenti quelques amis, il fut convenu que chacun d'eux apporterait quelque chose, extrait de leur garde-robe, vestige de noces, baptêmes ou premières communions passées. C'est ainsi qu'après une semaine de constantes recherches, l'un mit à ma disposition un chapeau haut de forme et une belle chemise

92 Plus haut, Marck parle d'un mois.

93 Félix Faure (1841-1899), négociant en cuir et républicain modéré, fut député du Havre de 1881 à 1895. Quelques mois ministre de la Marine, il fut élu Président de la République en 1895 avec les voix de la droite.

blanche à petits plis, un autre s'empressa de m'apporter une paire de bottines vernies et un faux col de fantaisie et, enfin, les pièces les plus importantes me furent fournies par le plus huppé de la smala. Il s'agissait d'une redingote longue, d'un gilet peut-être un peu large dans les entournures et d'un pantalon qu'il avait pris soin de faire doter du pli impeccable et nécessaire. Il me manquait la cravate, au dernier moment, mais j'eus vite fait, pour quelques sous, de m'en procurer une chez la petite mercière du coin.

Ce soir-là, je devais être reluisant et méconnaissable. Et après un dernier coup de brosse et un coup de peigne, je filai allégrement vers l'Hôtel-de-Ville, déjà envahi et illuminé sur toutes les coutures. Un des employés s'empara de mon gibus et me montra l'entrée des salons, où grouillait déjà une multitude d'épaules nues, aux prises avec les approches plus que sympathiques de superbes officiers de marine, chamarrés de galons sur tous bouts et porteurs de décorations de tous ordres et de toutes teintes. Dire que je me sentis crâne serait contraire à la vérité, car, tout de même, je me trouvais transporté, pour la première fois, dans un milieu quelque peu différent de celui dans lequel j'avais toujours évolué. Et, par surcroît, après un rapide coup d'œil autour de moi, je m'aperçus avec effroi que tous les invités étaient en frac et que le col de leur chemise s'ornait d'une superbe cravate blanche.

Je l'ai dit, j'étais le seul en redingote et ma cravate était noire ? Auprès de ce beau monde, j'avais l'air d'un véritable croque-mort. Ceux qui, peu nombreux, à ce qu'il m'a semblé, prêtèrent attention à ma tenue me crurent très certainement le représentant d'une de ces entreprises nécrologiques. Mais qu'étais-je venu faire dans ce salon ? Partir, je n'y songeai pas un seul instant. Et je pris le parti de faire cavalier seul et de satisfaire ma curiosité jusqu'au bout, sans me soucier de ce que je devais avoir de ridicule à circuler parmi ces habitués des buffets officiels. Et, pour débuter, je me dirigeai vers le comptoir où s'étalaient heureusement toutes sortes de bonnes choses : sandwichs au jambon, au pâté, gâteaux, petits fours et, surtout, des boissons de toutes marques. La dégustation battait son plein, est-il besoin de le dire et, ayant trouvé un petit coin, je m'y embusquai et commandai un verre de champagne, que j'accompagnai d'un superbe éclair au chocolat et de quelques autres *délicatessen*.

Puis je repris ma tournée d'inspection. En arrivant à l'entrée conduisant aux bureaux du maire et des adjoints et au moment d'y pénétrer, j'en fus empêché par un agent qui veillait à ce que seuls les Messieurs accompagnés y fussent autorisés et qui, poliment, me conseilla de faire « comme tout le monde ». Ce même agent, après quelques croisières que je fis au buffet – pour le ravitailler un peu, le pauvre ! – eut la satisfaction de pouvoir étancher sa soif et se trouva complètement ivre quand sonna l'heure du départ, de même que les employés du vestiaire, que je n'avais pas oublié non plus.

Vers minuit, je vis les danseurs abandonner le centre du bal et se ranger sur les côtés du salon. C'était le moment solennel où le décoratif Félix Faure fit son entrée. Je le connaissais depuis de longues années pour avoir discuté avec lui à deux reprises lorsqu'il était ministre de la Marine, à propos des conditions imposées aux marins. Poignées de main à droite, à gauche, s'arrêtant de temps à autre pour s'enquérir de la situation militaire ou civile de quelques invités. En arrivant près de moi, j'eus l'impression que c'était à moi qu'il s'adressait en me posant la question : « Et vous ? » Or, il s'agissait d'une capitaine de frégate qui était à mes côtés, lequel lui répondit, du reste. Heureusement, car il m'aurait fallu lui révéler que j'étais docker et qu'il se trouvait, de plus, en face du secrétaire de la Bourse du Travail.

Au matin, vers 5 heures, et non sans que j'eusse absorbé une belle quantité de champagne, je me trouvai dans la rue, titubant passablement et en arrivant à proximité de mon domicile, des dockers qui se rendaient à leur travail se mirent à me blaguer, beaucoup plus pour ma tenue et, surtout, pour le haut-de-forme, que pour la cuite que j'avais prise. D'un caractère irascible, je pris leurs boutades du mauvais côté et le résultat fut que, cherchant à frapper l'un d'eux, le gibus perdit l'équilibre pour aller choir sur la chaussée et de là, partir pour tomber dans le bassin, d'où il fut retiré dans un piteux état. J'avais assisté au bal du Président de la République et il m'avait été donné, dès ce jour, combien Mac-Nab avait eu raison de composer sa fameuse chanson[94].

94 Allusion à la chanson « Un bal à l'Hôtel de Ville », qui relatait la nuit mouvementée et arrosée d'un participant à un bal donné à l'hôtel de ville. « C'est qu'à c't'endroit / ça coût'pas un centime / Ainsi, nom d'un chien / J'r'pique l'an prochain / Avec ma légitime ! », concluait le dernier couplet.

## RENCONTRE INTERNATIONALE
## Création de la Fédération des Ports et Docks

La première délégation que je fis à l'étranger fut celle qui réunissait les organisations de marins et de dockers en un congrès international qui se tient à Londres, à Holborn-Town-Hall[95]. C'est là que je fis la connaissance de mon vieil ami Tom Mann, ainsi que de Ben Tillet[96], des dockers londoniens. J'y rencontrerai, en outre, des délégués allemands, suédois, belges, hollandais, danois, etc.

À mon retour au Havre, je rendis compte des décisions prises et je puis dire que c'est de ce moment que date le point de départ de la création de la Fédération des Ports et Docks, dont le secrétariat général me fut confié, avec siège au Havre, où eut lieu le premier congrès[97]. Le suivant se tint à Dunkerque, avec Sauvage[98] comme secrétaire.

95 Congrès réuni du 14 au 16 juin 1898.

96 Ben Tillet (1860-1943), marin, puis docker à Londres, dirigea la grande grève victorieuse de l'été 1889 et fut élu à la tête du syndicat général. Socialiste, il contribua à la création de la de la Fédération internationale des marins et dockers-Fédération internationale des transports. Partisan de la guerre, il fut député travailliste (1917-1924, 1929-1931) et présida le TUC en 1928-1929.

97 Après l'échec d'une première tentative un an plus tôt, le congrès constitutif de la Fédération des Ports et Docks se tint au Havre, les 14 et 15 avril 1901, en présence des 23 délégués de 13 syndicats, d'un représentant de la Fédération des marins et du secrétaire de la Fédération internationale des Transports.

98 Erreur de Marck : le 2$^{e}$ congrès fédéral se réunit à Marseille, du 22 au 24 mai 1902, et porta au secrétariat général le dirigeant du syndicat local, Abel Mano (1867- ?), dont le vrai nom était Jean-Baptistin Manno. Albert Sauvage (1868-1911), docker dunkerquois guesdiste, lui succéda à l'issue du congrès fédéral de Dunkerque (20-23 mai 1903) jusqu'en 1904, où les délégués au congrès de Sète désignèrent Georges Pioch, le secrétaire du syndicat héraultais.

## LES GRÈVES DE 1900

Arrive 1900, qui devait être une des époques les plus mouvementées et les plus marquantes de la lutte entreprise par les organisations syndicales du Havre contre le patronat havrais en général[99]. Des grèves devaient éclater, atteignant toutes les corporations et elles se déroulèrent successivement de mai à novembre, sans interruption, les unes avec succès, d'autres avec des échecs plus ou moins totaux. Obligé de restreindre mon énumération aux seules grèves qui eurent le plus de retentissement – car elles furent nombreuses –, qu'il me soit permis de signaler particulièrement celle qui ouvrit, pour ainsi dire, le champ de bataille et dans laquelle étaient engagés tous les terrassiers et les tubistes travaillant aux travaux du port du Havre.

Leur mouvement devait durer deux mois pleins et je me garderai de ne pas dénoncer les moyens qui furent employés et mis en œuvre par les autorités pour y mettre un terme. J'ai sous les yeux le taux des salaires horaires payés à ces mercenaires de la terrasse, occupés à des travaux aussi dangereux que malsains. J'ai également ceux qui furent appliqués lorsque le mouvement prit fin. On croit rêver devant la situation faite à ces travailleurs – j'allais dire à ces forçats – qu'on avait fait venir en masse de leur Bretagne après d'alléchantes promesses. Ces salaires oscillaient entre 0,28, 0,30 et 0,34 franc suivant les postes occupés[100]. L'augmentation consentie à la signature du contrat qui mit fin à la grève fut de 1 et 2 centimes à l'heure[101].

J'ai dit que les autorités locales et départementales – car ces dernières vinrent seconder de toute façon leurs collègues havrais –, mais il est à peine besoin de dire qu'elles n'intervinrent qu'en faveur du patronat. Sous quelle forme se manifesta cette intervention intéressée ? D'abord, la ville fut mise en état de siège et les arrestations se succédaient, suivies de lourdes condamnations. Le contraire eût surpris. Et le gouvernement,

99 La conflictualité havraise de 1900, impulsée par la grève de deux mois, du 23 mai au 8 juillet, des terrassiers – on dénombra 23 conflits du travail de juillet à la fin de l'année –, participait de la forte poussée revendicative des années 1899-1900, pic gréviste avant le record de 1906.

100 D'autres sources font état de salaires horaires compris entre 0,38 et 0,48 franc.

101 En mai, les grévistes réclamaient une augmentation de 12 centimes par heure.

lui-même, n'agit en la circonstance que comme il le faisait dans tous les centres où les ouvriers se soulevaient pour obtenir des améliorations à leurs conditions de vie et de travail. Mais malgré un grand déploiement de forces armées, les chantiers continuaient à rester déserts, les entrepreneurs refusant toute entente avec leurs serfs[102]. C'est alors que la municipalité entreprit une véritable provocation, laquelle, c'était inévitable, eut pour conséquence de soulever les grévistes contre elle[103]. La pharmacie du maire fut totalement lapidée.

Chaque matin et chaque soir, nos camarades se partageaient les quartiers de la ville et les environs, et les quêtes, qu'ils organisaient sérieusement, étaient des plus fructueuses et leur permirent, ainsi qu'à leurs familles, de vivre tant bien que mal. Tant que le soutien de la population se maintenait à un certain niveau, il était certain que pas un gréviste n'aurait accepté de retourner au travail. C'est alors qu'un ordre fut donné de ne plus tolérer de quêtes[104]. On conçoit la colère de ceux qu'on voulait mener à composition par la faim. Nul trouble n'ayant éclaté à propos de ces quêtes, non plus, du reste, sur les chantiers, puisqu'ils restaient complètement déserts, on comprit immédiatement de quoi il s'agissait.

Et les quelques quêteurs qui, malgré l'interdiction, s'étaient rendus chez les commerçants pour les solliciter furent arrêtés, leurs troncs vidés et condamnés. Ce que voyant, les terrassiers se réunirent dans la cour du Cercle Franklin et, fermant les grilles, se mirent en devoir de ramasser les gros sous que leur jetaient les nombreux ouvriers accourus, outrés, eux aussi, d'une telle lâcheté administrative. Toute une meute de policiers, de gendarmes, assistés de chasseurs à cheval fut massée devant l'immeuble et se mirent à faire évacuer la chaussée. Puis, se tournant vers les grilles qui entouraient la Bourse du Travail, ils enfoncèrent les portes et, comme les terrassiers reculaient pour joindre leur salle de

102 On compta jusqu'à 2 000 terrassiers grévistes.

103 Après les élections municipales de 1900, où une liste socialiste, composée aux deux tiers d'ouvriers, dont Marck, avait obtenu 14 % des suffrages avant de se désister pour la liste radicale du maire sortant, les relations se dégradèrent entre la municipalité et la majorité des syndicats qui dirigeaient la Bourse du Travail. En novembre 1900, le maire modifia son règlement interne de manière à en limiter l'autonomie et à mieux contrôler l'action de son secrétaire, Marck.

104 Le 5 juillet, la municipalité prit un arrêté d'interdiction des manifestations, qualifiées de « promenades » par les grévistes, qui allaient de chantier en chantier pour vérifier l'effectivité de la grève.

réunion, ils les poursuivirent et, à coups de sabre et de matraques, en mirent une certaine quantité dans un piteux état. J'ai eu, dans mon bureau, quelques-uns des grands blessés de cette journée, parmi lesquels se trouvait un pauvre vieux de 76 ans – à cet âge, il était encore obligé de travailler pour vivre – qui avait reçu un coup de sabre sur la tête, lequel lui avait fait une entaille de près de 15 centimètres. Les autres étaient à l'avenant. J'ai compté qu'il y avait eu au moins 40 blessés dans cette attaque que rien ne justifiait. Le lendemain, on enregistrait une convocation du sous-préfet au comité de grève, qui fut suivie de la signature du contrat qui concédait le centime ou les deux centimes d'augmentation que j'ai signalé. Les pouvoirs publics et les patrons avaient gagné la première manche, mais l'attaque à main armée qu'ils avaient provoquée devait avoir des conséquences autrement sérieuses et auxquelles ils étaient loin de s'attendre.

L'effervescence, dans les milieux havrais, était à son comble et les commentaires allaient leur train. Allons-nous avaler le massacre de nos camarades et l'envahissement de la Bourse du Travail sans élever d'autre protestation que celle d'un ordre du jour que certains avaient soumis à l'approbation du comité général réuni pour la circonstance ? C'était l'avis de tous, qu'il fallait autre chose. Les militants savaient très bien qu'un tel document n'aurait été de nul effet auprès des bourgeois et de ceux qui les soutenaient et ils refusèrent de le voter, bien qu'il ait été rédigé dans des termes très sévères contre l'administration.

En ce qui concerne mon syndicat, j'en réunis les quelques membres – 32 syndiqués sur près de 7 000 dockers – et leur proposai d'organiser un meeting de protestation dans lequel je me réservais, en outre, de traiter l'importante question de l'application de la journée de HUIT heures aux travaux des quais[105]. Sans y être entièrement hostile, mais pour le prétexte ridicule que c'était toujours l'argent des cotisations qui faisait les frais sans obtenir de résultats, la majorité se prononça contre. Pourtant, j'insistai et proposai de faire moi-même les affiches à la main, de payer le timbrage[106] et, en outre, de me charger d'aller les coller. Toutefois, je voulais absolument avoir l'autorisation de le faire au nom du syndicat, ne voulant convoquer les dockers qu'à cette seule condition. Il fallait 10 affiches et le coût en aurait été de 10 francs. Finalement ce

105 Revendication posée dès 1896 par la Fédération internationale des marins et dockers.
106 Timbre fiscal obligatoirement apposé sur chaque affiche.

fut accordé et j'allai placer les affiches aux endroits que je connaissais, avec la certitude qu'elles seraient lues.

À vrai dire, j'avoue que je ne m'attendais pas à voir apparaître la totalité des dockers, connaissant leur indifférence, même pour ce qui les intéressait directement. L'essentiel, pour moi, était d'essayer d'en rallier une certaine partie, que je me réservais d'instruire sur mes intentions et de les engager à propager l'action en faveur des 8 heures. On conçoit mon étonnement lorsque, vers 8 heures, et alors que j'allais me mettre à table, une dizaine de camarades vinrent me prévenir que la salle était littéralement bondée et qu'au-dehors nombreux étaient ceux qui n'avaient pu pénétrer à l'intérieur. Et, de fait, aux 3 500 manifestants que contenait la salle Franklin, plus de 1 000 stationnaient dans la cour. Le bureau formé, je devais prendre la parole, et quand je dis « devais », j'indique par-là que cela fut inutile, car, à peine avais-je énoncé le but de la réunion, qu'un charbonnier monté sur une banquette du fond de la galerie se mit à crier : « Vive la grève ! », cri répété par l'assemblée tout entière et… la réunion se termina ainsi. Elle avait duré 10 minutes.

Le lendemain de cette manifestation, les charbonniers ne se rendirent pas au travail, réclamant la journée de 8 heures et d'autres avantages corporatifs[107]. Mais leur mouvement devait avoir des conséquences autrement graves pour le port du Havre, que leur refus de décharger les navires venant apporter la houille des ports d'Angleterre. Elle provoqua un conflit chez les marins, lequel prit naissance à la Compagnie générale transatlantique et se répercuta rapidement à bord de tous les navires amarrés dans le port. Le « Bretagne » était celui des paquebots qui devait quitter Le Havre pour New York, le samedi, avec de nombreux passagers. Pour ce, il lui fallait emplir ses soutes du charbon nécessaire à la traversée. Oui, mais la Compagnie ne trouva pas un seul charbonnier pour procéder à ce travail.

C'est alors, qu'ayant recours au code disciplinaire maritime – élaboré sous Colbert –, qui lui permettait d'imposer le travail à l'équipage, ordre fut donné aux chauffeurs et aux soutiers du bord d'aller embarquer le charbon au lieu et place des charbonniers en grève. Et ceux-ci, qu'on en croyait incapables, refusèrent net. En vertu de ce code, 53 marins furent immédiatement arrêtés, débarqués, condamnés à 15 jours de

107 La version publiée dans *Le Peuple* du 26 août 1948 affirmait à tort que les dockers, et non les charbonniers, avaient été les premiers à se mettre en grève pour les 8 heures.

prison et incarcérés à la prison civile[108]. Un seul, nommé Menou – il y a des noms qu'on n'oublie jamais – consentit à travailler et fut libre. Mais cela ne réglait pas la question du charbon de la « Bretagne » et ses soutes, restées vides, lui interdisaient toute sortie par conséquent. Alors la Compagnie envoya la maistrance à bord de la « Lorraine », autre paquebot qui était amarré derrière la « Bretagne », qui était arrivé la veille et dont le personnel était encore au complet. On intima l'ordre aux chauffeurs et aux soutiers de se rendre au travail d'embarquement du charbon, tout comme on l'avait fait à leurs camarades, la veille et… comme ces derniers, ce fut par un refus formel que furent accueillies les exhortations et les menaces, ensuite, de leurs officiers.

Né dans le quartier breton de Saint-François, je les connaissais en grande partie et ce fut l'un d'eux qui vint aussitôt me prévenir de ce qui c'était produit. Mettant un bleu sale, je l'accompagnai à bord de la « Lorraine » et tous deux, lui en breton et moi en français, nous réussîmes à les entraîner à la Bouse du Travail, malgré les officiers qui voulaient les empêcher de débarquer. Pas un ne resta à bord. Je dois ajouter que certains avaient des leurs parmi les emprisonnés. Dans l'après-midi, les marins se répandirent dans tout le port, invitant les équipages de tous les navires français à quitter leurs navires. Ils y réussirent, d'ailleurs, et ce fut la grève générale.

Pour essayer de ramener le calme, le ministère de la Marine délégua l'amiral Bayle[109]. Il avait mandat de régler l'affaire. La première chose que nous exigeâmes, ce fut le relâchement des 53 condamnés. Ce que nous obtînmes le lendemain matin. Je laisse à penser de l'accueil avec lequel nos camarades révoltés furent reçus lorsqu'ils se présentèrent à la réunion que nous avions organisée à la salle Franklin ! Ils l'avaient bien mérité, car ils avaient été les premiers à montrer le chemin du refus de soumission aux puissants de la Marine.

La compagnie Transatlantique, ainsi que le représentant du ministère avaient certainement la conviction que cet élargissement des chauffeurs et des soutiers allait mettre fin au conflit provoqué par elle. Ils furent déçus. Car la grève battait son plein et il convenait d'en profiter. Je

108 Là encore, la version du *Peuple* faisait état, à tort, de peines de 10 jours. Erreur corrigée dans le numéro suivant.

109 Il s'agit du contre-amiral Charles Bayle (1842-1918). Entré dans la Marine en 1859, il quitta le service actif en 1907. Contre-amiral depuis 1899, il était sous-chef d'État-Major général en 1900 et devint vice-amiral en 1903.

n'eux aucune peine à convaincre les marins de l'intérêt qu'ils avaient à continuer le mouvement si bien commencé pour obtenir, enfin, que leur furent accordées des améliorations et que les revendications présentées à maintes reprises soient prises en considération, contrairement à ce qui c'était produit jusque-là. Je le répète, l'occasion était vraiment trop belle pour la laisser échapper. Et c'eut été une grosse faute pour nous qui avions tant désiré voir les marins, en général, sortir de leur torpeur et de leur indifférence. Et j'entrepris de leur montrer les avantages qu'il leur fallait retirer immédiatement et de ne pas se contenter du succès obtenu par le retour des prisonniers. Principalement, la question des salaires venait au premier plan.

Mis au courant de la décision prise par l'assemblé générale de ne rallier leurs navires qu'après avoir obtenu une augmentation de leurs soldes, l'amiral Bayle tenta bien d'intimider les équipages pour les faire changer d'avis, leur faisant entrevoir quelles seraient les pertes subies par le port tout entier s'ils s'obstinaient dans leur décision, qu'il traitait d'anti-française. En vain, les Bretons tinrent bon, heureusement.

Arrêtons-nous un instant aux salaires payés. Quels étaient-ils, en 1900, au mois d'août, date de la grève ? Ceux qui existaient depuis longtemps déjà. Les voici :

Les mousses recevaient de 20 à 25 francs par mois.
Les novices recevaient de 25 à 35 francs par mois.
Les matelots recevaient de 50 à 60 francs par mois.
Les soutiers recevaient de 45 à 55 francs par mois.
Les chauffeurs recevaient de 80 à 90 francs par mois.
Les 1ers maîtres et les 1ers chauffeurs recevaient de 100 à 110 francs par mois.

Or, après huit jours de grève et quatre jours de discussions, les salaires furent établis :

Pour les mousses à 30 francs par mois.
Pour les novices à 35 à 45 francs par mois.
Pour les matelots à 80 francs par mois.
Pour les soutiers à 80 francs par mois.
Pour les chauffeurs à 110 francs par mois.
Pour les maîtres et les 1ers chauffeurs à 132 francs par mois.

C'est ainsi que de termina ce beau mouvement, qui étonna Le Havre, non seulement par sa spontanéité, mais parce qu'on ne soupçonnait pas qu'il fut possible, un jour, de voir les équipages bretons se montrer sous un tel jour. Et chacun reprit la route de son bord, satisfait du résultat acquis.

D'un autre côté, cette attitude de leurs camarades marins permit aux charbonniers de voir leur principale revendication admise : la journée de 8 heures et quelques autres améliorations secondaires accordées. Cette même journée de 8 heures s'appliqua, quelque temps après, à tous les travaux des quais[110]. J'ai cité, plus loin, les horaires fixés pour les embauches et débauches des dockers. Or, avec la journée de 8 heures, les demi-journées furent toujours de 4 heures, matin ou soir, ce qui mit fin au système des 11 heures auxquelles recouraient les employeurs, comme je l'ai dit.

D'autres grèves éclatèrent. Parmi celles-ci, je citerai encore celle des charretiers, qui commençaient leur travail vers 4 heures du matin et qui, le soir, n'étaient pas encore libres lorsque sonnaient 8 heures. Quant aux dimanches, ils devaient travailler jusqu'à 1 heure sans augmentation ou supplément. Il en est une autre qui faillit me rendre fou : celle des trieuses de cafés. Elle ne dura que 8 jours seulement. Mais cela m'avait suffi pour me rendre compte des difficultés qu'il y aurait à conduire de pareilles grèves, lorsque les ateliers se verraient envahis par l'élément féminin.

L'ampleur du mouvement avait créé une haine compréhensible chez les patrons et cette haine devait avoir sa répercussion à l'Hôtel de Ville où siégeaient leurs représentants. La Bourse du Travail fut fermée et nous dûmes émigrer. À partir de ce moment, il nous fallut installer nos services, tantôt ici, tantôt là, pour finalement échouer dans un ancien entrepôt de vins, qu'il nous fallut évacuer très peu de temps après, faute de pouvoir en payer le loyer, assez élevé, ayant tout dépensé de ce qui nous restait d'argent pour l'installation. Laquelle fut perdue, naturellement.

En mai 1901, j'eus à accomplir une autre délégation importante avant mon départ forcé. Elle consistait à aller soutenir les dockers d'Honfleur. Les bois et les charbons formaient les principaux arrivages dans ce

110 En août 1900, l'ensemble des catégories ouvrières du port obtint, en plus de la réduction à 4 heures des deux vacations quotidiennes, séparées par une pause de deux heures, la suppression définitive des paiements en jetons.

petit port. La grève avait éclaté pour une augmentation de salaire et le patron Ullern[111], après trois semaines de lutte, dut accepter la totalité des revendications des grévistes : journée de 5 francs au lieu des 4 francs payés jusqu'alors. Le jour de la signature du contrat mettant fin au conflit, les dockers, satisfaits du résultat, vinrent, drapeau en tête, m'accompagner au bateau qui devait me ramener au Havre. Mais à peine le « François 1er » avait-il franchi les jetées où étaient massés les camarades, que quatre individus que je ne connaissais pas se mirent à me provoquer et à m'insulter, me menaçant de me jeter à la mer. Sautant sur un « cabillaud[112] », je me disposais à me défendre avec cette arme improvisée, mais le capitaine qui, de sa passerelle, assistait à la scène m'intima l'ordre de monter près de lui. Je ne sais ce qui se serait produit, car mes quatre énergumènes étaient aussi décidés à mettre leur projet à exécution que, moi-même, à me défendre.

Dans ces sortes d'histoires, il y a toujours de l'imprévu et je ne songeais plus à l'incident lorsqu'à deux mois de distance, et me trouvant avec un camarade, au marché, qui se tenait au Rond-Point, tout près de la Bourse du Travail, j'eus la surprise de reconnaître un de mes agresseurs du bateau d'Honfleur. Installé comme camelot, il débitait sa marchandise, qui consistait en peignes, épingles à cheveux, fils, etc., le tout étalé sur un éventaire d'osier. Me plantant face à lui, le bougre, à son tour me reconnut, mais il n'eut pas la même attitude que celle qu'il avait eue à mon égard, quand il était accompagné des trois autres de ses acolytes. En moins de temps qu'il me faut pour l'écrire, son éventaire fut sens dessus dessous, les savonnettes chevauchant sur les pelotes de laine. Je m'étais ainsi acquitté d'une dette que je ne croyais pas si bien payer.

Enfin, la dernière délégation remplie par moi, à cette époque, fut celle que je fus appelé à accomplir auprès des tisseurs de Lillebonne[113], qui avaient abandonné le travail. Ils avaient demandé qu'un camarade havrais vienne pour deux ou trois réunions, non seulement pour les aider à obtenir satisfaction, mais aussi pour la formation d'un syndicat, ce

---

111 Importante entreprise d'importation et de commerce de bois du Nord, elle était alors dirigée par Axel Ullern (1833-1912), fils de Mathias (1804-1876), émigré norvégien, naturalisé français en 1844 et maire provisoire d'Honfleur en 1848.

112 Dans la marine, le terme désigne une cheville de bois ou de métal servant à tourner les cordages.

113 Commune située à 35 km du Havre, sur la rive droite de la Seine.

qui n'avait jamais existé dans ce coin. Ce fut un lamentable échec ! En arrivant à Lillebonne, il me fut impossible d'arriver à savoir ce qu'ils demandaient, car les ouvriers et les ouvrières étaient divisés presque sur tous les points du cahier de revendications, ce qui fit dire à un patron : « Mais, enfin, que veulent-ils exactement ? »

Qu'on m'excuse de rappeler, ici encore, une de ces aventures qui échoient aux militants, dont les noms sont souvent prononcés lorsqu'ils se rendent dans les centres en effervescence pour y prendre la parole et soutenir les leurs. Prenant le train à la gare de Lillebonne pour revenir au Havre, j'embarquai dans un compartiment où un seul ivrogne était assis. Ce gros homme dénotait un de ces paysans bourrus, fermier aux idées retardataires, avec lequel, cependant, j'entamai la conversation pour passer le temps. D'abord décousue, elle ne tarda pas à m'intéresser d'une façon aussi étrange que particulière. Parlant des tisserands que je venais de quitter – lesquels étaient payés de 2,50 à 3 francs par jour pour un travail de 12 heures, leurs femmes ne recevant que des salaires ne dépassant pas 1,75 franc et les enfants de 0,25 à 0,50 – il entreprit de me démontrer que tous ces ouvriers étaient de véritables fainéants, qu'ils cherchaient à être payés à ne rien faire, qu'en tout cas, s'ils avaient fait grève, c'était sur l'ordre d'un meneur, qui était venu la veille dans le pays et qui vivait totalement à leur compte. « Pauvres imbéciles de tisseurs », appuyait-il, qui s'étaient livrés à un acte dont ils seraient les victimes, tout en appauvrissant le patronat.

Je dois dire que je ne savais quelle contenance prendre. Car il ne faisait aucun doute que le meneur auquel il faisait allusion, c'était moi-même. Je me présentai comme attaché à un journal qui, à maintes reprises, m'avait demandé de bien vouloir démasquer un de ces individus assez malpropres pour exploiter la crédulité des travailleurs et, pour donner le change, je daubai à mon tour contre ceux qui ne font rien et vivaient bien. En un mot, je le mis en confiance, désirant savoir jusqu'où il irait. Ainsi, lui dis-je, si vous en connaissez un, je vous demanderai d'être assez bon pour me le désigner de façon à le dénoncer et de mettre les ouvriers en garde contre lui. Mais, eus-je soin d'ajouter, il est nécessaire avant tout que vous ne donniez que des renseignements sûrs, pour ne pas risquer d'être traduit devant les tribunaux pour dénonciation calomnieuse et condamné à de fortes amendes et des dommages et intérêts.

« Si je vous dis que j'en connais un, c'est que, personnellement, je l'ai vu devant une maison, qu'il est en train de se faire construire avec son architecte, auquel il donnait des ordres. Et cet immeuble est situé rue Charlemagne. » Je pensais qu'il faisait allusion à mon camarade Laville, qui, effectivement, demeurait rue Charlemagne, où il était locataire depuis plus de vingt ans et je m'attendais à ce qu'il me cite son nom. Mais pas du tout, le bonhomme cita celui qu'il connaissait particulièrement et qu'il se faisait fort de désigner s'il se trouvait sur son chemin, sans se tromper : il s'appelle Marck ! On juge de ma stupéfaction, encore augmentée de la façon, dont il me proposa de se rendre avec moi rue Charlemagne, si je le désirais. « Vous verrez que je ne mens pas », crut-il devoir ajouter. C'était un peu raide et je ne savais quelle contenance observer. Naturellement, j'acceptai sa proposition, bien décidé à aller jusqu'au bout, lui renouvelant que, comme journaliste, je pensai bien qu'il ne m'induirait pas en erreur et m'éviterai tout désagrément. Et nous allions entrer en gare d'Harfleur, dernière station avant Le Havre, où le train s'arrêtait à peine deux minutes, le temps de prendre les voyageurs, parmi lesquels – ô ! comble de la déveine – se trouvaient deux ouvriers terrassiers qui, m'apercevant, s'avancèrent, les mains tendues et tout heureux de me trouver là, me lancèrent un « Bonjour Marck », qui, ai-je besoin de le dire, fit changer de couleur la face de mon interlocuteur.

« Camarades, leur dis-je, vous tombez à merveille et vous allez voir, tout à l'heure, grâce à ce Monsieur, que vous avez en face de vous, ce que je fais avec l'argent que je vole à tous, car si vous versez des cotisations à votre syndicat, il n'a d'autre destination que de me permettre, à moi, de devenir propriétaire d'un immeuble que je suis en train de me faire construire, rue Charlemagne, où nous allons aller ensemble dès notre descente du train. » Et je les mis au courant de la conversation que nous avions échangée en cours de route. Inutile de dire qu'ils se montrèrent enchantés de pouvoir servir de témoins et de rendre compte à leurs camarades de cette démarche à laquelle ils étaient loin de s'attendre. Mais le bonhomme de paysan, embêté, ne savait plus où donner de la tête et dès que le train stoppa, il voulut s'échapper pour éviter les suites qu'il prévoyait comme conséquences de ses racontars idiots. Il aurait bien voulu se faufiler et fuir parmi les nombreux voyageurs. Me semer, en somme. Mais je l'avais empoigné par la manche de son veston et nous nous dirigeâmes ainsi, suivis des deux terrassiers, vers la sortie de la gare, en présence de ceux qui suivaient cette scène et qui n'y comprenaient rien.

Sur la place, l'individu gesticulait et comme j'avais affaire à forte partie, il aurait réussi à me faire lâcher prise sans l'intervention de mes deux témoins. Et pour corser l'affaire, car un rassemblement s'était rapidement formé, voilà que l'attroupement grossit, augmenté des dockers, qui avaient quitté leur travail en se demandant ce qui se passait. Ce fut un beau chahut lorsque je demandai à tous les syndiqués de nous accompagner rue Charlemagne, car je les mis rapidement au courant. La police intervint pour mettre fin à la manifestation qui s'organisait déjà et fit relâcher la « victime », qui n'en menait pas large, non sans que je lui eusse lancé un coup de pied bien posé. Si je fais état de ces faits, c'est moins pour insister sur ceux qui m'ont été réservés au cours de ma carrière de militant, que pour montrer les difficultés et les insanités qui, malheureusement, trouvent créance et qu'il nous faut surmonter par moment.

Pendant quelque temps, j'assurai le secrétariat du syndicat des marins, lesquels m'en avaient prié[114]. Mais je dus bientôt songer à l'abandonner, celui-ci l'ayant été lui-même par les intéressés qui ne payaient plus de cotisations. Au point que, pendant trois mois, la caisse étant vide, je ne touchai pas un centime. Ce qui n'empêcha pas un juge d'instruction de m'accuser de l'avoir pillée – procès de Nantes 1907-1908. Bref, je dus envisager les moyens d'assurer ma subsistance et celle de ma compagne et il ne me fallait pas compter pouvoir me faire embaucher aux travaux des quais comme docker. Quel est l'entrepreneur qui aurait consenti à m'employer ? D'un autre côté, j'étais continuellement en butte aux tracasseries de la police, qui cherchait visiblement à me nuire, en toute occasion.

Ayant vendu ce qui me restait encore de mobilier – car j'avais déjà été contraint d'en liquider une bonne partie, les derniers temps, pour manger –, je réunis quelque argent et, avec l'aide des camarades qui m'apportèrent également quelques secours, je pris, un soir, le bateau pour Southampton, suivi de flics, qui voulaient être grotesques jusqu'au

114 Intérim probablement exercé à la suite de la condamnation, en mai 1901, de son secrétaire, par ailleurs président de la Bourse du Travail, Auguste Montagne (1878-1954), qui dirigea le syndicat jusqu'en 1910, puis de 1917 à 1922.

bout, et accompagné de nombreux camarades de la Bourse du Travail, que je regrettai de quitter et, de là, je gagnai Londres, à la recherche d'un emploi.

Je restai près d'un mois en chômage forcé. Et c'est au syndicat des marins, dont Havelock Wilson[115] était le Président et qui me connaissait pour avoir assisté au congrès précédemment, que je trouvai une occupation. J'y fus successivement aide-menuisier, charpentier, maçon, terrassier, cimentier, paveur, colleur de papier… que sais-je encore, et je serais certainement resté à Londres, étant donné que j'y gagnais autrement ma vie que je ne l'avais gagné en France jusqu'alors, si un événement, qui était prévu, celui-là, n'était venu obliger Wilson à me remercier, contre son gré. En effet, la guerre du Transvaal venait de prendre fin, et les soldats de retour en Angleterre avaient reçu du gouvernement l'assurance qu'ils seraient tous occupés en débarquant. Les étrangers, dans ces conditions, se virent dans l'obligation de laisser leur place à leurs camarades anglais, n'ayant l'espoir d'être embauchés à nouveau que lorsque tous seraient casés.

Sur le sable et n'ayant guère travaillé que pendant 10 mois, mes économies ne pouvaient pas être bien lourdes, surtout qu'il m'avait fallu songer, une fois encore, à me constituer un foyer, en dehors du logement que des amis avaient mis à ma disposition. Ces amis furent pour moi comme une famille. Lui était Danois. Elle était native de Saint-Nazaire et, chose curieuse, j'étais allé chez sa mère, un soir, lorsqu'elle tenait un café sur le port. Naturellement, elle ne se souvenait nullement de moi, pas plus que je ne me rappelais l'y avoir rencontrée.

---

115 Havelock Wilson (1858-1929), dirigeant du syndicat des marins, participa à la création de la Fédération internationale des marins et dockers-Fédération internationale des Transports, avant d'opter pour une carrière politique sous la bannière du parti libéral. Élu député (1892-1900, 1906-1910, 1918-1922), jusqu'au-boutiste pendant la guerre, il s'éloigna du mouvement syndical et s'opposa, en 1926, à la grève générale.

## LOUISE MICHEL

Puisque je parle de Londres et du séjour que j'y fis, je dois parler des visites qu'il me fut donné de faire à Louise Michel, qui habitait là-bas, près de Crystal-Palace[116] puis partit pour Streatham[117], Mitchen-Lane[118]. Je fis, avec elle, deux réunions à White-Chapel[119], ce quartier si misérable de la cité et je l'accompagnai, un jour, à Islington[120], où vivait le prince Kropotkine[121].

Je connaissais Louise de longue date, pour avoir assisté aux réunions que nous avions organisées au Havre, avec son concours. Je connaissais parfaitement, aussi, le docker Lucas[122], qui lui tira un coup de revolver un soir qu'elle avait pris la parole dans la salle de la Scala, rue du Général-Faidherbe, dans mon quartier. Louise fit des pieds et des mains pour qu'il ne soit pas condamné. Il fut d'ailleurs acquitté. Et comment ne pas rappeler que le fils de celui qui voulait la tuer reçut longtemps de Louise des subsides, lorsqu'il faisait appel à sa grande générosité. Bonne Louise, tant outragée !

Elle vivait modestement au milieu de ses chiens et de ses chats – elle les recueillait tous quand elle les trouvait errants – et, comme compagne, elle avait Charlotte[123] et son frère qui vivaient avec elle. Je m'abstiens

116 Quartier de Londres, au sud de la Tamise, qui doit son nom au siège du Palais construit pour l'Exposition de 1851.

117 Quartier de Londres, sur la rive sud de la Tamise.

118 Du nom d'une des rues du quartier.

119 Quartier très pauvre de Londres, au nord de la Tamise, point d'arrivée de nombreux migrants.

120 Quartier résidentiel de Londres, au nord de la Tamise.

121 Pierre Kropotkine (1842-1921), fils de prince russe, géographe et géologue, fut officier de cosaques avant de démissionner de l'armée tsariste par sympathie avec l'insurrection polonaise de 1863. Exilé, il devient l'un des théoriciens et militants les plus en vue du communisme libertaire. D'abord partisan de la violence, il fut condamné par un tribunal français en 1883. Libéré trois ans plus tard, il se réfugia à Londres.

122 Pierre Lucas (1855-1890) était un docker d'origine bretonne. Enivré et outré par les propos tenus par Louise Michel à la salle de l'Élysée du Havre, le soir du 22 janvier 1888, il tenta de lui porter la contradiction, puis lui tira dessus, la blessant à la tempe. Louise Michel, convaincue de l'irresponsabilité de son agresseur lui écrivit et finança sa défense en réclamant l'acquittement, qui fut prononcé.

123 Charlotte Vauvelle (1867-1934), était la fille d'un libertaire français résidant à Londres quand Louise Michel s'y réfugia, elle fut sa compagne pendant les quinze dernières de

de parler des services qu'elle eut à rendre. Chaque jour de malheureux passants frappaient à sa porte et pas un seul ne le fit en vain. Je la vis, une fois, remettre à une pauvre bougresse en guenilles une jolie robe dont un Monsieur lui avait fait cadeau pour la remercier d'avoir bien voulu consentir à lui raconter son séjour à la Nouvelle-Calédonie, à la suite de sa déportation, après la Commune. Il serait regrettable que je n'indique pas que Rochefort[124] ne manqua jamais, pendant de longues années, de lui verser une somme mensuelle de 100 francs, en souvenir de leurs luttes passées.

Pour mémoire, également, je revis Louise à Paris, notamment lorsqu'elle partit avec Girault[125] pour des conférences en Algérie et dans le Midi, où elle devait mourir. Quel bon souvenir je puis avoir conservé d'elle ! Je conserve précieusement des photos prises notamment lorsqu'elle est couchée sur son lit de mort, ayant à ses côtés le docteur qui l'a soignée et Charlotte, qui ne la quittait pas.

Après cette diversion, il me faut revenir à ma situation. J'étais donc à Londres, sans-travail depuis le mois d'octobre. Mais j'avais trouvé un local, situé à Canning-Town[126], en face du poste d'amarrage des navires des Messageries Maritimes, et je gagnai quelque argent en servant d'intermédiaire entre les marins de Marseille, qui venaient tous me voir, et les commerçants et, en outre, je les accompagnais dans les visites que je leur ménageais à Londres, pour leur montrer tous les monuments et les autres choses susceptibles de les intéresser. Beaucoup de ceux qui profitèrent de ces visites ne les eussent jamais tentées auparavant, de crainte de se perdre, car rares étaient ceux qui parlaient anglais. Et

---

sa vie.

124 Henri Rochefort (1831-1913), issu d'une vieille famille de la noblesse, fut journaliste, auteur de théâtre et polémiste redouté. Républicain sous l'Empire, il soutint la Commune de Paris, ce qui lui valut d'être déporté en Nouvelle-Calédonie. À l'occasion de son transfert, il se lia à Louise Michel, point de départ d'une longue amitié. Il s'évada. De retour en France, il se réclama de l'extrême gauche avant de rallier le boulangisme, puis de verser dans le nationalisme et l'antisémitisme.

125 En réalité Ernest Girault (1871-1933), typographe devenu ingénieur agronome, fut un militant anarchiste et antimilitariste. Orateur réputé, il accompagna fréquemment Louise Michel lors de ses tournées de conférence, par exemple à l'occasion du voyage en Algérie qu'elle entreprit en 1904, à 74 ans. Après la guerre, il adhéra au Parti communiste.

126 District de l'Est londonien, au nord de la Tamise, longtemps occupé par les entrepôts portuaires et les usines chimiques, tous ceinturés de taudis et de bidonvilles, son peuplement ouvrier, dont un nombre élevé de dockers, en fit un haut lieu de luttes sociales et de contestation politique.

j'arrive au mois de février sans avoir pu dénicher quelque emploi. Il me fallut envisager mon retour en France, ne pouvant pas rester ainsi à la merci du lendemain, lequel ne s'annonçant pas comme devant apporter une solution bienfaisante, capable de me tirer d'embarras.

## RETOUR EN FRANCE

Ayant pressenti une cousine qui vivait à Paris, je fus avisé, quelque temps après lui avoir écrit, qu'une place m'était offerte chez un marchand de tapis de la rue Vivienne, où j'occuperais l'emploi de « tribun[127] », c'est-à-dire, occupé à la rentrée et à la sortie des marchandises.

Et ayant accepté, je repris le bateau et débarquai un beau matin à Dieppe, puis, de là, je regagnai Paris, où je pris du service comme employé de magasin de tapis. J'y restai treize mois. Et je pris mon compte. D'un caractère des plus originaux, le patron de ce magasin « gueulait » toute la sainte journée, sans trop savoir pourquoi et cela était loin de me plaire, on n'en sera pas étonné. Et, une fois de plus, me voici à la recherche d'une position, autre que celle qui ne m'avait pas enrichi non plus, avec les 180 francs par mois, qui m'étaient octroyés, pendant onze mois, augmentés jusqu'à 175 francs, un jour que je m'étais passablement enguirlandé avec le patron.

C'était l'époque où le gouvernement d'alors engageait la lutte contre la CGT, qui logeait alors à la Bourse du Travail, de laquelle elle fut expulsée. Obligée de déménager sur-le-champ, on se mit en quête pour trouver un local et c'est ainsi qu'elle échoua Cité Riverin. C'était un logement composé de trois pièces et une cuisine situées au 1er étage, dans lesquelles furent installés les bureaux, tant bien que mal, plutôt mal, car il y faisait très sombre, et je pris part au déménagement, à l'installation, puis je restai aux côtés de Lévy, que j'aidai à la comptabilité et aux expéditions diverses, ainsi qu'auprès de Griffuelhes, Pouget[128] et Yvetot.

---

127 Dans l'argot des métiers, le terme désignait un employé aux factures d'une maison de commerce, généralement installé dans une tribune.

128 Émile Pouget (1860-1931), employé, syndicaliste et anarchiste, fut emprisonné de 1883 à 1886 pour sa participation aux manifestations violentes de sans-travail. Dès 1889, il lança le journal *Le Père Peinard*, dont la publication s'interrompit en 1894 après une nouvelle inculpation, qui le contraignait à fuir en Angleterre. Amnistié, il revint en 1895

Nous restâmes Cité Riverin jusqu'au jour où fut acheté l'immeuble du 33 de la Grange-aux-Belles.

Je fus le premier qui devais pénétrer dans ces locaux qui, précédemment, étaient occupés par une usine de produits chimiques, laquelle avait été évacuée depuis longtemps déjà et se trouvait dans un état de saleté difficile à décrire. Le premier travail à effectuer était de nettoyer une pièce pour y loger les services du secrétariat de la CGT avec Griffuelhes et de la comptabilité avec Lévy. Ensuite, les autres services. Pendant plus d'un mois, je dus laver les murs, les plafonds, les planchers, et la poussière qui les recouvrait était si malsaine que, toute la journée, j'avais du lait. Il s'agissait, en effet, de minium, de peintures, d'aniline et d'acides de toutes sortes, entreposées dans ces pièces sans air, qui n'avaient pas été nettoyées depuis de nombreuses années. Petit à petit, la maison devint plus habitable, les Fédérations s'y installèrent les unes après les autres, au fur et à mesure que les locaux étaient disponibles. Les Métaux, le Bâtiment, la Bijouterie et le syndicat des PTT furent les premiers locataires de la Maison des Fédérations, après la CGT.

## HOMME DE PEINE

À quelque temps de là, il fut décidé de créer une imprimerie et, là encore, je fus appelé à pratiquer un nettoyage de grande envergure, car, non seulement, il y avait des tombereaux de détritus à dégager, mais encore la disposition des locaux n'offrait rien qui pût servir à l'installation des machines et des transmissions nécessaires à leur fonctionnement. Je passai encore près d'un mois à dégager tout ce qui pouvait gêner et déterminer les emplacements à réserver à chaque partie de matériel, dont l'achat le plus strict avait été prévu.

La transformation complète de nos locaux pour les approprier, comme il aurait été utile de le faire, aurait entraîné des dépenses qu'il eût été

---

et milita en faveur de l'adhésion des anarchistes aux syndicats. Délégué au congrès de la CGT en 1897, il eut la responsabilité de la publication de l'organe confédéral, *La Voix du Peuple*, créé en 1900, fonction qu'il occupa jusqu'en 1908. Après l'échec du lancement d'un nouveau journal, *La Révolution*, il cessa de militer.

difficile de supporter, aussi eûmes-nous recours à un travail des plus rudimentaires, dont je me chargeai volontiers. Il s'agissait, pour débuter, de mettre en place des poulies destinées à supporter le pouliage[129] de transmission et aussi de faire un plancher pour y installer le service de brochage et d'expédition des journaux imprimés. Le moteur et les machines furent montés par un mécanicien anglais, que j'eus l'occasion de seconder avantageusement, car il ne parlait pas un mot de français et il eût été difficile aux imprimeurs, Marie[130] et Castanié, de lui rendre les services nécessaires pour activer le montage. Enfin, le jour vint où tout fut relativement prêt à fonctionner normalement et je fus sacré « homme de peine de l'imprimerie ». Ma besogne consistait, la plus grande partie de la journée, à fondre du plomb pour alimenter le travail des deux linotypistes. Il y en avait peu de ce métal : nous avions dû en restreindre l'achat, faute de fonds.

La journée de 8 heures fut appliquée, naturellement, et tout marchait bien. Cependant, en ce qui me touchait, il eût été difficile de m'appliquer ces 8 heures. Obligé de commencer le matin à 5 h 45, pour allumer les deux linotypes en vue de la fonte de la matière de façon à ce que le travail des deux ouvriers puisse être pris à 7 heures, il m'arrivait presque chaque jour, d'être contraint de revenir l'après-midi pour la question de fonte des caractères utilisés pour en refaire des blocs. De plus, il n'était pas rare non plus que le moteur refusant de marcher, on vint me réveiller la nuit pour venir le remettre en route. Malgré toutes les difficultés rencontrées, on peut dire qu'il y avait un joli travail d'exécuté.

Je dois rappeler qu'en dehors de mes occupations comme « homme de peine », la CGT me désignait assez souvent pour aller remplir des délégations en province. C'est ainsi que je fus envoyé à Nantes, où les dockers s'étaient mis en grève, mouvement au milieu duquel je restai pendant au moins quinze jours, et dont il me faut rappeler les conséquences qu'il eut pour moi. De retour à l'imprimerie, j'y restai en fonction jusqu'au 14 avril 1907, car quelqu'un troubla la fête.

---

129 Terme en usage dans la marine, où il désigne l'ensemble des poulies d'un navire.

130 François-Auguste Marie (1879-1938), typographe et anarchiste, fut secrétaire de l'éphémère (1906-1908) Fédération des travailleurs des presses typographiques, créée en opposition à la très réformiste Fédération du Livre. Régisseur de l'imprimerie confédérale en 1908, il fut secrétaire de l'Union des syndicats de la Seine (1911-1912) et participa au lancement du quotidien *La Bataille syndicaliste*, dont il était le rédacteur en chef en 1914. Favorable à l'Union sacrée, il resta à la tête du journal, rebaptisé *La Bataille* jusqu'en 1920.

## INTERNÉ À LA TOUR POINTUE[131]

Ce jour-là, étant chez moi, on frappa à ma porte, et ayant fait entrer le visiteur, que ma femme accueillit gracieusement, croyant qu'il s'agissait d'un camarade, mais que je ne reconnus pas comme tel, on verra pourquoi. Je fus rapidement édifié sur le but de cette visite. Car, sans autre préambule, il me montra un papier qui n'était autre qu'un mandat d'arrêt. « Veuillez me suivre, une voiture nous attend en bas », dit Nicole, le policier, fort aimablement. Étant donné que je ne porte pas ces oiseaux-là dans mon cœur, je ne répondis pas aux questions qu'il croyait devoir me poser, et lui demandai de ne pas essayer de prendre son air attristé pour me parler des ennuis que mon arrestation aller créer à ma compagne.

Je ne comptais certainement pas passer ce dimanche à la Tour Pointue. Et dans le véhicule, je cherchai en vain ce qui avait bien pu déterminer le juge d'instruction à lancer ce mandat contre moi. Je l'ai dit, je faisais assez souvent des déplacements, et parmi les derniers qui m'avaient été confiés se trouvait la grève des ouvriers des minoteries Darblay[132], à Corbeil. Des tuyaux de conduite d'eau avaient été crevés la nuit pour empêcher les machines de fonctionner avec des jaunes[133], qui avaient été recrutés par cet exploiteur et faisaient marcher l'usine, affirmait-on.

---

131 Désignation argotique de la Préfecture de police de Paris, en référence à la tour à toit pointu du 36 quai des Orfèvres.

132 Du nom d'une riche famille industrielle de Corbeil-Essonnes qui fonda sa fortune sur la minoterie et la papeterie. D'abord locataires des moulins de Corbeil, les frères Darblay en devinrent copropriétaires en 1863. Modernisées, les installations furent revendues en 1881, la famille privilégiant désormais le développement de leur papeterie locale, tout en demeurant actionnaire de la nouvelle société des Grands Moulins de Corbeil. S'agissant de la grève évoquée, il semble que Marck commette une confusion. Ce ne sont pas les minotiers, mais 2 000 à 3 000 ouvriers papetiers des usines Darblay de Corbeil et des environs qui firent grève, du 6 mars au 2 avril 1907, d'abord pour protester contre le système d'amendes en vigueur, revendication bientôt complétée par des demandes salariales et l'exigence de réintégration de grévistes licenciés. *L'Humanité* du 28 mars signale d'ailleurs la présence de Marck, venu rencontrer, la veille, la direction de l'entreprise.

133 Expression péjorative désignant des briseurs de grève. Elle fut réappropriée des organisations opposées aux syndicats « rouges » cégétistes et favorables à la collaboration avec le patronat qui, souvent, appuyait leur création. Plusieurs d'entre eux formèrent, en décembre 1901, une Fédération nationale des Jaunes de France.

De plus, je m'étais introduit dans le bureau de Monsieur Darblay[134], lui-même, pour lui demander de mettre fin au conflit, essayant de le toucher, en lui signalant la triste situation de ses ouvriers, même avec les salaires qui leur étaient payés quand ils travaillaient. Ce vieillard de 80 ans, au moins, m'écoutait attentivement et j'espérais bien obtenir un avantage qui aurait permis de faire reprendre le travail dès le lendemain matin. Quand entra un individu, que je sus ensuite être le directeur et conseiller de Darblay, et qui, en m'apercevant, commença par m'insulter et me menaça. Et, effectivement, il sortit et revint avec deux représentants de la maréchaussée, qui me prirent par le bras et me jetèrent dehors de l'usine. J'avais donc la certitude que c'était pour cette affaire-là que j'étais poursuivi.

Ce ne fut que le lendemain, appelé devant le procureur de la République, que je fus informé que je serais dirigé sur Nantes pour être mis à la disposition du juge d'instruction de cette ville[135]. Au diable si je m'attendais à être poursuivi pour cette grève, d'autant qu'il y avait une quinzaine de jours que j'avais quitté cette ville. Bref, je restai en cellule, quai des Orfèvres, pendant trois jours, et un matin, on vint m'informer que j'avais à prendre mes dispositions pour suivre deux gendarmes, qui étaient chargés de me conduire à destination. Mes deux sbires me mirent les menottes et ne me les retirèrent qu'en arrivant à la maison d'arrêt de la place Lafayette, à Nantes. Je dus, en gare d'Angers, me rendre au buffet, où je voulais prendre quelque chose de chaud, et y aller avec les bracelets aux poignets, devant une quantité de voyageurs, qui se demandaient en face de quel bandit ils pouvaient se trouver.

Je reviens à ma délégation chez les dockers nantais – où j'avais remplacé mon camarade Yvetot, qui devait rentrer à Paris[136] – et qui avaient déclaré la grève pour une augmentation de salaire[137]. La veille de

134 Vraisemblablement Paul Darblay (1825-1908), maire de Corbeil (1858-1878), qui fut censeur de la Banque de France (1885-1893). En 1907, à 82 ans, il dirigeait encore la papeterie de Corbeil.

135 Où Yvetot a été arrêté le même jour que Marck.

136 Affirmation que les autres sources ne confirment pas. Marck semble avoir été le premier « Parisien » délégué par la CGT pour soutenir la grève. C'est Yvetot qui serait venu le remplacer le 25 avril.

137 La grève, d'abord déclarée par les charbonniers, le 13 mars, pour un salaire minimum de 6 francs par jour, mais aussi en faveur des 8 heures. Le 15, les dockers les rejoignirent. Les incidents augmentèrent à l'occasion des « visites » de chantiers par les grévistes. Le 16, au matin, l'assemblée générale réunit plus de 1 000 grévistes. Début avril, tandis

mon arrivée, les gendarmes avaient tué d'un coup de révolver le gréviste Charles[138] et j'assistai à ses obsèques, par conséquent. Au cimetière, je pris la parole et les journaux, qui avaient tout intérêt à faire mousser la manifestation et, surtout à déformer ce que j'avais dit, n'y manquèrent pas. Et l'acte d'accusation en faisait mention, est-il besoin de le dire ?

En tout cas, au retour de l'enterrement, les grévistes, qui descendaient en groupe vers la salle de la Bourse du Travail, où une réunion était organisée, furent à plusieurs reprises dispersés par la troupe qu'on avait postée sur leur chemin. Mais en arrivant près du port, la scène devait se dérouler de manière autrement provocatrice. Car, à peine les premiers dockers arrivèrent-ils sur le quai, qu'une charge terrible les fit reculer, ce qui eut le don d'exalter les grévistes au-delà de tout ce qu'on peut admettre.

Dès que le calme fut revenu, tous les dockers ayant rallié la salle – à part les nombreux blessés qui étaient allés se faire panser chez les pharmaciens environnants et ceux qui regagnèrent leur logis – je me mis en devoir de leur expliquer le fonctionnement des soupes communistes, dont je me réservais le travail d'organisation. Je les renseignai sur les services qu'en avaient retirés d'autres centres en lutte. Nous trouvâmes de grandes chaudières et elles furent rapidement montées sur des trépieds. Le soir même, la soupe bouillait et nos camarades venaient avec leurs récipients y chercher de quoi nourrir leurs familles. Le nombre de grévistes nous obligea à assurer le service des repas, matin et soir, au moyen de six de ces marmites. Le chauffage se faisait au moyen de bois,

---

que les arrestations et les condamnations se multipliaient, les employeurs tentèrent de reprendre la main par la constitution d'un syndicat patronal en charge du recrutement de dockers mensualisés, dispensés des embauches biquotidiennes. Sans grand succès. Avec le temps, toutefois, les rangs des grévistes s'éclaircirent. Le 23 avril, on en dénombrait 500, total en chute rapide les jours suivants. Avant le 1er mai, le travail avait quasiment repris. Traduit devant un conseil de guerre, le gendarme responsable de la mort de Charles devait être acquitté.

138 Victor Charles, docker nantais de 46 ans, marié et père de quatre enfants, fut tué, dans l'après-midi du 16 mars 1907, d'une balle de révolver tirée par un gendarme lors d'une charge de cavalerie. 700 manifestants tentaient alors de franchir la Loire pour atteindre le quai des Antilles, récemment aménagé sur l'île de Nantes, où des « jaunes » continuaient de travailler. Le 19, près de 2 000 personnes assistèrent aux obsèques de Charles, où Marck, arrivé la veille, prononça un discours, dont la teneur lui vaudra des poursuites. Il repartit le 26, remplacé par Yvetot, débarqué du train la veille. À la mi-avril, alors que le mouvement fléchissait, Yvetot et Marck furent arrêtés et inculpés pour provocation au meurtre et au pillage. Leur procès se déroula devant la cour d'assises de Nantes du 12 au 15 juin.

qu'on se procurait dans les bois environnants, où des corvées allaient le chercher, ou de charbon, qu'on achetait ou qui était donné par les commerçants. Les cuisines étaient installées en plein air. Nous eûmes heureusement un très beau temps pendant presque toute la lutte, qui dura six semaines. Sans quoi, les bâches n'eurent pas abrité les éplucheurs de pommes de terre, qui passaient leur temps à cette occupation.

3 500 familles à nourrir, cela demande des subsides et le syndicat ne possédait en caisse que très peu de fonds. Aussi dûmes-nous envisager les moyens de trouver ce qui était nécessaire pour faire bouillir les marmites. Et avec l'aide de la Bourse du Travail, des commerçants sympathiques au mouvement, de Nantes, de Chantenay[139], de Donges[140] et de Pont-Rousseau[141], où demeuraient la plus grande partie des dockers, pas une seule journée ne fit craindre l'impossibilité de faire face aux dépenses nécessaires. Mais une autre initiative fut prise par les dockers, celle du fonctionnement d'une boutique de boulangerie, pour fournir du pain à tous les intéressés. On sait que chez les dockers, on trouve des travailleurs venus de toutes les corporations, car c'est là, dans les ports, le déversoir de tous ceux qui sont rejetés des ateliers, pour une cause ou pour une autre. Or donc, une équipe fut formée : une boulangerie qui était fermée depuis quelque temps fut louée et on se mit en devoir d'acheter de la farine et ce qu'il fallait pour faire marcher le pétrin. Et c'est ainsi que le pain des grévistes fut fait, pour la première fois à ma connaissance, par d'autres grévistes.

La question de l'approvisionnement général, en légumes et en viande, devait également retenir mon attention et je préconisai la désignation d'un certain nombre de nos camarades pour une commission qui serait spécialement chargée des achats de ces denrées. Et il en fut ainsi décidé. Je puis dire que la « popote » tira de gros avantages de cette institution, tant au point de vue du ravitaillement facile que des économies qui furent réalisées. J'ai déjà dit que les commerçants apportaient leur contribution sous toutes les formes, certains en argent, mais la plus grande partie

139 Chantenay-sur-Loire était une commune située à l'ouest de Nantes, sur la rive droite de la Loire. Au 19e siècle, son développement profita de l'activité portuaire, qu'il s'agisse du déchargement du charbon, de la construction navale ou de l'industrie alimentaire. En 1908, elle fut annexée à Nantes.

140 Commune de la rive droite de la Loire, située entre Nantes et Saint-Nazaire.

141 Autrefois faubourg de Nantes, sur la rive gauche de la Loire, et quartier de la commune de Rezé.

envoyait des vivres : carottes, poireaux, oignons, que sais-je ? En tout cas, nous mangions de la bonne soupe tous les jours.

C'est à cette même réunion que je prononçai la phrase qui fut retenue contre moi par le juge d'instruction[142] et, si je m'excuse de la rappeler ici, c'est pour qu'on se rende mieux compte des charges que la justice peut accumuler contre les militants pour les condamner, en les accusant de « provocation au meurtre et au pillage », comme ce fut le cas en la circonstance. Après avoir expliqué le fonctionnement des « soupes communistes » et donné quelques conseils pratiques, je crus devoir ajouter : « Nous irons prendre nos légumes chez les maraîchers, directement, et de cette façon nous supprimerons l'intermédiaire ». Et voilà !

Mais je reviens à mon arrestation, après cette petite et nouvelle diversion. Donc, enfermé à la Tour pointue et dirigé ensuite sur Nantes, me voici à la prison de cette ville. Je devais y retrouver mon camarade Yvetot, également arrêté pour les mêmes motifs, c'est-à-dire pour la grève, où il avait été appelé et que j'avais remplacé lorsqu'il fut rappelé à son poste, à Paris. Nous étions tous deux ignorants de ce qui nous était reproché et étions persuadés que nous ne tarderions pas à être relâchés, surtout que nous avions vainement cherché, l'un et l'autre, à travers les événements auxquels nous avions assisté, ceux qui auraient pu nous être défavorables. Cependant, il y avait une chose que nous n'ignorions pas, c'était la haine que pouvait professer le sinistre Clemenceau[143] contre la classe ouvrière en général, et contre la CGT en particulier. Nous savions également que le renégat Briand[144], son acolyte, ne se montrait

142 Le juge d'instruction retint d'autres propos, notamment ceux prononcés lors des obsèques de Charles, ce dont convenait Marck, ainsi qu'on l'a vu plus haut.

143 Georges Clemenceau (1841-1929), médecin, journaliste, s'engagea de bonne heure contre le régime impérial. Républicain radical, il fut député (1871, 1876-1893) et sénateur (1902-1920). Ministre de l'Intérieur, à compter de mars 1906, il conserva ce portefeuille lorsqu'il devint président du Conseil en octobre, fonctions assurées jusqu'en juillet 1909. Durant ces trois années, il fit face à de nombreux mouvements sociaux, contre lesquels il n'hésita pas à user de la manière forte, souvent sanglante. Il reprit la tête du gouvernement en novembre 1917, avec le ministère de la Guerre, jusqu'en 1920, date à laquelle il fut battu à l'élection pour la Présidence de la République.

144 Aristide Briand (1862-1932), avocat, fut d'abord proche des radicaux-socialiste avant de se rapprocher, dans les années 1890 des syndicalistes révolutionnaires auprès desquels il défendit l'idée de la grève générale. Élu député socialiste de Saint-Étienne en 1902, il était alors proche de Jaurès et fut rapporteur de la loi de Séparation de l'Église et de l'État. Contre l'avis des socialistes, il accepta de devenir ministre de l'Instruction

pas moins décidé à poursuivre les militants, qu'ils pourchassaient et faisaient moucharder dans toutes les réunions. Leur objectif : remplir les prisons et empêcher toute révolte des prolétaires, peupler Clairvaux[145]. À Paris, on avait arrêté Bousquet[146] et Lévy, presque en même temps.

Le juge d'instruction qui fut désigné pour nous « mettre sur le gril » était, comme tous ses congénères que nous eûmes, plus tard, l'occasion de « fréquenter », un individu toujours enclin à nous mettre à dos un tas de crimes ou délits les plus invraisemblables. Mielleux au possible, il insinuait que nous nous étions livrés à de petites « erreurs de langage », qu'il citait d'ailleurs, et qui avaient le don de provoquer notre colère. Cela, pour en arriver à des choses autrement graves comme, par exemple, tournant tout d'un coup feuillet de son vaste dossier, qu'il compulsait de temps à autre : « Vous avez été secrétaire du syndicat des marins au Havre, mais vous n'avez pas oublié, en le quittant, d'enlever la caisse ! » Chaque fois que nous étions conduits à son cabinet, nous pouvions nous attendre à de pareilles « gentillesses » de sa part. Est-il besoin de dire que nous regimbions ? Ce qui lui faisait dire, avec son rire méchant : « Oh ! oh ! il y a de l'électricité dans l'air aujourd'hui ! ». Salaud !

---

publique en 1906, début d'une carrière longue carrière ministérielle, parfois comme chef du gouvernement, menée jusqu'en 1932. De plus en plus modéré, il réprima dès 1909 les fonctionnaires grévistes, puis l'année suivante, les cheminots, au grand dam des syndicalistes et des socialistes, qui le traitèrent de « jaune », de « traître » ou, à l'instar de Marck, de « renégat ». Membre des gouvernements de guerre jusqu'en 1917, il se distingua, dans les années 1920 et au début des années 1930, par sa volonté de mener une politique de paix et de coopération internationale.

145 Ancienne abbaye située à Ville sous la Ferté, dans l'Aube, elle devint prison en 1804.

146 Jean Bousquet (1867-1925), ouvrier boulanger, milita au POF guesdiste et au syndicat à Bordeaux, avant de s'installer à Paris en 1900. Secrétaire de la fédération de l'Alimentation (1902-1910), antimilitariste, il appartenait à la majorité syndicaliste révolutionnaire. Plusieurs fois arrêté et emprisonné, il passa huit fois devant une cour d'assises. Conseiller prud'homme (1914-1920) et coopérateur, il rejoignit la CGTU en 1922.

## DANS LA PRISON DE NANTES[147]

Ill. 2 – Charles Marck et Georges Yvetot au procès de Nantes, en 1907 (La légende du document comporte une erreur concernant le prénom de Marck). Archives privées.

147 Sous-titre rajouté par nos soins.

Nous étions arrivés depuis quelques jours et nous nous promenions dans une vaste cour – que j'eus le temps d'arpenter pendant un an – lorsque nous reçûmes la visite d'un homme qui nous paraissait être un inconnu pour nous. En nous tendant la main, que nous serrâmes d'ailleurs, il se tourna vers moi et me dit : « Vous ne me reconnaissez pas, certainement, pourtant vous êtes venu dans mon bureau, un jour, pour me casser la figure à coups de canne. Vous étiez accompagné de Lévy et d'un autre camarade. Je suis l'ancien secrétaire de rédaction de *La Petite République*[148], Lejeune ». Et, en effet, je me rappelais notre irruption dans ce bureau de la rue Réaumur, où nous avions décidé de faire une descente pour protester contre le refus d'insérer une réponse à un article qui avait paru quelques jours auparavant, dans lequel nous étions sérieusement vilipendés. Cet ancien secrétaire de rédaction était tout simplement devenu le directeur des prisons de la région de l'Ouest, placé là par l'intermédiaire de Gérault-Richard[149], ami personnel de tous les gouvernants qui se succédaient et dont il épousait facilement les politiques. Je n'eus pas à me plaindre de cette connaissance fortuite, car il lui arrivait assez souvent, lorsqu'il était pour quelques jours chez lui, à Nantes, de passer de longues heures avec moi, dans la cour, sous les tilleuls, et nous repassions en vue tous les événements du passé. Il n'omettait pas de nous tenir au courant des faits qui se passaient dehors et, après tout, sa conversation était agréable et offrait un passetemps qui n'était pas à négliger.

Avant de poursuivre plus loin, je veux parler des « bontés » qu'eurent, pour Yvetot et moi, les rédacteurs de la feuille socialiste de Nantes. Dans leur feuille, il conviendrait de citer les opinions qu'ils émettaient à notre égard, notamment dans un article intitulé *Caveant consules*[150], qui dut faire jubiler les robins de l'endroit. À quoi bon m'y attarder ?

---

148 Ce quotidien républicain, publié à partir de 1876, fut racheté par un futur député socialiste en 1892. Jusqu'à la parution de *l'Humanité*, en 1904, il fut le principal périodique socialiste, ouvert à tous les courants du mouvement. Après une interruption de publication en 1914, il reparut en décembre 1916 et de plus irrégulièrement au-delà de 1922, pour disparaître en 1938.

149 Alfred Léon Gérault, dit Gérault-Richard (1860-1911), menuisier, puis chansonnier et journaliste socialiste, fut élu député socialiste du 13e arrondissement en 1895 alors qu'il purgeait une peine de prison pour délit de presse. En 1897, il devint rédacteur en chef de *La Petite République*, qu'il codirigea un temps avec Jaurès, réticent devant son affairisme. Élu député de la Guadeloupe en 1902, il refusa de rallier la SFIO et se déclara socialiste indépendant. En 1906, il fut réélu avec le soutien de l'administration.

150 « Que les consuls prennent garde » : début d'une phrase rituelle qui accompagnait, à Rome, la remise des pleins pouvoirs aux consuls par le Sénat. La formule complète était :

La cellule où fut installé notre quartier général était propre et bien aérée par deux fenêtres, qui s'ouvraient sur le jardin du gardien-chef. Et chaque jour, ma compagne apportait ce qui était nécessaire à notre nourriture et, au moyen d'un réchaud à alcool, je préparais les repas. Qu'on se représente les heures d'ennui qui s'ensuivraient si on ne cherchait pas une occupation quelconque. Aussi l'épluchage des légumes, la cuisson de la viande et des légumes, la préparation du service de table, le lavage de la vaisselle et le nettoyage du carrelage de la cellule me permirent toujours d'occuper mon temps la plus grande partie de la journée. Vers 1 heure, je recevais la visite de ma compagne, avec laquelle je restai jusqu'à 2 heures, sous les regards d'un gardien qui ne quittait jamais le parloir, aussi longtemps que durait la visite. Ensuite, je partais pour la promenade dans la cour jusqu'à l'heure de la soupe, lorsqu'il faisait jour encore à cette heure-là, ou dès la tombée de la nuit en hiver.

Quant à Yvetot, aussi longtemps que je l'eus à mes côtés, il me regardait béatement vaquer aux « soins du ménage », étendu sur son lit, parcourant sa lecture avec avidité. Un jour qu'il lisait du Camille Flammarion, il s'arrêta pour me demander si je savais la distance qu'il pouvait y avoir entre la planète Uranus et Saturne, ou de Mercure à Jupiter – ou quelque chose d'approchant. À quoi je répondis : « Ça, je m'en fous ! J'aimerais mieux apprendre que nous sommes arrivés à faire appliquer la 'semaine anglaise' dans toutes les branches de l'industrie et du commerce en général ». Ce qui permit à « Bouledogue[151] », pardon, à Yvetot, de m'accuser de vouloir rester imbécile toute ma vie. C'était une opinion !

Un jour que nous regardions par la fenêtre de notre cellule, je vis, trottant dans le jardin du gardien-chef, une mère chatte avec quatre petits. Je demandai au directeur s'il ne serait pas possible d'en avoir un, que j'élèverais pendant ma détention. Le lendemain, j'avais le soin de nourrir une petite prisonnière et n'eus pas à le regretter. Je n'aurais jamais pu supposer qu'une petite bête de chatte pouvait procurer tant de distraction. J'avais bien lu que Sylvio Pellico s'était intéressé à la vie d'une araignée, et que, après bien d'autres sans doute, Amilcar Cipriani,

*Caveant consules ne quid detrimenti respublica capiat* (« afin que la République n'éprouve aucun dommage ».

151 Surnom donné à Yvetot, en 1908, par Victor Méric, journaliste alors de tendance anarchiste, en référence à la physionomie du responsable cégétiste.

avait eu, lui aussi, comme compagnon, un petit minet qu'il plaça souvent devant une glace comme il le raconta lui-même, pour savoir s'il se voyait. Mais quand on n'est pas soi-même témoin, on ne peut se faire une idée du plaisir qu'on peut éprouver dans sa solitude, quand on peut continuellement causer avec un animal, à défaut d'un autre être humain. Pendant toute mon année, mon compagnon ne me quitta pas un instant et ce fut pour moi un triste moment, lorsque dix ans après, je dus aller au bout de la jetée pour la noyer, car je fus impuissant à guérir une maladie de peau qu'elle avait contractée.

Je ne dis pas les raisons pour lesquelles on nous adjoignit un troisième détenu, pendant un mois. « C'est le règlement qui l'oblige », m'avait répondu le gardien, à qui je demandais ce que cela signifiait. Il s'agissait d'un gréviste docker, qui avait été condamné pour avoir injurié un jaune. Environ soixante autres l'avaient été avant celui-ci.

Je m'en voudrais de ne pas raconter comment nous passions notre temps dans la cellule, lorsque nous avions fini de jouer avec la petite chatte, ce qui nous retenait une bonne partie de la journée et, souvent de la soirée. J'ai déjà dit qu'Yvetot bouquinait. Pour mon compte, je trouvais toujours à m'occuper et avais du boulot sur la planche, lorsque, après chaque repas, la vaisselle était rangée dans un tiroir, qui était ménagé dans la table, je m'emparais de ma boîte à couture, et que je te fabrique toutes sortes de petites choses pour faire des cadeaux, en majorité des « pelotes pour épingles ». Combien m'en est-il sorti des mains ? Chaque ami eut la sienne. Le directeur et les visiteurs qui venaient nous voir eurent la leur comme souvenir. Et quand arrivait le soir, je reprenais la queue de la poêle et préparais la soupe. En ai-je combiné des potages, gras et maigres.

Il arriva qu'une fois j'entrepris de confectionner une soupe à la julienne et, à cet effet, j'avais demandé à ma compagne de m'apporter, le lendemain, toute la « légume » nécessaire : carottes, petits pois, etc. Levé de bon matin, je me mis à l'épluchage pour que la cuisson soit assurée pour l'heure du déjeuner, car il fallait faire cuire sur la petite lampe à essence. Ce travail me demanda bien deux heures. J'y mettais tout mon cœur, si je puis dire, et quand tout fut prêt, je priai Yvetot de vouloir bien me permettre de se retirer de la table, pour me permettre de mettre les deux couverts, car il était occupé à signer des cartes postales pour les adresser aux copains qui, eux-mêmes, nous en avaient envoyé.

À plusieurs reprises, je dus renouveler ma demande. Alors, je le vis, rouge de colère, commencer à m'...guirlander de belle façon, comme récompense pour mes services. Je continuai cependant à assurer la popote de notre compagnie. Sacré Yvetot, quel souvenir !

Lorsqu'il faisait beau, nous sortions l'après-midi, de deux heures jusqu'à la nuit, pour prendre l'air dans la grande cour, où il y avait trois jolis tilleuls, à l'ombre desquels nous allions nous asseoir. Nous n'avions évidemment pas à nous plaindre de notre sort, car nous faisions absolument ce que nous voulions. Mais comme l'ennui naquit un jour de l'uniformité – le proverbe le dit avec juste raison, et nulle part plus qu'en prison il n'est possible de mieux s'en rendre compte –, il était nécessaire de trouver des divertissements pour faire oublier notre solitude, il faut être enfermé, comme nous l'étions et livrés à nos propres réflexions, pour arriver à combiner quelque chose comme ce que je vais raconter.

À plusieurs reprises, nous avions trouvé de petits cailloux entourés de petites feuilles de papier sur lesquelles étaient griffonnés quelques mots au crayon, à l'adresse de « mon petit Julot, ma petite gueule », et se terminant souvent par les majuscules « P.L.V. », ce qui signifiait simplement : « À toi, pour la vie ! ». C'étaient toujours des sentiments de tendresse, souvent assez intimes et dits dans des termes qu'on ne peut rapporter décemment. Passons ! Cette correspondance provenait tout bonnement du quartier des femmes, lequel n'était séparé de celui des hommes que par un mur élevé de 12 mètres de hauteur et d'un couloir de sûreté de 2 mètres de largeur, recouvert d'un toit, qui était utilisé pour le service de surveillance des gardiens. Mais ce n'était pas là un obstacle pour l'envoi de ces correspondances, comme on va le voir. Lorsqu'une dulcinée, ou vice-versa, son protecteur voulaient faire connaître les sentiments dont j'ai parlé, ils employaient une ficelle au bout de laquelle ils fixaient le caillou qui retenait le petit billet doux, et comme le fit David, lorsqu'il tua le géant Goliath, ils s'en servaient comme d'une fronde et, hop ! la poste aérienne assurait le petit commerce. Quelquefois, le petit caillou n'arrivait pas à destination, car il allait se loger sur le petit toit en question et le biffeton[152] restait là et pourrissait sous la pluie, qui tombe souvent à Nantes. Le système ne nous échappa pas et il devait devenir contagieux. Bientôt, nous fûmes d'accord,

152 Terme d'argot désignant un billet que des détenus échangent entre eux. Par extension, il s'applique à tous les types de billets, de train ou de théâtre comme de banque.

Yvetot et moi, de recourir à ce petit jeu. Le principal était de pouvoir « emmancher » l'affaire et de trouver, de l'autre côté du mur, l'âme sœur qui aurait consenti à répondre à nos appels. Nous y trouvâmes un plaisir d'autant plus grand que nous allions nous lancer dans l'inconnu. Le soir, nous connaissions chacun le nom d'une « amie ». Nous n'avions pas perdu de temps, comme on le voit.

J'ai souvent exprimé un regret : celui de n'avoir pas conservé les épîtres qui m'étaient adressées par mon « inconnue amie ». Car je dois déclarer que, contrairement à ce qu'on pourrait supposer, aucune ne contenait de choses grossières ni pornographiques. Au contraire, j'y lisais de belles phrases, où il était question du plaisir qu'elle éprouvait à recevoir mes lettres. De mon côté, ma seule préoccupation était de l'intéresser avec des histoires que je m'efforçais de rendre aussi agréables que possible, ce dont elle me remerciait régulièrement. Dois-je ajouter qu'il m'arrivait quelquefois de me trouver encore à table, en train d'écrire, lorsque minuit ou une heure du matin sonnait. Donc, avec cette distraction, et nos dispositions étant prises, d'autre part, pour nous assurer un petit train-train aussi supportable que possible, le temps filait rapidement, surtout les après-midis, que nous passions à surveiller l'arrivée ou l'expédition des « cailloux-facteurs-postaux-aériens ». Je parvins même à voir celle que le sort m'avait désignée comme correspondante. Et voici de quelle façon je m'y pris.

De chaque côté du couloir qui séparait les deux cours, deux portes de secours étaient condamnées – elles aussi ! – et, au-dessus, il y avait un vasistas servant à l'aération et une vitre, blanchie à l'intérieur pour éviter qu'on puisse voir à travers. Elles étaient situées juste en face l'une de l'autre. Je réussis un jour à gratter les deux vitres sur un carré d'une trentaine de centimètres et, ayant constaté que de cette ouverture je pouvais voir de l'autre côté, j'écrivis à ma « dulcinée » – en rêve jusqu'alors – qu'elle n'aurait qu'à se faire hisser pour me permettre de lui parler, tout au moins de la voir. Et le petit manège réussit et continua jusqu'au jour où, surprise par le gardien, les deux vitres furent de nouveau couvertes de peinture blanche, supprimant ainsi nos quelques minutes de conversations face à face. Leste comme un singe, grimper sur la porte était, pour moi, l'enfance de l'art. Mais Yvetot, qui avait le derrière trop lourd, m'obligeait à l'aider et j'avais toutes les peines du monde à le soulever, avec ses 80 kg pour atteindre le « parloir improvisé ». De l'autre côté, nous entendions rire lorsque les détenues pratiquaient l'ascension, car elles devaient se faire la courte échelle et ce passe-temps amenait certainement des chutes. Je suppose que ce furent ces bruyantes distractions qui amenèrent les gardiens à mettre fin au manège, en attirant particulièrement leur attention, toujours en éveil.

Une autre fois, j'eus une idée assez osée, en raison des dangers qu'elle présentait pour les détenues. J'écrivis une lettre dans laquelle je disais être étonné de ne jamais les entendre chanter et qu'il nous serait agréable, à tous deux, d'être réveillés, un matin, par une chanson venant de leur quartier. La satisfaction ne fut pas longuement attendue, car le lendemain matin, un chœur s'éleva, qu'il nous sembla provenir de l'extérieur de la prison, mais que nous n'eûmes pas de peine à reconnaître comme lancé par le sérail de l'intérieur. À pleine voix, elles chantaient le refrain d'une chanson alors à la mode : « Mon maître Satan m'envoie faire la ronde, j'ai des provisions de joie… ». Puis, tout d'un coup, ce fut le silence le plus complet. Nous sûmes que quelques-unes d'entre les chanteuses furent mises au mitard pour 48 heures. Après lesquelles, elles nous firent savoir qu'elles ne regrettaient nullement d'avoir « souffert » pour nous. Elles furent récompensées par une série de cailloux postaux plus intéressants que les précédents, non seulement par leur contenu épistolaire, mais encore pour les bonbons et le tabac et les allumettes qu'elles devaient encore mieux apprécier. Un autre matin, nous aperçûmes, tout en haut de la tour de veille, la silhouette d'une détenue qui en avait réussi l'ascension en se servant d'une échelle de fer installée le long du mur, pour essayer de voir son protecteur, également détenu. On dut faire appel aux gardiens pour la faire descendre, car, prise de vertige, elle se serait très certainement cassé les reins.

Et les jours se succédaient, les plus ennuyeux étant ceux où le mauvais temps nous interdisait d'aller prendre le cours de nos correspondances avec notre promenade dans la cour. Il faut bien s'amuser et tous les moyens sont bons pour y parvenir. Et nous aurions manqué une belle occasion en ne recourant pas à celle qui nous fut offerte par l'annonce d'une visite d'un inspecteur principal des prisons, qui devait passer par notre cellule pour… voir[153]. La combinaison fut vite ourdie : sur le « goguenot[154] »

---

153 Ici, il manque une page du tapuscrit, remplacée par la version publiée dans *Le Peuple*.
154 Pot de chambre.

s'étala la superbe bobine de Clemenceau-le-Sinistre et sa silhouette se profila également au bout d'un fil attaché au crachoir. Il est inutile de dire que M. l'inspecteur n'insista pas et passa. Nous avions exercé une petite vengeance. On fait ce qu'on peut !

## UN GRAND PROCÈS

Deux mois s'étaient écoulés depuis le jour où on nous avait amenés à Nantes et, enfin, était venu le grand jour du procès – 12 juin 1907 –, auquel cinq longues séances furent consacrées, dont la dernière se termina à minuit. Quelques jours auparavant, on nous avait remis à chacun un long mémoire sur lequel figuraient toutes les charges retenues contre nous, ce qui nous permit de connaître enfin ce qui nous était reproché.

Nous étions déférés devant la Cour d'assises siégeant à Nantes. Suivant les rapports établis, Yvetot avait incité les grévistes à d'odieux attentats contre la propriété, dit qu'il fallait « f… les bourgeois dans la 'patouille' » – à l'eau – après leur avoir fait des « boutonnières dans le bidon », cependant que pour les jaunes, il était nécessaire d'en tuer deux ou trois chaque nuit. De plus, à plusieurs reprises, Yvetot avait insinué ce mensonge grossier que tous les officiers de la marine et de l'armée n'étaient que des « maquereaux », qui ne vivaient que des fortunes apportées par leurs femmes et inscrites obligatoirement sur le contrat de mariage, etc.

Mon programme n'était pas moins chargé, et ce qui m'était reproché ne pouvait pas ne pas être l'expression de la vérité, voyons ! En dehors des légumes que j'avais engagé mes camarades à aller « voler » chez les maraîchers, qu'il fallait « suriner » s'ils ne voulaient pas se laisser faire, n'avais-je pas dit, dans mes réunions, qu'il fallait s'emparer des scies à métaux pour aller couper les câbles électriques qui faisaient marcher les grues électriques sur les quais ; qu'il était urgent d'aller en groupe piller les armureries du « Passage Pommeraie[155] » et de la « Rue Contrescarpe[156] »

155 En fait, passage « Pommeraye », une galerie marchande du centre-ville de Nantes, inaugurée en 1843 et construite sur trois étages.

156 Rue du centre-ville de Nantes.

– le ciel m'est témoin que c'était la première fois que j'entendais parler de ces voies et, par conséquent, de ces armureries ! J'avais aussi apporté dans ma valise des exemplaires d'une chanson qui se fredonnait dans toutes les réunions : je ne me connaissais pas cette qualité de chansonnier[157]. Il est vrai que j'ai fait tant de métiers ! On se doute de ce que notre juge d'instruction avait dû se creuser les méninges pour trouver de pareils chefs d'accusation. On connaît déjà le résultat des « débats » : Yvetot récoltait quatre ans et moi un an seulement, comme le dit une brave femme à la sortie.

S'il me fallait entreprendre le récit de ces cinq audiences qui se déroulèrent devant une salle comble, mais en grande partie composée d'une nuée de policiers, à côté desquels trônaient des avocats et avocaillons du barreau nantais et, surtout, les dames et les amies des dames et de messieurs les juges de toutes les Chambres[158], il me faudrait noircir de multiples feuilles de papier et j'y renonce d'avance. Nous étions défendus par Gustave Hervé[159], et le moins qu'on puisse dire, c'est qu'il n'avait pas tout à fait l'oreille du tribunal[160]. Plus tard, il aurait été leur homme… comme tant d'autres, hélas ! J'ai dit que la composition du jury était la preuve de la sympathie qu'il pouvait manifester pour les deux militants, qui avaient été dépeints comme des criminels de droit commun par tous les journaux locaux. Nous étions certains de ne pas échapper à une lourde condamnation, car d'autres cours d'assises avaient eu à juger nos camarades[161] et, toujours

157 Marck a toutefois relaté plus haut comment, pendant son service dans la marine, il payait ses consommations dans un estaminet du Cours Dajot, à Brest, en interprétant des chansons et en racontant des histoires.

158 Dans *l'Humanité* du 13 juin, son chroniqueur judiciaire, Jules Uhry, notait la présence d'un « public trié sur le volet » et décrivait les cordons d'agents placés à l'entrée du Palais de Justice et de la salle d'audience.

159 Gustave Hervé (1871-1944) fut professeur, avocat et journaliste. Ce socialiste se distingua longtemps par son antimilitarisme, ce qui lui valut d'être radié de l'enseignement et de nombreuses condamnations. Vers 1912, découragé, il amorça une évolution que précipita la déclaration de guerre. Acquis à la défense nationale et devenu ultranationaliste, il afficha des sympathies fascistes et fit campagne en faveur de Pétain.

160 Un temps radié du barreau de Paris en raison de ses prises de position antipatriotiques, Hervé put finalement plaider. En juin 1907, il confia – *l'Humanité* du 16 juin – comment, « lorsqu'Yvetot et Marck m'ont choisi comme avocat, des amis m'ont dit que c'était fou de me choisir, mais je répondis qu'un jury ne ferait pas peser sur des accusés l'impopularité de leur défenseur. »

161 Quelques jours avant le procès de Nantes, la cour d'assises de Paris avait infligé 18 mois de prison à Albert Lévy et Amédée Bousquet pour « incitation à la violence ».

en vertu des fameuses lois scélérates[162], les verdicts ne comportaient que des minima de deux années de prison.

Et puisque je suis appelé à faire allusion à ces fameuses lois de 1894, il me faut rappeler que si elles ont subsisté, on le doit au parti socialiste de l'époque[163]. Leur abolition fut présentée au Parlement par des droitiers, mais la majorité de ce parti socialiste vota contre, pour cette seule raison qu'il ne voulait pas mêler ses voix à ceux des collègues qui siégeaient sur les bancs de l'autre côté[164]. Combien, depuis, continuèrent à être les victimes de cette scandaleuse attitude d'un parti qui se targuait de représenter la classe ouvrière.

Nous voici donc devant nos juges. Pour la circonstance, il n'est pas nécessaire d'affirmer qu'on avait recruté un nombre respectable de faux témoins, soudoyés par la police et fournis par l'Office des jaunes[165]. Il était trop naturel qu'on eût recours à eux pour venir soutenir, sous la foi du serment, que les « idioties » qu'on déversait sur notre dos avaient bien été dites, devant eux, dans les réunions auxquelles ils avaient participé à titre d'auditeurs.

Nous eûmes aussi la tristesse – car cela nous fut plus pénible encore – de voir quelques grévistes se faire les auxiliaires de la justice et, parmi ceux-là, il s'en trouva un que nous fûmes peinés de voir

---

162 Au lendemain d'attentats anarchistes, le gouvernement fit voter, les 12 et 18 décembre 1893, puis le 28 juillet 1894, trois lois répressives, qualifiées de « scélérates » par les socialistes et les syndicalistes. Sous prétexte de lutte antiterroriste, elles modifiaient la législation sur la presse en autorisant la saisie des journaux et les arrestations préventives, visaient, au motif de lutter contre les « associations de malfaiteurs », la simple « entente » sans exécution d'actes illégaux et interdisaient la propagande anarchiste, ou tenue pour telle, assimilée à l'apologie du vol, du meurtre, du pillage et à la provocation des militaires à la désobéissance, passibles de lourdes peines. Elles servirent à frapper les militants ouvriers et ne furent pas abrogées avant les années 1980-1990.

163 Marck fait allusion au vote, par Millerand, Jaurès, Guesde et leurs camarades, le 28 mars 1895, d'un ordre du jour de soutien au nouveau gouvernement présidé par le radical Léon Bourgeois après qu'il ait été interpellé par Julien Dumas (1857-1910), « rallié » antisémite venu du royalisme et du bonapartisme, au sujet des lois de 1893 et 1894. *Cf.* le récit de cet épisode dans l'article « Comment ont été faites les lois scélérates », paru dans la *Revue blanche* du 1er juillet 1898 et signé « Un juriste », qui masquait l'identité de Léon Blum, tenu à l'obligation de réserve en sa qualité d'auditeur au Conseil d'État.

164 Reprise du texte tapuscrit.

165 Allusion à la création, pendant la grève, d'un « syndicat des entrepreneurs de manutention du port de Nantes », coopérative patronale chargée de recruter, parmi les « meilleurs ouvriers », des dockers payés au mois et non plus à la vacation.

devant le tribunal : un pauvre bougre, nommé Le Pennec qui, sous la menace avait été amené là pour déposer contre nous, alors qu'il ne comprenait pas un seul mot de français et, partant, ne pouvait répondre aux questions que lui posait le Président[166]. Il paraissait complètement hébété. Il ne parlait que le breton, d'ailleurs, et il fallut lui désigner un interprète. Toute sa déposition figurait pourtant sur un rapport écrit par le commissaire de police, lequel n'hésita pas à affirmer, sous la foi du serment, que tout ce qui y figurait était l'expression de ce que Le Pennec lui avait répondu en français, au moment où il l'avait convoqué à son bureau. Mais lorsque le Président ordonna que lecture fût donnée de ce rapport et que la traduction en fut faite au témoin et qu'on lui demanda pourquoi il l'avait signé, le malheureux répondit : « on m'a dit de mettre mon nom sur le papier et j'ai mis une croix, parce que je ne sais pas écrire », et il se mit à pleurer. Outrés, Yvetot et moi, demandâmes qu'on rendît la liberté à Le Pennec, qui très certainement n'avait rien compris de la comédie qui se passait sous ses yeux.

Ce seul exemple rappelé pour bien montrer comment la justice avait cru devoir pratiquer pour trouver des preuves, coûte que coûte, et arracher une condamnation. Toutes les plus grossières insinuations nous furent décochées et il fallut nous défendre contre les déclarations les plus invraisemblables, comme celles que j'ai déjà énumérées plus haut et auxquelles il convient d'ajouter celle qui consistait à avoir engagé les grévistes à aller jeter les grues à la Loire, après les avoir déboulonnées avec une clef anglaise, qu'Yvetot avait inventée, le cachottier ! Il y eut, en outre, une manœuvre destinée à influencer le jury et qui n'eut pas le succès escompté par le juge d'instruction, d'abord, puis par la Cour. Il s'agissait d'une lettre adressée à Yvetot par un camarade, dans laquelle ce dernier lui disait, parlant de la grève qui devait éclater dans la boulangerie, à l'époque, qu'elle ne réussirait certainement pas, car le secrétaire de la corporation était toujours « entre deux vins ». L'expéditeur aurait pu s'abstenir d'envoyer une telle lettre, mais enfin, comme le mal était fait, il fallait qu'elle eût une solution. Lorsque le Président crut le moment favorable venu, il s'adressa au jury et lui

166 Épisode confirmé par *l'Humanité* du 15 juin 1907, qui en fit le sous-titre du compte rendu d'audience : « On entend un témoin qui ignore le français ». Selon l'article, le témoin se nommerait Lebeck.

dit : « Maintenant, Messieurs les jurés, pour vous donner un aperçu de la mentalité des membres de la Confédération générale du Travail, je vais vous donner lecture d'une lettre adressée à Yvetot, mais qui ne lui a pas été remise ». Et il la lut en entier. Quand il eut terminé, il se tourna vers Yvetot et lui dit : « Voyez, Yvetot, voilà ce qu'on trouve dans votre correspondance ». Et mon collègue, sans trop se démonter, lui répliqua : « Évidemment, on peut trouver de tels écrits dans notre correspondance, mais que serait-ce si nous pouvions fouiller dans les correspondances des magistrats ? » Et le Président coupa court. Il avait manqué le coup.

Nos détracteurs avaient beau jeu, eux qui étaient libres, alors que, dans notre box, nous devions être toujours prêts à la riposte dans cette comédie, dont les ficelles étaient tirées par Clemenceau et Briand, et à qui les juges servaient de pantins et de marionnettes. Et si le Président, d'autant plus agressif et partial qu'il présidait son dernier procès, avait montré beaucoup d'indulgence et de patience lorsqu'il interrogeait les témoins à charge, que dire de la façon dont il traita nos amis, venus prendre notre défense ? Il les rabrouait sans ménagement et leur laissait à peine le temps de déposer. « Passons au témoin suivant », lançait-il rageusement. C'est ainsi que quelques camarades, qui s'étaient déplacés du Havre pour venir déposer en ma faveur, ne purent prononcer que quelques paroles. Et les réflexions saugrenues ne manquaient pas. Le camarade Hanriot[167], rédacteur du *Progrès du Havre*[168], qui me connaissait depuis longtemps, ayant indiqué que nos relations duraient depuis que j'appartenais au syndicat des dockers, qui était mon métier, le Président lui répondit : « Oh ! il le fut si peu, docker ! ». Il en fut de même pour Grandjouan, Gautier, de Saint-Nazaire, Blanchard[169], de la Bourse du Travail de Nantes, Varnat[170]

167 Alexis Hanriot (1870-1915), journaliste, fondateur du groupe allemaniste havrais « Ni dieu, ni maître », il fut membre de la SFIO, directeur du journal socialiste *Le Progrès du Havre* et fondateur de la Maison du Peuple du Havre en 1907.

168 *Le Progrès du Havre*, journal socialiste révolutionnaire, créé en 1893. Dirigé par Alexis Hanriot, il parut quelques mois sous le titre d'*Écho du Havre* en 1894, avant de devenir, la même année, *Le Progrès, journal socialiste de la ville du Havre et des environs* jusqu'à sa disparition en 1915.

169 Joseph Blanchard (1860-1927), menuisier, professeur de menuiserie, fut secrétaire de la Bourse du Travail de Nantes (1898-1911), socialiste autonome partisan de Millerand, il fut agressé dans une rue par des policiers lors de la grève des dockers de 1907.

170 Varnat, docker, anarchiste et syndicaliste, fut trésorier du comité de grève en 1907.

et Maillochau[171], des dockers nantais, ainsi que pour une douzaine de dockers, qui tous furent rapidement expédiés.

Mais un vrai scandale éclata lorsque Marcel Sembat se présenta à la barre, témoin de moralité et ne nous ménageant pas ses sympathies. La bataille commença lorsqu'Yvetot pria Sembat de bien vouloir donner l'explication de ce qu'était le « sabotage » et « l'action directe », qui n'avaient rien à voir avec la violence, dont on nous avait accusés stupidement. Tourné vers les douze bonshommes de jurés qui, bouche bée, s'apprêtaient à apprendre quelque chose de sensé dans ce procès, Sembat se mit à en devoir d'en expliquer le mécanisme. Le Président pria notre ami de bien vouloir s'adresser au tribunal, ce qu'il fit volontiers, mais celui qu'il fallait instruire c'était le jury et, machinalement, il se retrouvait toujours tourné de l'autre côté du comptoir, où les trois guignols s'impatientaient. De guerre lasse, et comme il ne répondait pas aux objurgations du Président, celui-ci ordonna aux gendarmes de service d'expulser Sembat de la salle d'audience, menaçant de l'arrêter s'il faisait violence. Ce fut un beau vacarme, je vous le jure, au milieu duquel notre camarade Grandjouan protestant, se coltina avec un nommé Gerbois[172], un capitaine de gendarmerie, cependant que toute la salle était debout et prenait parti. On arrêta Grandjouan quelques minutes après. Mais il fut relâché.

À un moment donné, et les ricanements des avocats continuant à notre égard, nous dûmes les menacer d'aller leur tirer les oreilles. Il restait à entendre le réquisitoire d'un Jacomet[173] quelconque, car la famille en a fourni une certaine quantité de son acabit. Celui-ci, la veille du procès, était venu nous rendre visite à la prison et nous avait affirmé que l'affaire se résumait à peu de chose, la lecture de l'acte d'accusation ne l'ayant pas conduit à retenir de bien graves constatations et, partant, à se montrer inflexible. Je me demande ce qui serait advenu si nous avions dû compter sur moins de mansuétude

---

171 Également orthographié Maillocheau, Maillochaud ou Millochaux. Il était docker, anarchiste et secrétaire du syndicat des dockers de Nantes et secrétaire adjoint de la Bourse du Travail en 1907.

172 Par ailleurs témoin à charge, ainsi que le rappelait *l'Humanité* du 16 juin 1907.

173 *L'Humanité* du 16 juin parlait du procureur Jacomey, plus vraisemblablement, Denis Jacomet (1858-1929, nommé à Nantes en juillet 1904, où il resta jusqu'en février 1909 et qui finit sa carrière comme conseiller à la Cour de cassation.

de sa part ? Pendant 3 heures ½ d'horloge, nous dûmes l'entendre, l'insulte à la bouche. Pour lui, nous n'étions pas autre chose que des provocateurs ! L'action que nous menions n'avait rien à voir avec l'amélioration du sort des travailleurs ! Notre but, c'était la révolution violente, et il nous importait peu de savoir ce qui devait résulter, pour les ouvriers, de notre propagande néfaste, l'essentiel était que nous puissions continuer à en vivre, car nous vivions largement. Le tout était agrémenté de « Voici les individus que vous avez devant vous, Messieurs les jurés ». Quand il eut terminé, la bave lui coulait des lèvres.

S'étant retiré pour délibérer, j'ai dit de quelle façon la justice exerça sa vengeance. Et nous réintégrâmes notre cellule, contents d'avoir vu finir la comédie. Le 10 août, Yvetot fut informé qu'il allait être transféré à Claivaux. Je restai donc seul avec ma petite chatte.

## LETTRE À BRIAND[174]

On sait que les détenus politiques ont toujours pondus des articles pour leurs journaux, du moins cela leur était-il toléré, à la condition de signer leurs articles d'un pseudonyme, toutefois. Or, nous n'y manquions pas. C'est ainsi que l'*Ouest syndicaliste*[175] ayant fait son apparition, créé par Séné[176], nous fûmes appelés à y collaborer.

En ce temps-là, Briand décida de se rendre en visite à Saint-Nazaire, où de grandes fêtes devaient être organisées en son honneur, à l'occasion de l'inauguration de la nouvelle entrée du port. Devions-nous permettre ce déplacement sans élever notre protestation ? Nous prîmes une résolution, celle de faire un numéro spécial du journal, qui serait consacré tout entier à ce voyage, et chacun de ceux qui avaient connu le renégat prirent part à la rédaction.

---

174 Sous-titre rajouté par nos soins.

175 *L'Ouest syndicaliste* paru de 1907 à 1908.

176 Édouard Sené, né en 1887, fut dessinateur, puis journaliste. Anarchiste et antimilitariste, il collabora à la presse syndicale. En 1913, sa condamnation à 10 ans de prison pour délits de presse suscita une large campagne d'opinion qui lui valut d'être gracié. Mobilisé, il se rallia à la politique de défense nationale.

L'article qu'on va lire n'a évidemment rien d'académique, mails il notait bien l'aversion que, personnellement, je pouvais avoir pour celui qui, lorsqu'il prêchait la « grève générale », se trouva un jour à mes côtés, dans une réunion donnée aux dockers de Dunkerque, salle de l'Avenir, en 1901[177]. Ceux-ci, pour la circonstance, avaient fait une grève de 24 heures. J'avais rencontré Briand dans maintes occasions, notamment à mon retour de Londres ou dans des manifestations, quelquefois agrémentées de bagarres. Aussi, après sa volte-face, pouvais-je me croire autorisé à lui dédier quelques lignes que je vais transcrire. L'article parut sous le titre de : « Lettre de Jacques Cheminot au Camarade Aristide Briand ». Et en voici le contenu :

> Depuis quelques jours, on ne parlait plus que de l'inauguration de la nouvelle entrée du port et on disait partout que tu devais venir à Saint-Nazaire, avec deux autres ministres pour rehausser l'éclat des fêtes qui vont y être données à l'occasion de cette cérémonie.
>
> À cette nouvelle, j'ai cru d'abord à du battage et je me suis dit, c'est une façon comme une autre de tâter le terrain pour savoir ce que les coteries vont en dire. Mais v'là que, tout à coup, c'est devenu officiel et qu'à présent, c'est sûr qu'on va avoir ta présence dans notre patelin, qu'est quasiment le tien aussi. Y a même de quoi en être honteux !
>
> Laisse-moi te dire, tout de suite, que nous sommes ni fiers, ni honorés ! Mais, là, pas du tout ! Mais puisque tu vas être dans nos murs, comme on dit, je vais en profiter pour te raconter, en leur nom, ce que les Camarades pensent de toi. Ça te froissera ou ne te froissera pas. Ça, nous nous en foutons comme d'avaler un singe. Et puis, mettre des gants pour te parler, ce serait les salir.
>
> Donc, te voilà Ministre, renégat ! Beau pitre de foire, te voilà du gouvernement ? De cette même gouvernance après laquelle tu gueulais si fort quand tu te proclamais de la Sociale et de la Révolution ! Et tu as l'audace de venir chez nous, exhiber le piédestal sur lequel tu plastronnes ! Frise bien tes moustaches. On va te faire gueuletonner à nos frais, camarade Ministre, et tu vas pas manquer ce « spectacle » entre deux verres de champagne, que nous paierons de notre sueur !
>
> Dis donc, tu nous y diras bien un peu, Judas, ce que sont devenus les beaux discours que tu nous faisais dans les réunions publiques ? Tu raconteras aussi, ousqu'elles sont parties les belles théories et les belles idées que tu

177 Ici, Marck fait une confusion de date ou de salle. Celle de l'Avenir, haut lieu du syndicalisme dunkerquois, construite par le syndicat local des dockers, fut inaugurée le 1er mai 1904. Elle fut détruite par les bombardements en 1940. Une nouvelle salle la remplaça en 1961.

émettais dans le temps ? Également, tu pourras nous renseigner sur le prix que l'IGNOBLE BOURGEOISIE – comme tu l'appelais – a dû sacrifier pour obtenir ta lâche trahison !

Ah ! tu as bien joué ton rôle, camarade Ministre, et tu peux te vanter de t'être foutu de nous jusqu'à la gauche ! Mais ça t'es égal aujourd'hui, n'est-ce pas ? Puisque tu es arrivé à tes fins. Tu dois penser que nous, ouvriers, nous en tenons une pocheté. Pôvre populo que nous sommes ! Si ça pouvait seulement nous servir de leçon, mais, oust ! on acclame le premier venu et c'est souvent un de ta catégorie malfaisante !

Et quand je pense que c'est toi, pour ainsi dire, qui a mis dans notre cerveau ce qui y est ancré, que c'est après t'avoir écouté que nous nous sommes syndiqués entre camarades de misère, que nous sommes devenus des partisans acharnés – et que nous le sommes plus que jamais – de la Grève générale, dont on dit que tu es le père[178], que nous sommes à présent des révolutionnaires convaincus, en un mot, je me demande, et les camarades se demandent, à quel degré d'abjection tu es descendu pour essayer de nous démontrer, aujourd'hui, que tout ce que tu nous enseignais de dire et de faire, autrefois, c'était le contraire de ta pensée !

Cependant, quand tu discourais, nous savions bien que pour sortir de notre misérable condition de forçats, il n'y avait pas d'autre moyen pour aboutir, que ceux que tu préconisais. Nous n'en démordrons pas, du reste, de ces théories, quoi que tu fasses. Car ce qui nous prouve que ce sont les meilleures, les plus efficaces, c'est que tous les parasites au pouvoir, les exploiteurs – et toi avec – gueulent sans relâche comme des putois.

T'avais bien étudié notre misérable, mais honnête milieu, avant de te lancer, ce qui fait que tu le connaissais mieux que personne. On ne pouvait naturellement pas supposer que t'étais à vendre au moment où tu fis ces beaux discours en faveur de la grève générale, que je viens de relire, encore une fois, pour bien m'en imprégner.

L'explication nous est fournie, maintenant, sur tes vues d'alors ! Tu t'étais fait ces réflexions : « Je vais leur débiter quelque chose de violent, plus tard je mettrai cela sur le compte d'un Jaurès quelconque, les bourgeois en baveront des rondelles de chapeau de feutre, et comme il faut un rien pour foutre la frousse à la bourgeoisie, celle-ci sera trop contente de venir se jeter à plat ventre devant moi, pour me supplier d'accepter les "plus hautes récompenses" dans leur Société, pour la dépourrir et la protéger.

178 Aristide Briand contribua, en effet, à la rédaction, avec Fernand Pelloutier, en 1892, d'un texte inédit, *De la révolution par la grève générale*, conçu comme le moyen strictement ouvrier et non violent d'émancipation, en rupture avec les modalités insurrectionnelles et sanglantes antérieures. Sur ces bases, les auteurs menèrent campagne en prévision du congrès syndical qui, convoqué à Marseille en septembre de la même année, adopta, après avoir écouté le rapport présenté par Briand, le principe de la grève générale. Par la suite, Pelloutier prit ses distances avec la conception très pacifique et quasi légaliste prônée par Briand, dont les thèses démentaient, dès ce moment, les emportements verbaux.

Ça t'a réussi ! Tu t'es vendu ! Tu nous a vendus ! Et te voilà ministre de la République prostituée au roi des vaches, vautré dans ce qui sert de bras à Flic 1er, ton acolyte ! Va, t'es bien à ta place, à côté du grand assassin de Nantes, de Narbonne[179], de Raon-l'Étape[180] et d'ailleurs !

Il aurait manqué quelque chose à la collection si t'avais pas été là, si t'avais pas « aidé » – je dis aidé pour ne pas dire que c'est toi qui faisais le choix – à faire embastiller nos Camarades Yvetot, Lévy, Marck, Bousquet, Torton[181] et les autres, qui n'ont jamais fait autre chose que ce que tu as fait toi-même, de la propagande pour éduquer les prolétaires et leur montrer les fripouilleries de ceux qui les exploitent, de ceux qui les dirigent et de tous les souteneurs en robe ou en redingote, tous des mouchards !

Oui, renégat, nous sommes et resterons ce que tes théories – les nôtres aujourd'hui – nous ont fait. « Irons-nous à la bataille avec des piques, avec des fusils, avec des sabres ou des pistolets[182] » ? Ça, personne ne pourra le pronostiquer. En tout cas, si nous y allons, nous n'aurons pas à subir ta promiscuité, car tu es passé de l'autre côté de la barricade, pour commander notre massacre en masse. Restes-y ! Et que les 60 000 francs prélevés sur notre

179 Les 19 et 20 juin 1907, l'armée tira sur des manifestants, faisant 2 et 5 morts. À l'annonce des événements, des soldats du 17e RI se mutinèrent et fraternisèrent avec les vignerons qui, depuis mars, se mobilisent par centaines de milliers dans tout le Midi, frappé par une crise de surproduction. Ces événements amenèrent Clemenceau, qui avait dépêché la troupe sur place, à amorcer une désescalade, à laquelle contribuèrent le vote d'une loi contre les fraudes sur le vin et la promesse d'exonérations fiscales.

180 Le 28 juillet 1907, alors que les 1 500 chaussonniers de Raon-l'Étape (Vosges) entamaient le douzième jour de la grève les opposant au patron intransigeant qui, la veille, avait giflé une gréviste, la troupe et la gendarmerie tirèrent sur les manifestants. On releva un mort – un blessé décéda quelques jours plus tard. Le 30, l'employeur accepta de satisfaire les revendications ouvrières.

181 Léon Torton (1883-1936), coiffeur, libertaire et antimilitariste, fut secrétaire adjoint de la Bourse du travail de Rouen, puis secrétaire de l'Union locale CGT. En juillet 1907, la cour d'assises de Rouen le condamna à 18 mois de prison pour incitation au vol, au pillage et au meurtre lors d'un meeting du 1er mai. Arrêté avec Marck, en 1909, et poursuivi, l'année suivante pour provocation de militaire à la désertion, il quitta la France. Réfugié en Belgique et aux Pays-Bas, il gagna la Grande-Bretagne en 1912 et s'y installa définitivement.

182 Marck reprend là les propos tenus par Briand dans le discours prononcé au congrès socialiste de la salle Japy, à Paris, en décembre 1899, où il continuait de défendre la grève générale. La citation complète du paragraphe relativise sérieusement, toutefois, le sens et la portée de l'extrait que les socialistes et les syndicalistes se plurent à reproduire lorsque Briand entama une longue carrière ministérielle. « Allez à la bataille avec le bulletin de vote si vous le jugez bon, je n'y vois rien à redire. J'y suis allé, moi, comme électeur, j'y suis allé comme candidat, et j'y retournerai sans doute demain. *Allez à la bataille avec des piques, des pioches, des pistolets, des fusils, loin de vous désapprouver, je me ferais un devoir, le cas échéant de prendre une place dans vos rangs.* Mais ne découragez pas les travailleurs, quand ils tentent de s'unir pour une action qui leur est propre… » Discours republié par *La Revue mensuelle*, no 112, avril 1932.

travail et que nous payons pour te permettre de nous faire fusiller te procurent assez de jouissance et de félicité pour compenser tout le dégoût que ta lâcheté vis-à-vis de la classe ouvrière a provoqué dans nos rangs.

Voilà ce que j'avais à te dire, renégat !

Jacques Cheminot

Pour copie conforme, Charles Trade-Mark

Je n'étais pas tendre, on le voit, mais je présume que je fus moins méchant que ne le fut Briand, lequel pouvait exercer sa vengeance à son gré, ce qui m'était interdit, à moi qu'il avait fait emprisonner. Le journal qui contenait d'autres articles non moins virulents et des extraits de discours et des écrits du « ministre » fut saisi, naturellement, et quelques numéros purent être vendus, tant à Nantes qu'à Saint-Nazaire.

Jusqu'en novembre, j'étais le seul locataire, popotant et travaillant toujours pour éviter l'ennui. J'avais trouvé un loisir en la confection d'une petite pelote de laine avec laquelle je jouais à cache-cache, dans la cellule, avec la petite chatte. Un beau matin, on m'adjoignit un nouveau compagnon, le secrétaire du député de la Loire-Inférieure, de Dion[183]. Il avait été condamné à 15 jours de prison pour diffamation. Il venait, comme appartenant à un parti éloigné et que j'eus à maintes reprises l'occasion de combattre, principalement au moment du boulangisme et de l'Affaire Dreyfus, surtout. Mais, en prison, ces questions sont remisées, pourrait-on dire, et les discussions qui peuvent être soulevées entre détenus ne se terminent jamais par des coups de cannes, comme j'eus l'occasion d'en recevoir dans quelques manifestations. Chacun reste sur ses positions et on se préoccupe, surtout, de ne pas se rendre mutuellement la vie impossible. Sa présence n'apporta aucun changement dans ma façon de vivre et les petites habitudes contractées. Il prenait un sacré plaisir à me voir évoluer, surtout lorsqu'on assistait aux séances de « poste-surmurale ». Recevant des paniers bien garnis, il m'en faisait profiter.

Mais il commit un impair, une fois libéré, sous forme de feuilleton, il relata dans son journal les heures qu'il avait passées avec moi, dans la cellule, et s'étendit longuement sur la correspondance, dont il

183 Jules-Albert de Dion (1856-1946), marquis et industriel, fut représentant de la Loire-Inférieure, d'abord comme député (1902-1923), puis en qualité de sénateur (1923-1940). Il siégeait à l'extrême droite et fut l'un des dirigeants de la Ligue des Patriotes.

connaissait toute l'activité. Or, il me restait encore 5 mois de prison à effectuer et cela pouvait m'amener de véritables désagréments. Et ce fut le directeur, à qui le feuilleton avait été communiqué, qui vint le lendemain me demander de ne pas continuer, car il serait contraint de faire supprimer mes sorties dans la cour. À ce sujet, il faut indiquer qu'il connaissait le trafic des correspondances et, qu'un après-midi que nous étions tous deux assis sous les tilleuls, un de ces « cailloux-postaux » vint lui tomber aux pieds. L'ouvrant, il me montra et m'expliqua que c'était par ce moyen que les détenus des deux sexes parvenaient à préparer leur défense devant les tribunaux, en se dictant mutuellement les réponses qu'ils auraient à faire. Mais le billet qu'il avait en mains, et qui m'était adressé, ne contenait rien de semblable, on le conçoit, ce qui lui fit dire : « En voilà une qui se manifeste plutôt amoureuse et avec des termes recherchés, ce qui n'est pas dans ses habitudes, très certainement. » Je ne pouvais pas lui dire, naturellement, que j'attendais cette missive ! Mais le pli était pris et je fis en sorte d'avertir ma « partenaire » lorsqu'il y avait quelque danger.

Mon « patriote » parti, je restai à nouveau seul jusqu'au jour où je vis entrer dans la cellule un nouvel arrivant : le camarade Moreau[184], de Nantes, qui venait d'écoper de 3 mois, qu'il passa avec moi. Entretemps, comme il avait fortement été question qu'une amnistie puisse être votée par les Chambres, je me voyais déjà sur le point d'être libre. Les jours passaient, cependant, et, comme sœur Anne, nous ne voyions rien venir[185]. Et voilà qu'un matin, on vint m'avertir qu'il me fallait préparer mon « bataclan[186] ». L'amnistie avait été votée et le lendemain matin j'aurais à déguerpir. Il me restait exactement 58 heures pour avoir accompli toute mon année de prison. Et comme l'année était, par surcroît, une année bissextile, je ne bénéficiais, en somme, que de 34 heures.

Vers 6 heures du matin, le gardien-chef monta pour me demander si j'étais prêt. Mais j'avais pris la décision de ne sortir qu'à 6 heures, le lendemain. Et j'y mis un entêtement tel que je fus menacé d'être

---

184 Vraisemblablement Constant Moreau, cet anarchiste et syndicaliste fut condamné, en 1907, à un an de prison pour propos antimilitariste. Trente ans plus tard, il deviendra responsable de la diffusion du *Libertaire*.

185 La loi du 10 avril 1908 amnistiait, entre autres, les délits et contraventions de presse, les faits de grève et connexes, ainsi que ceux liés aux manifestations vigneronnes. On se souvient que Marck avait été arrêté le 14 avril 1907. L'amnistie profita également à Lévy et Bousquet.

186 Terme familier désignant un ensemble encombrant d'objets hétéroclites.

mis dehors par les gendarmes. Tout de même, à la visite d'une heure, ma compagne insista pour que j'abandonne ma cellule et je consentis à partir vers les 5 heures, après avoir concentré toute ma batterie de cuisine et ma vaisselle, qu'il me fallut faire enlever par un fiacre, qui était plein. J'avais aussi ma petite chatte, qui était complètement folle de se voir dans un véhicule.

## LIBÉRÉ, MARS 1908[187]

De retour à Paris, je repris mon emploi de manœuvre à l'imprimerie. Une surprise désagréable m'était réservée – et pourquoi la passerai-je sous silence –, alors que mon salaire était de 10 francs par jour au moment de mon emprisonnement, il se trouvait réduit, à mon retour, à 8 francs. On prétexta que des difficultés avaient surgi et que c'était à regret qu'on avait été contraint de prendre cette décision. Mais je trouvais qu'il y avait quelque chose qui me paraissait passablement illogique, en m'appliquant cette réduction de 2 francs, quand les autres camarades touchaient, comme par le passé, leurs 10 francs[188]. Ceci ne m'empêcha pas de fournir toujours un travail plus conséquent que celui que j'aurais dû effectuer journellement. De même d'aller quelquefois prendre la parole dans des meetings ou accomplir des délégations.

---

187 La date interroge, au regard de celle de la promulgation de la loi d'amnistie et des précisions que donne Marck sur le temps qu'il lui restait pour accomplir sa peine. Un rapport de police du 4 novembre 1908 (AN, F7 13568), datait du mois de mai le retour de Marck à l'Imprimerie de la Grange-aux-Belles, confirmant au passage la réduction de son salaire, évaluée à 25 francs par mois. La situation financière de l'établissement résulterait, en partie, de désordres administratifs et comptables imputés, notamment, à Alexandre Tennevin (1848-1908), anarchiste recruté comme administrateur, dont l'incapacité, aggravée par l'âge et la maladie, entraîna le licenciement en 1908.

188 Ici, la version publiée par *Le Peuple* s'interrompt pour passer directement aux événements de Villeneuve-Saint-Georges.

# TRÉSORIER DE LA CGT

C'est en 1909 que je devais être appelé à succéder à Lévy, comme trésorier de la CGT[189]. Celui-ci, réélu, avait démissionné et, aussitôt remplacé par le camarade Sauvage[190], des Fondeurs, lequel n'avait été désigné que provisoirement[191].

Je ne voudrais pas m'attarder outre mesure à la critique qu'on pouvait élever contre l'attitude de Lévy dans l'affaire de la Maison des Fédérations[192] de la rue Grange-aux-Belles. Mais je dois indiquer ici que ma candidature à ce poste de trésorier ne fut posée qu'en signe de protestation contre la façon dont on avait pratiqué pour congédier Lévy[193]. Élu,

189 Marck siégeait au comité confédéral avec le mandat de la Fédération des Inscrits maritimes.

190 Que nous identifions, au vu des éléments épars d'une biographie encore incomplète, comme étant « J. » Sauvage, décédé en 1927, et non Théophile ou François, ainsi que le font plusieurs auteurs. J. Sauvage était mouleur en fer. Il assura longtemps le secrétariat du syndicat parisien de cette profession, ainsi que celui de la Fédération nationale des mouleurs, dont il fut l'un des fondateurs en 1894, dans le même temps où il exerçait la gérance de son organe, *Le Réveil des mouleurs*. En janvier 1906, il avait été nommé, en compagnie de Griffuelhes et de trois autres militants, à la commission chargée d'administrer les locaux de la Grange-aux-Belles. Il fut membre, ensuite, de la société en nom collectif Victor Griffuelhes en Cie, locataire, puis propriétaire de l'ensemble de la Grange-aux-Belles et formée « à la hâte » par le secrétaire général de la CGT afin de contourner la loi interdisant aux unions de syndicats d'acquérir des biens immobiliers. Les locaux et le terrain furent achetés le 5 juin 1907 pour 90 000 francs, dont 50 000 étaient avancés par Robert Louzon (1882-1976), un ingénieur sympathisant, auquel la révélation de ce concours vaudra d'être licencié de la Compagnie du gaz où il était sous-régisseur.

191 Le récit de Marck diffère, ici, du rapport du comité confédéral présenté au congrès de Toulouse, en octobre 1910, ou du rapport de police du 4 février 1909 (AN, F7 13568), lesquels notent la réélection, le 20 janvier 1909, de Lévy, par 56 voix contre 51 à Sauvage – soutenu par Griffuelhes – et 22 abstentions au poste de trésorier, aussitôt suivie de sa démission, sans mentionner l'exercice d'un quelconque et très éphémère intérim par Sauvage, son concurrent. Après que Griffuelhes eut annoncé, le 26 janvier, sa renonciation au secrétariat général, Marck, opposé à la manière dont Lévy avait été traité, posa sa candidature, le 3 février, à la fonction de trésorier et fut élu par 49 voix, 63 abstentions et 8 votes divers. Le 24 février, Louis Niel accéda au secrétariat général de la CGT, par 28 voix contre 27 à Nicolet, partisan de Griffuelhes, mais fut contraint démissionner le 26 mai, pour être remplacé, le 12 juillet, par Léon Jouhaux.

192 D'emblée, il avait été prévu que les locaux de la Grange-aux-Belles abriteraient à la fois la CGT et les fédérations, également évincées de la Bourse du Travail et dépourvues de sièges propres.

193 Marck et Lévy étaient tous deux issus du courant allemaniste. Au début de l'année 1909, Griffuelhes exigea que Lévy s'expliquât sur les critiques émises contre lui pendant son

je le fus, certes, mais la majeure partie des camarades – dont je partageais pourtant les opinions syndicales et aux côtés desquels je n'avais cessé de lutter – s'abstinrent dans le vote, en raison de la signification que j'avais donnée à mon acceptation pour briguer la succession de Lévy. Toute une séance fut sacrifiée, au congrès de Toulouse, pour une discussion où la question fut amplement débattue et résolue par un ordre du jour qui donnait entière satisfaction à Griffuelhes, qu'on voulait personnellement attaquer et que je défendais, malgré ce qui c'était passé.

Bref, j'entrai en fonction et, tout en assurant la trésorerie, je continuai, comme toujours, à assurer des délégations. C'est ainsi que je fus souvent appelé à assister les camarades boutonniers de l'Oise.

## LA GRÈVE DES BOUTONNIERS DE L'OISE

En mars éclata une grande grève chez les boutonniers. Elle débuta par celle qui éclata à Méru, pour s'étendre presque aussitôt à toutes les fabriques des communes environnantes ; Andeville, Saint-Crépin, Lormaison, etc.[194] Je fus de ceux qui furent sur le point d'être englobés dans les poursuites qui suivirent l'attaque de la maison d'un certain Doudelle[195], ancien ouvrier boutonnier devenu châtelain, un des patrons les plus intransigeants de la

---

emprisonnement. Lévy, encouragé par deux responsables de la métallurgie, Galantus et Latapie – un proche de Briand – reprochait au secrétaire général diverses irrégularités dans la tenue des comptes durant la période où lui-même purgeait une peine de prison. La controverse occupa trois séances successives du comité confédéral avant de se conclure par la censure des accusations de Lévy. Après le congrès de Toulouse, Marck fut réélu trésorier à l'unanimité des 88 votants du comité confédéral. Un poste de trésorier adjoint fut créé et confié à Georges Dumoulin, qui recueillit 76 voix.

194 La grève débuta le 3 mars 1909, provoquée par une baisse d'un tiers des salaires. Elle s'étendit rapidement à tout le canton de Méru, où la boutonnerie et la tabletterie occupaient des milliers de travailleurs en usines et à domicile. L'intransigeance patronale suscita divers sabotages et saccages de maisons d'employeurs, tandis que la gendarmerie et 50 pelotons de cavalerie, placés sous les ordres du général Joffre, quadrillaient la région afin de traquer les manifestants, dont de nombreuses femmes, et procédaient à des dizaines d'arrestations. Outre Marck, plusieurs dirigeants de la CGT se déplacèrent pour soutenir le mouvement. Le 23 avril, quelques employeurs cédèrent et rétablirent les salaires antérieurs. Les derniers grévistes obtinrent satisfaction le 4 mai.

195 De sensibilité radicale, il était vice-président du syndicat patronal et lié à Troisoeufs, autre industriel et maire de Lormaison.

contrée, qui provoqua un tel mouvement de révolte contre lui que son mobilier et tout son stock de boutons furent jetés par les fenêtres et par la porte de l'immeuble qu'il habitait et où étaient installés ses ateliers. Il y eut une série d'incidents significatifs de ce que pouvait faire surgir l'attitude de provocation de la classe dirigeante, en particulier dans un centre où l'exploitation avait atteint le summum des choses possibles. Mais tous les incidents ne furent pas aussi « tragiques » que celui du pillage de chez Doudelle. Il y en eut de comiques.

En voici un, entre autres. Et il ne fut pas du goût des intéressés, comme on peut le constater. Les grévistes en lutte avaient décidé de se rendre à Amblainville, où des boutonniers travaillaient encore, pour les inciter à suivre le mouvement. Là, exerçait son autorité patronale un certain Médard-Delmotte, qui passait à juste titre comme le moins scrupuleux des exploiteurs. Les ouvriers étaient dans l'obligation de mettre leur production sous clef, car le travail était payé aux pièces, et ils avaient constaté, en revenant se mettre à l'établi, qu'il manquait pas mal de boutons conditionnés à l'appel. De plus, de pauvres gosses de l'Assistance publique, qui leur avaient été confiés pour apprendre le métier, devaient se lever dès 4 heures du matin et, à 9 heures ou 10 heures, ils n'étaient pas encore couchés. À la délégation qui se présenta pour porter le cahier de revendications, Madame Médard-Delmotte intervint, aux côtés de Monsieur, et ils se mirent à pleurer à chaudes larmes, protestant que les gros fabricants voulaient les ruiner et que les ouvriers, en leur donnant la main, arriveraient à ne plus avoir à manger, n'ayant plus de travail. En rapportant la réponse, la délégation savait quelle réaction elle provoquerait. Mais ce furent les ouvrières qui, tout comme l'avaient fait les Sabines contre la guerre, se mirent en travers et menacèrent de quitter leurs maris, s'ils retournaient tourner des boutons. L'usine fut promptement évacuée. Le lendemain, nouvelle démarche, aussi inutile que celle de la veille, avec des plaintes plus accentuées, s'il avait été possible, et les délégués se disposaient à venir rendre compte à leurs camarades rassemblés dans une salle située au 1$^{er}$ étage d'un établissement, lorsque, en route, ils furent rejoints par Monsieur le Maire, ami de leur patron, qui revenait d'une noce, fortement en état d'ébriété et qui manifesta l'intention d'aller parler aux grévistes, pour leur dire « leurs dures vérités ». Ah, mais ! Et, de fait, il se présenta à la réunion. Montant sur une table et avec de grands gestes à l'appui, ils entreprit de démontrer aux grévistes et à leurs compagnes qu'ils avaient grand tort d'avoir suivi les meneurs et, emporté par l'éloquence qu'il puisait par suite de l'absorption de liqueurs fortes, il leur lança, finalement et d'un air de colère : « Est-ce que ce sont ceux qui sont venus vous débaucher qui vont vous donner à manger, ou vos patrons, qui sont bons pour vous ? ». Il n'avait pas terminé, le pôvre, que vingt femmes l'empoignèrent et, sans respect pour sa qualité d'officier ministériel, lui firent descendre les marches plus rapidement qu'il ne les avait gravies un instant auparavant.

La contrée était infestée de gendarmes et de chasseurs à cheval, qui ne se gênaient nullement pour brandir leurs révolvers et menacer de tirer. Ils barraient toutes les routes. Une nuit, je revenais de Saint-Crépin, où une réunion avait eu lieu. Seul avec Platel[196], secrétaire du syndicat de Méru, lequel avait tenu à m'accompagner, nous cheminions tranquillement, parlant presque à voix basse, nous nous trouvâmes arrêtés par une douzaine de gendarmes qui m'intimèrent l'ordre de ne pas tant faire de bruit. Ils agirent de même avec mon camarade, qu'ils avaient écarté de moi. Au milieu d'eux était un civil, plus menaçant encore, lequel n'était autre qu'un nommé Troisoeufs, maire de l'endroit et fabricant, lui aussi, de boutons et de tabletterie. Je crois que si, ce soir-là, j'avais fait la moindre objection aux provocations dont j'étais l'objet, ils se seraient tous jetés sur nous et nous auraient fait emprisonner. Tous ceux qui ont vécu les troubles de l'Oise se rappellent les terribles charges subies par les grévistes et les mois de prison qui furent distribués. J'appris un jour, avec tristesse, la fin de ce pauvre Platel, qui s'était suicidé. Il avait été l'âme du mouvement et le plus ardent défenseur de ses camarades boutonniers.

196 Jean-Baptiste Platel (1873-1911), ouvrier boutonnier, fondateur du syndicat des boutonniers d'Andeville, puis secrétaire de l'Union des tabletiers de l'Oise, anima les grèves de 1907 et 1909. Emprisonné, il ne se remit jamais complètement des épreuves subies en 1909 et se suicida le 18 février 1911. Une foule imposante participa à ses obsèques auxquelles assista Marck. Une rue porte son nom à Méru.

## PREMIÈRE GRÈVE DES POSTIERS

C'est également en mars de la même année que devait se produire le premier mouvement de revendication parmi les postiers. Il fut admirable d'élan et de solidarité, ce qui lui assura une victoire complète. Leur protestation portait, en particulier, sur l'introduction, dans l'administration et les services du Central, de policiers de tous ordres et contre les procédés de mouchardage que le gouvernement cherchait à y implanter[197].

Moins heureux fut le second mouvement de lutte entreprise, provoqué également par le ministre des PTT[198], qui n'avait pu digérer le succès obtenu précédemment par les postiers. Pour écraser nos camarades, le Central avait été inondé de flics, de mouchards et, pour en assurer tous les services, d'une grande quantité de soldats qui, sous la surveillance étroite des policiers, furent transformés en briseurs de grèves. Parmi eux, ils s'en trouvaient qui appartenaient à l'administration des postes avant d'entrer au service de l'armée. Les nombreuses révocations, et la peur qui s'ensuivit dans les rangs des protestataires devaient faire échouer le mouvement et tout rentra dans l'ordre.

---

197 Les postiers avaient déjà fait grève en 1899 et en avril 1906, mais le conflit qui se déroula du 12 au 23 mars 1909, fut incontestablement la première grande mobilisation de l'ensemble des agents. Elle fut particulièrement forte chez les facteurs, les ouvriers des lignes, dans les centraux télégraphiques et les centres de tri. Le motif initial portait sur des problèmes d'avancement, mais l'attitude du sous-secrétaire d'État aux PTT, Julien Simyan, ajouta la demande de sa démission. Clemenceau promit, le 22 mars, de satisfaire les revendications présentées par une délégation. Sûrs de leur victoire, les grévistes votèrent la reprise du travail le 23. Tandis que les promesses du gouvernement tardaient à se concrétiser, les propos tenus le 4 avril, lors d'un meeting en faveur de l'extension du droit syndical aux fonctionnaires, fournirent le prétexte à des sanctions, qui frappèrent notamment des membres de la délégation qui, le 22 mars, avait été reçue par Clemenceau. La Fédération nationale des PTT, récemment constituée, appela l'ensemble des postiers à l'action à partir du 11 mai, tandis que le comité confédéral de la CGT décidait, malgré l'opposition de Niel, une grève générale de soutien à compter du 16. Cette fois, les autorités s'étaient préparées et réussirent à briser le mouvement. Le 21, la Confédération prit acte de l'échec et suspendit le mouvement. Ce revers précipita la démission de Niel. De son côté, l'administration prononça plus de 800 révocations.

198 Le titulaire en titre du portefeuille des PTT était Louis Barthou (1862-1934), un républicain modéré, plusieurs fois ministre, qui fut assassiné en 1934, alors qu'il était ministre des Affaires étrangères.

Il me souvient d'avoir pu « enguirlander », tout à mon aise, l'insolent ministre qui, à l'époque, était le nommé Simyan[199], qui ne cessait d'insulter les postiers et leurs délégués lesquels, désignés par eux pour aller discuter leurs intérêts, revenaient toujours outrés par la façon odieuse dont on avait usé à leur égard. Je parlais aux grévistes rassemblés dans la cour même du Central de la rue Étienne-Marcel, daubant à tour de bras sur les responsables. Je visais naturellement Simyan, lui appliquant personnellement les épithètes dont il s'était servi lui-même contre nos camarades quand, tout à coup, escaladant l'échelle que j'avais fait placer pour monter sur le toit d'une voiture postale, le ministre voulut, lui aussi, parler à son tour aux postiers. Ah ! mes amis, quelle conduite ! Il dut s'enfuir sous les huées et c'est grâce à ma présence à ses côtés qu'il dut de ne pas voir la voiture perdre son équilibre. Il avait eu chaud, le frère !

## LA TRAGÉDIE DE VILLENEUVE-SAINT-GEORGES[200]

Les ouvriers employés aux fouilles de Draveil avaient abandonné le travail et réclamaient des améliorations aux conditions qui leur étaient imposées. Chaque jour, ils se réunissaient dans une salle qui contenait la totalité des grévistes. Les secours affluaient et, malgré la constitution récente de leur organisation, la Fédération était venue les soutenir dans la lutte engagée contre les magnats des sablières.

Les jours passaient sans apporter de changement par suite du refus du patronat d'accorder quelques satisfactions aux revendications qui leur avaient été présentées et qui n'avaient rien d'excessif, il faut le noter[201].

---

199 Julien Simyan (1850-1926), médecin, fut député radical-socialiste de la Saône-et-Loire de 1885 à 1889, et de 1898 à 1921, puis sénateur du même département de 1921 à 1926. Clemenceau le nomma sous-secrétaire d'État aux PTT en octobre 1906, fonction qu'il conserva jusqu'à la chute du ministère en juillet 1909.

200 Reprise, ici, de la version publiée par *Le Peuple.*

201 La grève débuta le 2 mai 1908. Le syndicat local des terrassiers revendiquait, outre sa reconnaissance, une augmentation de 0,20 franc du salaire horaire, la fin du travail à la tâche, l'interdiction des débits de boissons tenus par des contremaîtres, la journée de

Ce serait se répéter que de dire que la région tout entière se trouvait envahie par la police et la gendarmerie. Les condamnations étaient nombreuses pour ceux qui étaient arrêtés sous n'importe quel prétexte. Et les provocations quotidiennes qu'exerçaient les gendarmes devaient soulever la réprobation non seulement des grévistes, mais aussi de la population qui assistait impuissante à leur multiplication. Elles furent la cause d'une tragédie, dont l'horreur est certainement encore dans la mémoire de ceux qui l'ont vécue, comme si elle datait d'hier. Elle fut l'œuvre du sinistre Clemenceau, qui a attaché son nom aux assassinats qui y furent perpétrés.

Un jour, comme il fallait s'y attendre, on commença par amener quelques crapuleux associés de Lanoir[202], chef des jaunes, pour remplacer les terrassiers déserteurs des chantiers, ce qui eut le don de soulever la colère compréhensible des intéressés. Puis, entretemps, et pour essayer de tuer le mouvement, on fit courir le bruit qu'un jeune avait été assassiné et jeté à la Seine, alors que l'un d'eux, ivre, était simplement tombé dans le fleuve et en avait été retiré instantanément. Ce « crime » fut naturellement mis sur le compte des grévistes.

Le 2 juin, les grévistes étaient réunis à la salle Ranque, où je pris plusieurs fois la parole avant la tragédie. Les gendarmes se présentèrent à la porte, qui était ouverte, et émirent la prétention d'y entrer pour chercher un terrassier qu'ils connaissaient et qui avait chaviré un tombereau de sable sur la route. La salle était comble et ceux qui se trouvaient près de la porte s'opposèrent absolument à ce que les gendarmes y pénètrent. Ce que voyant, les gendarmes armèrent leurs mousquetons et tirèrent, en l'air, affirmèrent-ils, simplement pour effrayer, mais une de leurs balles

---

10 heures et l'application du repos hebdomadaire. Après plusieurs épisodes sanglants, elle prit fin le 8 août, sur un compromis prévoyant une hausse des salaires horaires de 0,05 franc, la journée de 10 heures, le repos hebdomadaire, l'interdiction des débits de boissons tenus par des contremaîtres, mais les patrons continuèrent de refuser de reconnaître le syndicat.

202 Paul Lanoir (1863-1927), employé des chemins de fer et exclu du Syndicat national en 1892, fonda une organisation rivale soutenue par les compagnies. Opposé à la grève générale, à la lutte des classes et au collectivisme, il contribua au rassemblement, en 1901, de syndicats jaunes dans une Union fédérative, à la formation, à Paris, d'une Bourse du travail indépendante financée par le patronat et à la tenue, en 1902, d'un congrès national des organisations jaunes. Le mouvement fut toutefois affaibli par la scission de Pierre Bietry (1872-1918), à l'origine de la Fédération nationale des Jaunes de France. Retiré sur la Côte d'Azur, Lanoir disparut de la scène syndicale, mais tenta en vain de se faire élire député.

alla frapper Le Foll[203], un gréviste qui se trouvait près de la tribune et fut tué, la poitrine trouée. Ce fut un sauve-qui-peut général et chacun cherchait à se garer en sautant par les fenêtres ouvertes. Le premier qui essaya de se sauver fut le jeune Giobellina[204], pauvre gosse de 17 ans, qui reçut un coup de révolver d'un gendarme qui s'était mis là en position. On comprend la douleur de sa pauvre vieille mère lorsqu'on lui apporta le corps de son enfant. Elle tenait un petit café non loin de la gare de Villeneuve-Saint-Georges, où j'allais lui rendre visite. Sa douleur faisait peine à voir.

Est-il besoin d'ajouter que ces gendarmes durent être félicités, sinon décorés, pour ces brillants faits d'armes[205]. Et il y en eut d'autres auxquels ils durent également prendre part, car ils s'étaient déjà fait la main. Pour protester contre ces deux assassinats, la Fédération du Bâtiment organisa une grève de 24 heures, et dans une réunion tenue au syndicat des tailleurs de pierres, rue Charlot, elle fut acceptée, malgré l'avis de Griffuelhes, qui crut devoir la déconseiller[206]. Elle fut fixée le 30 juillet. Ce jour-là, ce fut un exode des ouvriers parisiens de toutes les corporations vers Villeneuve-Saint-Georges, où devait se dérouler une manifestation qui voulait se porter vers le cimetière où avaient été enterrées les deux victimes.

La canaille de Clemenceau avait, elle, organisé un véritable guet-apens. Et sous la conduite d'officiers, de nombreux cuirassiers et des dragons avaient été alignés dans un vaste champ, sous les arbres, prêts à se ruer sur les nombreux manifestants, qui s'apprêtaient à se mettre en marche[207]. Sur un ordre donné par les officiers, et sabres au clair, les soldats s'élancèrent, frappant sur tous ceux qui se trouvaient sur leur route. Ce fut un véritable massacre d'hommes, dont pas un seul n'était armé, ce qui eût pu

203 Pierre Le Foll, âgé de 48 ans au moment de son assassinat, était charpentier. Veuf, il élevait seul ses trois enfants et habitait à Villeneuve-le-Roi, où une avenue porte son nom.

204 Émile Giobellina, le jeune garçon était terrassier, à l'instar de son père.

205 Le 11 juin, l'indignation suscitée par la conduite des 14 gendarmes, conduits par le maréchal des logis Turc et lancés à la poursuite d'un gréviste, amena Clemenceau à les désavouer devant la Chambre. Il leur reprocha d'avoir tenté de pénétrer sans mandat dans un local et d'avoir tiré sans être en état de légitime défense. Le conseil militaire d'enquête nommé pour l'occasion ne sanctionna pas les gendarmes, qui furent acquittés.

206 Si l'idée d'une grève générale était dans l'air depuis les événements du 2 juin, la Fédération du Bâtiment décida de la mettre en œuvre à la suite de l'arrestation, le 27 juillet, de cinq syndicalistes, dont l'un, Luc Métivier, avoua, en 1911, être un informateur de la police.

207 On dénombra près de 6000 manifestants pour 2000 militaires.

justifier l'attaque aux yeux des soudards. Pour empêcher leurs assaillants de continuer à les poursuivre, une partie de nos camarades tentèrent rapidement d'établir des barricades à l'entrée de la ville, au moyen de planches, de brouettes et autres objets qui leur tombaient sous la main, lamentables moyens de défense, qu'il faut avoir vu comme moi pour se rendre compte de l'inefficacité qu'ils offraient. L'autre moitié des ouvriers, car la manifestation avait été coupée en deux pour échapper également aux coups de sabre, s'était portée vers le talus du chemin de fer, qu'elle escalada et où elle était à l'abri de la charge. Il faut avoir été présent, sur ce talus, pour assister au plus impressionnant spectacle qui put se concevoir. Au tableau de chasse du sinistre « à la tête de mort[208] », lorsque la tourmente fut passée, il y avait 8 morts et de nombreux blessés. Les cuirassiers et les dragons, ivres de fureur, poursuivaient ceux qui se sauvaient par la rue de Paris et l'un d'eux, un maréchal des logis, descendit même dans le sous-sol d'un immeuble, où il tua un camarade qui s'y était réfugié. Clemenceau avait eu SA journée et il dut être satisfait de son œuvre.

Le lendemain, le gouvernement ordonnait l'arrestation de Griffuelhes, de Bousquet, d'Yvetot – au côté duquel je me suis trouvé à intervalles –, de Maucolin[209], de Pouget et de Dret[210], qui eut le bras coupé dans la bagarre, des suites d'une balle reçue[211]. C'est à ce coup de force que la CGT répondit par l'affiche : « RÉPONSE AUX ASSASSINS[212] ».

---

208 Double allusion à l'un des surnoms de Clemenceau, parfois qualifié de « sinistre de l'Intérieur », et à un dessin d'Aristide Delannoy (1874-1911) montrant un crâne exhibé au bout d'une pique. Cette caricature figura, en janvier 1908, à la « une » du premier numéro de la revue libertaire *Les Hommes du jour*. Elle était accompagnée d'un texte au vitriol de Fiax, pseudonyme de Victor Méric (1876-1933), alors proche de Gustave Hervé, contre le « premier flic de France », dont il décrivait les pommettes saillantes, les arcades sourcilières proéminentes, « les yeux qui sont des trous » et le front bombé pour conclure sur sa forme de « tête de mort ».

209 François Maucolin, terrassier, secrétaire du syndicat de la Seine, devint secrétaire adjoint de la Fédération du Bâtiment en 1909. Minoritaire pendant la guerre, il fut conseiller prud'homme de 1921 à 1926.

210 Henri Dret (1875-1941), cordonnier, membre du POF, puis libertaire, fut secrétaire du syndicat parisien et de la Fédération des Cuirs et Peaux en 1905. Amputé d'un bras après avoir été blessé par balle lors des événements de Villeneuve-Saint-Georges, il se rallia à l'union sacrée en 1914. Redevenu socialiste et réélu secrétaire général de la Fédération des Cuirs et Peaux en 1915, il occupa cette fonction jusqu'en 1935.

211 Les secrétaires de la Fédération du Bâtiment échappèrent au coup de filet et se réfugièrent à Bruxelles, tandis que Pierre Monatte franchissait la frontière suisse.

212 L'affiche s'intitulait précisément « Réponse aux massacres ». Après les arrestations du 31, qui avaient décapité la Confédération, elle appelait les travailleurs à resserrer les

Le 11 janvier suivant, les emprisonnés de Corbeil, car c'est là qu'ils avaient été internés, furent traduits devant la Cour d'Assises de Versailles, où ils furent acquittés, d'ailleurs[213]. Pour la n...ième fois, le gouvernement fit entamer une campagne pour obtenir la dissolution de la CGT[214]. Avant et plus tard, d'autres tentatives avaient eu lieu ou devaient l'être, dans le même sens. Vainement, on le sait[215][216] !

---

rangs autour de leurs organisations et concluait : « PLUS VIVANTE QUE JAMAIS, la CGT continuera son œuvre ». Marck commet ici une confusion avec l'affiche reproduite dans le numéro de *La Voix du Peuple* du 5 juin, dénonçant « Clemenceau le tueur » et un « Gouvernement d'assassins ». L'apostrophe reprenait celle d'un précédent placard édité en 1907, au lendemain des fusillades de Narbonne, et pour lequel 12 des 77 signataires furent traduits devant les assises de la Seine, qui les acquitta.

213 Le 30 octobre 1908, une ordonnance de non-lieu, étendue aux militants en fuite, entraîna la libération de tous les dirigeants de la CGT arrêtés trois mois plus tôt. Huit autres manifestants, dont une femme accusée d'avoir frappé un cheval d'un « coup d'ombrelle », restèrent toutefois inculpés pour leur participation aux affrontements de juillet.

214 Si le gouvernement eut la main lourde, Clemenceau refusa la dissolution réclamée par une partie de la presse, la droite et certains de ses alliés politiques. Même constat en 1910, lors de la grève des cheminots, contre laquelle Briand affirma, après coup, devant la Chambre, qu'il n'aurait pas hésité à « recourir à l'illégalité ». Son successeur, Louis Barthou, confronté aux manifestations contre la loi portant à 3 ans la durée du service militaire, agita explicitement la menace d'une dissolution de la CGT pour « complot en vue de saper la défense nationale et de détruire la patrie ». Le 13 janvier 1921, la 11e chambre du tribunal correctionnelle de Paris prononça bel et bien la dissolution de la Confédération. Jouhaux fit appel d'une sentence jamais exécutée. Le 9 novembre 1940, enfin, la dissolution de la CGT, mais également de la CFTC et de la CGPF – organisation patronale – fut effective, décidée par le ministre du Travail de Vichy, René Belin, ancien secrétaire de l'organisation...

215 À la veille de l'ouverture, prévue le 11 janvier 1909, du procès des huit derniers inculpés devant la cour d'assises de Versailles, le député de Corbeil déposa une proposition d'amnistie pour les faits commis lors des événements de Draveil/Villeneuve-Saint-Georges. La probabilité de son vote entraîna l'ajournement du procès et la libération anticipée des prisonniers le 8 janvier. Le 12 février, la Chambre approuva l'amnistie à une écrasante majorité de 451 voix contre 5. Après son examen par le Sénat et la promulgation de la loi le 18 juin, le procès n'eut jamais lieu.

216 Le 30 décembre 1948 s'acheva la version publiée au fil des numéros du *Peuple*. Les deux paragraphes de conclusion ont été reportés à la fin des mémoires retranscrits ici.

## LE 1er MAI 1909, NOUVEL EMPRISONNEMENT

Les 1ers Mai se sont rarement passés sans qu'il y eût des bagarres provoquées par les policiers, tout au moins avant la guerre de 1914, et des emprisonnements de militants ou de manifestants, sous les prétextes les plus fallacieux. Toutes les raisons étaient invoquées par la justice.

Le 1er Mai 1909 devait m'amener une nouvelle fois devant cette justice. Quel crime avais-je commis ? Dans l'acte d'accusation je retrouvai, comme de coutume, relatés les articles du code criminel établis en 1894 contre les anarchistes pour « propagande par le fait[217] ». En quelques mots, que pouvaient bien avoir de commun ce qui m'était reproché et les délits que j'avais effectivement commis. Voici. Délégué par la CGT à Rouen, je devais y prendre la parole au meeting organisé par la Bourse du Travail à l'occasion du premier mai et, au lieu d'une seule réunion, il en fut décidé deux, dont une qui se tint l'après-midi et l'autre le soir. Celle de 3 heures avait, comme celle du soir, d'ailleurs, amené un nombre imposant de camarades qui avaient déserté les ateliers et les chantiers. En arrivant dans la salle et montant sur la tribune, je trouvais là certains « types » qui ne me paraissaient pas devoir appartenir à nos organisations. Il est bien rare qu'on se trompe sur leur qualité, lorsqu'on en frôle. Ayant demandé pourquoi ils se trouvaient à mes côtés, il me fut répondu que le préfet avait exigé qu'ils y fussent ou que, sinon, la réunion n'aurait pas lieu. Il y avait un commissaire de police et quatre flics en civil, simplement !

J'avoue ne pas avoir une sympathie extraordinaire pour cette sorte de quadrupède, dont il est inutile d'insister sur l'hypocrisie et la fourberie, et on ne sera pas surpris de savoir que je protestais énergiquement auprès de mes camarades. Mais ceux-ci, pour ne pas entrer en conflit avec l'administration municipale, m'avaient supplié de ne pas insister et de faire comme s'ils n'avaient pas été présents. Ce fut plus fort que moi et lorsque la parole me fut donnée – sans cependant me tourner du

217 L'expression aurait été forgée par l'anarchiste italien Andrea Costa (1851-1910), en 1877, lors d'une conférence, puis reprise et popularisée par Paul Brousse (1844-1912), alors libertaire. Elle prônait le recours aux actions illégales et, au besoin, violentes, susceptibles de provoquer une prise de conscience de l'oppression et d'entretenir l'esprit de révolte contre l'ordre établi.

côté des policiers –, je pris l'offensive. On n'oubliera pas que j'avais déjà été poursuivi dans cette même ville de Rouen pour la grève des dockers et que ces derniers étaient en grande partie représentés dans la salle. J'étais visé, ai-je besoin de le dire. Et je commençai ainsi mon discours :

> Camarades, je suis appelé, aujourd'hui, et j'en suis en même temps ravi et outré, à prendre la parole au nom de la CGT. J'ai le plaisir de vous voir nombreux, mais je dois aussi constater que j'aurais à parler devant le représentant officiel de la succursale vermine, fripouille, Clemenceau et Compagnie. Je causerai donc sans plus m'occuper du commissaire, lui demandant cependant de bien rappeler ce que je vais dire à ceux qui l'ont délégué dans cette manifestation.

Tout se passa très bien et l'assemblée prit fin, chacun se donnant rendez-vous pour le soir, à 8 h ½.

Quand je me présentai pour la deuxième réunion, je trouvai les camarades qui recommencèrent les mêmes recommandations, à savoir que le commissaire – avec ses quatre mouchards – serait présent sur la scène et qu'il me faudrait surveiller mes paroles. Leur insistance n'avait d'autre but que de me faire dire des choses insignifiantes, pour ne pas donner prise à des ennuis. Mais ils m'énervaient d'autant et sans faire allusion à ce que j'avais dit à la précédente réunion, je m'étais réservé d'arriver à toucher indirectement ceux que je devais ménager.

J'entrepris de parler, d'abord, des premières luttes engagées en Amérique, pour faire du 1^er^ Mai une journée de revendications. Je fis un retour en arrière sur les mouvements revendicatifs en France, notamment ceux qui furent lancés en faveur de la journée de 8 heures, dont le point de départ partit du 1^er^ Mai 1906. Je m'attardai spécialement sur la peur qui s'empara de la bourgeoisie française qui, croyant que c'était la « révolution » qui éclaterait ce jour-là, avait dévalisé les grandes épiceries et entassé les vivres dans ses greniers et ses caves, aux côtés desquels, est-il besoin de le dire, ajoutai-je, ils laisseraient les prolétaires crever de faim, si jamais pareille chose arrivait. Le tout à l'avenant. Et alors, parlant de la question financière gouvernementale, j'entrepris de disséquer le budget de l'État, dont nous devions emplir les caisses avec le produit de notre travail, et dont les fonds étaient dilapidés outrageusement, etc.

Est-il besoin de dire que j'avais gardé le budget de l'Intérieur pour la fin. On sait que le budget de la police y est inscrit pour des sommes rondelettes – incontrôlable en ce qui concerne les fonds secrets versés par le ministre – et voici comment une phrase fut retenue pour les poursuites qui furent engagées contre moi :

> 105 millions (en 1908) sont dépensés chaque année pour la 'valetaille policière' et la création de 'brigades mobiles'[218], dont nous avons à subir la promiscuité dans tous les mouvements que nous organisons. Ils ont été créés pour arrêter les voleurs, mais c'est contre des militants que leur action s'effectue.

Et ce fut à nouveau sans incident que les camarades évacuèrent la salle. Je devais apprendre, comme on le verra, que les notes prises avaient été scrupuleusement dénaturées pour permettre au commissaire de se considérer comme « personnellement » insulté par mon discours, alors qu'il n'était pas visé du tout. Mais allez donc essayer de vous défendre contre la police !

Les camarades de Rouen étaient donc venus m'accompagner chez Briot[219], un de mes bons amis, qui tenait un café et qui me donnait le gîte pour la nuit. Lorsque vers minuit et demi, je montai pour me coucher dans la chambre qui m'était réservée, un agent en civil monta et, rentrant dans la cuisine où je me trouvai, me pria de descendre à son bureau, à l'Hôtel de Ville. Il descendit pour en rendre compte à son chef. Remontant à nouveau, il insista pour que je le suive. Mais je refusai absolument. À peine était-il à la porte d'entrée que le commissaire, lui-même, entra et, menaçant, m'informa que si je n'obtempérais pas à son ordre, il ferait envahir la maison par ses flics. Je n'étais pas chez moi et ne voulais pas que ce scandale puisse nuire à mon camarade Briot, qui risquait de voir fermer son café, de même que ma compagne, qui craignait de me voir agir avec violence contre le commissaire, je le suivis, tout en protestant d'une arrestation illégale, puisqu'elle se faisait non seulement dans une maison particulière – j'étais au 1er étage et c'était le logement et non un lieu public, par conséquent – et qu'en outre il était près d'une heure du matin.

---

218 Issues de l'ancienne police des ports et des gares, dont le personnel leur fut rattaché, les « brigades mobiles », plus tard qualifiées de « brigade du Tigre », furent créées en 1907, afin de surmonter les difficultés que posait le morcellement administratif de la police. Dotés d'équipements modernes et formés aux méthodes d'enquêtes les plus efficaces, leurs membres étaient en mesure d'agir en tous points de l'Hexagone. Destinées à traquer les criminels, les brigades furent également mobilisées pour des enquêtes et des opérations politiques, notamment contre les anarchistes et les syndicalistes.

219 En 1906, Célestin Briot était encore secrétaire de la Bourse du Travail de Rouen.

Amené au commissariat, je fus enfermé au poste jusqu'au lendemain matin, et après avoir été amené au Palais de justice, devant le procureur de la République, je fus transféré à la prison Bonne-Nouvelle, connue déjà par moi. Mon arrestation fit un certain bruit et sa répercussion se fit même sentir à la Chambre des députés, où Allemane[220] et Alexandre Varenne[221] interpellèrent Clemenceau sur la violation de domicile et l'arrestation illégale, dont j'avais été l'objet, surtout sans mandat d'arrêt d'aucune sorte. Mais Clemenceau, comme c'était la coutume chez lui, s'en tira par une pirouette. La Chambre tremblait devant ce « vieux tigre » hargneux, qu'il y avait danger de contredire, on se le rappelle.

Traduit devant le tribunal correctionnel pour « outrage public à un magistrat dans l'exercice de ses fonctions », j'eus beau, pour ma défense, invoquer le sens même des paroles prononcées et montrer que jamais il ne m'était venu d'insulter le commissaire, sachant très bien ce que j'aurais risqué, qu'au contraire, toutes mes invectives s'adressaient à Clemenceau et à Briand, rien n'y fit.

On rendra cette justice aux militants, dont j'étais, que nous ne cherchions jamais à cacher nos opinions et à renier nos paroles ou nos écrits. Et pour qu'il n'y eût aucune espèce d'erreur de ce côté, j'avais prévenu mon avocat que je lui interdisais d'essayer de me « blanchir », sous peine de me voir me tourner contre lui. Oustry n'insista pas. De même que je l'avais fait devant le juge d'instruction, je maintins ce que j'avais dit. Et je fus gratifié de 4 mois de prison, après consultation des deux « dormeurs » qui siégeaient à côté du Président et n'avaient certainement pas entendu dix paroles de notre « conversation ».

Et me voici à l'ombre, au droit commun, où je restai près d'un mois. Je devais apprendre, quelques jours après ma condamnation, qu'on avait également arrêté Torton, alors secrétaire de la Bourse du Travail, et qu'il

220 Jean Allemane (1843-1935), typographe, syndicaliste, participa à la Commune, ce qui lui valut d'être déporté en Nouvelle-Calédonie. Membre du POF, puis « possibiliste », il fonda le Parti ouvrier socialiste révolutionnaire en 1890, variante syndicaliste révolutionnaire du socialisme par son soutien à la grève générale et à l'action directe, auquel Marck appartint. Dreyfusard, membre de la SFIO, il soutint l'union sacrée en 1914, puis éprouva de la sympathie pour le PCF sans jamais y adhérer.

221 Alexandre Varenne (1870-1947), avocat et journaliste, socialiste, fut élu député en 1906. Fondateur du journal *La Montagne*, sa nomination comme gouverneur général de l'Indochine, de 1925 à 1928, lui valut d'être exclu de la SFIO. Tour à tour socialiste indépendant, puis proche des radicaux, il siégea à la Chambre de façon continue à partir de 1914 et fut brièvement ministre d'État en 1946.

se trouvait en cellule, comme moi, à Bonne-Nouvelle. Il avait écopé de 2 mois. Nous devions nous retrouver ensemble lorsque nous fûmes mis au régime politique. Il quitta la prison quelques jours avant moi.

Mon incarcération, au point de vue alimentaire, ne fut pas trop pénible. Il y avait, à quelques pas de la porte d'entrée de la maison d'arrêt, un sympathisant, inconnu de moi, lequel tenait un restaurant et qui, dès la première journée – et ce, aux repas du midi et du soir – me fit régulièrement parvenir un panier des plus garnis. Si je rappelle cette intervention amicale, c'est que notre camarade m'apprit, lorsque j'allai pour le remercier de sa gentillesse, qu'il venait, la veille, d'être frappé cruellement à la suite d'une de ces odieuses « farces », inventées par les étudiants qui fréquentaient son établissement pour se distraire, sans calculer les terribles conséquences qui peuvent s'en suivre, comme ce fut le cas. Pour faire peur à la compagne de notre ami, l'un d'eux installa dans le couloir de la maison, sur un socle improvisé avec des caisses vides et recouvert d'une étoffe blanche, un crâne pris dans un laboratoire et, après avoir allumé une bougie, pour mieux l'éclairer, pria cette pauvre femme, de se rendre dans le couloir, où quelqu'un demandait à lui parler. S'y étant rendue sans défiance, elle tomba raide morte. La plaisanterie, comme on le voit, avait tourné au tragique.

Chaque jour, je recevais ma compagne dans ma cellule – quand je fus mis au régime politique, naturellement – et nous avions un gardien commun, Torton et moi, vieux cheval qui n'avait jamais quitté cette prison et était sur le point de prendre sa retraite. Avec ce « bedzouille[222] », qui portait l'emblème de la stupidité sur la face, je pris quelques bons moments de distraction. Inintelligent, il croyait toutes les bêtises que je lui débitais. Et je cherchais toujours du nouveau à lui raconter. En même temps qu'il était chargé de me surveiller, il devait faire de même pour Torton, dont la cellule était contigüe à la mienne, et où il se tenait, aux côtés de sa jeune compagne, qui lui rendait visite chaque jour, également. Je ne vais pas trop insister, mais on me comprendra lorsque j'aurai dit qu'ils avaient vingt ans et demi[223]. On a beau être en prison – je dirais même, surtout parce qu'on y est – et à cause de la séparation qu'elle provoque, on n'en est pas moins amoureux. Il fallait donc pour

222 Confusion avec « pedzouille », terme d'argot désignant un homme fruste et peu dégourdi, un paysan.

223 En 1909, Torton, qui était né en 1883, avait 26 ans.

la « circonstance » retenir le « vieux », pour éviter une catastrophe. Et voici ce que j'imaginai. Ce qu'on est inventif, tout de même !

Je possédais au moins 300 cartes postales reçues à la prison, qui m'étaient adressées par les camarades de tous les coins de la France, et parmi celles-ci, j'en avais glissé deux, représentant Clemenceau et Briand en caricature. Après entente avec Torton j'entrepris de retenir notre gardien assez longtemps pour ... lui permettre – au gardien, honni soit qui mal y pense ! – de connaître la physionomie de ses chefs, et j'entrepris de chercher dans le lot de cartes celles que je voulais lui montrer particulièrement, et que j'avais eu soin de classer en dernier, pour ne pas les sortir top vite. De temps à autre, notre gardien avait des velléités d'aller voir ce qui se passait de l'autre côté, je le rattrapais toujours par le pan de son dolman[224], gagnant encore quelques minutes. Mais tout a une fin et, ayant frappé les trois coups, comme au théâtre, je rendais la liberté au curieux carabinier d'Offenbach.

Torton, une fois libéré, on m'amena des camelots du roi[225], dont un avait été condamné à un mois de prison pour avoir souri sur le passage du même commissaire de police que celui qui m'avait fait ramasser. Nous fîmes relativement bon ménage, car nous devions nous retrouver chaque jour, à la promenade, dans la cour. Quelquefois, aussi, j'avais à répondre aux demandes d'un curé qui venait les voir, et qui cherchait à me convaincre que j'avais tort de professer mes opinions. Le saint homme ! Nous controversions, et ça faisait passer le temps.

Ces derniers partis, je restai seul, attendant que ma peine soit écoulée, ce qui ne devait pas tarder. Quand, un matin, je vis débarquer dans ma cellule un officier de l'armée, accompagné d'un sous-officier, qui tenait une serviette sous le bras, de laquelle, sur un ordre, il tira un paquet de feuilles noircies. Et je fus prié de vouloir bien répondre aux questions qui m'étaient posées. Je me demandais ce que cela voulait dire. Je fus rapidement mis au courant : j'étais interrogé au nom de la justice militaire, laquelle me poursuivait pour... insoumission ! Lorsque je sus de quoi il s'agissait, il me fut difficile de tenir mon sérieux, qu'aurait dû

224 Veste ajustée à la taille, à manches étroites et pendantes, généralement dotée d'ornements. On devine que le dolman du gardien tirait plus vers la pelisse que la tenue d'apparat des hussards.

225 Tel fut le nom que se donnèrent, en 1908, les vendeurs militants du journal royaliste *l'Action française*. Par la suite, le terme s'appliqua aux troupes de choc de cette mouvance d'extrême droite.

comporter la situation aux yeux du militaire que j'avais en face de moi, tout au moins. Il était chargé d'enquêter sur mon cas et les renseignements qu'on lui avait fournis ne concordaient pas du tout avec mon état civil, en partie du moins. On avait mélangé le mien avec celui de mon frère, et je répondais quelquefois oui, d'autre fois non, selon qu'il s'agissait de l'un ou de l'autre, ce qui faisait dire à l'officier : « j'espère que vous ne cherchez pas à vous moquer ». Car c'était l'exacte vérité.

Au cours de l'entretien, une pièce attira particulièrement mon attention et je demandai à la voir de plus près. Il s'agissait d'un rapport de la gendarmerie, auquel était jointe une lettre émanant de l'Hôtel de Ville du Havre, spécifiant que j'y étais complètement « inconnu ». C'était trop fort ! J'étais inconnu dans une ville où, pendant près de 10 ans, je militai. Où j'avais exercé les fonctions de secrétaire de la Bourse du Travail, presque fonctionnaire – puisqu'appointé par la municipalité – et où j'avais été considéré comme une terreur par tout le patronat. Je n'en croyais pas mes oreilles ni mes yeux. Regardant la signature, je lis « l'adjoint au maire, Jennequin ». Ainsi donc, le signataire de cette pièce officielle était celui qui nous défendait comme avocat, lorsqu'il nous arrivait d'être en difficulté avec la justice havraise, mais j'avais appartenu au même parti socialiste et nous fûmes plusieurs fois candidats sur les mêmes listes électorales. Je vais lui écrire, dis-je à l'officier, et soyez persuadé qu'il ne tardera pas à répondre, sinon à se déplacer pour arranger l'affaire. Et, de fait, le surlendemain, je recevais la visite de l'adjoint du Havre, qui avait fait le déplacement et venait presque me supplier de ne pas faire de bruit autour de l'affaire, qu'il allait l'arranger.

Quand, plusieurs jours après, l'officier, toujours accompagné de son scribe, vint me retrouver dans la cellule, ce fut pour m'indiquer que je ne serai pas traduit devant le Conseil de guerre. Mais..., car il y a toujours un mais, il vous faudra faire un stage de 9 jours, comme fantassin, à la caserne d'Elbeuf, au 74e de ligne, comme réserviste. Et voilà comment, en sortant de Bonne-Nouvelle, le lundi, je dus aller endosser la petite veste courte et le pantalon trop court des « biffins » – moi qui avais fait mon service dans la marine –, recevoir une paire de godillots tout neufs, ainsi qu'une « aiguille à tricoter[226] », qui pendait le long de la jambe, retenue par un ceinturon, que je ne fis jamais reluire.

226 Pointe de baïonnette dans l'argot militaire.

Le caporal de garde chipa 4 jours pour avoir laissé prendre une photo à un photographe qui s'était caché le long de la grille et travaillait pour le compte d'un journal de Rouen, qui publia un long article et fit paraître la photo à l'appui. Cet encasernement fut quelque chose de ridicule. Dès que je franchis la porte de la caserne, tous les jeunes soldats se mirent aux fenêtres pour voir le « phénomène » et quand on me désigna la chambrée où je devais habiter, j'y trouvai quelques gosses de mon quartier du Havre, entre autres un gamin né dans l'immeuble que j'y habitais et que j'avais souvent porté sur les bras. J'ai toujours devant les yeux la façon dont je fus accueilli, lorsque, le soir venu, je sortis en ville comme permissionnaire. Ma compagne ne se tenait plus et les gamins m'entouraient et me lançaient des lazzis. Ai-je besoin de dire que l'ordre avait été donné de me surveiller et de m'interdire toute propagande auprès des troufions ? Et l'officier qui me transmit cet ordre ajouta qu'à part cela, je pouvais faire tout ce que je désirais, c'est-à-dire, rien.

On ne me croirait pas si j'affirmais que je respectais scrupuleusement le silence qu'on voulait m'imposer. Car le soir, dans la chambrée, je fis en sorte de mettre les présents au courant des luttes entreprises et leur demandais de ne jamais oublier qu'étant ouvriers, ils devraient, plus tard, rallier leurs organisations syndicales. Le lieutenant m'entreprit, un après-midi que nous étions seuls, sur mes opinions, dont il ignorait le premier mot et il l'avouait. Je fis le nécessaire, est-il besoin de le dire, pour le renseigner le plus complètement possible. Il ne fut pas convaincu que c'était moi qui avais raison.

Et de retour à Paris, je repris mon poste de trésorier, que Jouhaux avait tenu pendant mon incarcération. Plus tard, Jouhaux devait prendre le poste de secrétaire de la CGT, après le départ de Niel[227], qui avait été contraint de partir, à la suite d'un discours qu'il avait prononcé à Lens[228].

227 Louis Niel (1872-1952), garçon de café, typographe, puis employé de mairie, fut secrétaire de la Bourse de Montpelliers et joua un rôle important lors de la préparation du congrès de 1902 de la CGT, qui stabilisa les structures de la Confédération. Anarchiste, il évolua vers le réformisme à partie de 1906. Devenu socialiste, il cessa toute activité syndicale après 1910.

228 Allusion au discours controversé prononcé par Niel, le 16 mai 1909, à Lens, lors du banquet de clôture du congrès de la Fédération des Mineurs. Au moment où la CGT appelait à une grève générale de soutien aux postiers, son secrétaire général recommandait la prudence et insistait sur les faiblesses de la Confédération. Très critiqué, il démissionna le 26 mai, ainsi que son adjoint, Thil, un lithographe de tendance réformiste.

Rappellerai-je que Niel, réformiste notoire après avoir été anarchiste militant, avait été nommé en remplacement de Griffuelhes, par 28 voix contre 27 au camarade Nicolet[229], de la Fédération du Bâtiment ? La CGT traversa à ce moment des heures troubles intérieurement.

## L'AFFAIRE FERRER

Pour évoquer largement cette affaire, il faudrait rappeler toute l'histoire de l'Espagne monarchiste et les luttes sanglantes que les prolétaires de ce malheureux pays durent engager et subir pour essayer de mettre un frein à la misérable existence qui était imposée à la classe ouvrière tout entière.

Le grand crime de Ferrer[230] fut d'être un passionné de la liberté d'opinion et de l'instruction du peuple espagnol, auquel il sacrifia ses biens et sa vie. Ayant fondé l'École Moderne en Catalogne, il se trouva immédiatement aux prises avec les cléricaux, qui dominaient dans les sphères gouvernementales et militaires et qui avaient juré sa perte. Et ils y réussirent. Ferrer avait eu, pendant quelque temps, comme élève, Mademoiselle Meunier, à laquelle il donnait des leçons d'espagnol et qui lui avait conservé une grande estime. Au point qu'elle lui légua toute sa fortune, qui consistait en deux maisons et d'une somme assez rondelette, qu'il sacrifia à ses œuvres.

Presque dans toutes les provinces de Barcelone, des écoles laïques furent fondées, et aidé d'une femme d'une rare intelligence[231], sous la

229 Jules Nicolet (1877-1955) était menuisier. Syndicaliste révolutionnaire et antimilitariste, il détint l'un des deux postes de secrétaire de la Fédération du Bâtiment en 1907-1908 et 1912-1913.

230 Francisco Ferrer (1859-1909), libre-penseur et pédagogue, son militantisme politique l'obligea à se réfugier en France de 1886 à 1901, où il fréquenta les milieux libertaires tout en donnant des cours. De retour en Espagne en 1901, le legs Meunier lui permit de financer l'École moderne, dont l'enseignement liant raison, autonomie, entraide, égalité et mixité assura le succès et inspira un large mouvement pédagogique. Le clergé l'accusa d'être l'instigateur des émeutes barcelonaises de juillet-août 1909. Traduit devant un tribunal militaire, il fut condamné à mort et fusillé le 13 octobre. En 1912, le procès fut révisé et la condamnation reconnue comme une « erreur ».

231 Soledad Villafranca (1880-1948), fut la compagne de Ferrer, marié deux fois auparavant. Institutrice libertaire, elle le seconda à la tête de l'École moderne. Après 1912, elle cessa de militer et vécut en Allemagne, d'où elle revint en 1939 pour s'installer à Barcelone.

direction de laquelle s'étaient placés d'autres instituteurs et institutrices, les centres d'éducation progressèrent, que fréquentèrent rapidement les enfants qu'on cherchait à soustraire, par la libre pensée, aux influences pernicieuses de la religion officielle. Ferrer, en poursuivant ce but, signait son arrêt de mort. Car tous les troubles qui éclatèrent par la suite, dans cette malheureuse contrée, lui valurent les haines les plus vivaces de la horde royale et de la gent cléricale, qui ne pouvaient admettre que quelqu'un vienne ainsi contrecarrer la domination sous laquelle elles tenaient le peuple ignorant.

La répression provoqua des batailles de rues, suivies de tueries par les gardes civiles[232]. Révolté, le peuple incendia les monastères appartenant aux jésuites ; lesquels étaient les véritables responsables de ce qui devait se produire et qui, avec le sinistre Maura[233] et les autres, comme le comte de Romanones[234], avaient engagé la guerre du Maroc, contre laquelle protestaient toutes les organisations ouvrières. Des soldats se mutinèrent pour faire obstacle à la campagne entreprise, aux cris de : « À bas la guerre ! ». Près de 1 500 arrestations furent opérées et les journaux donnèrent Ferrer comme le principal artisan de cet état de choses. Les articles qu'ils publièrent contre cet homme simple et honnête, le représentaient comme l'ennemi qu'il fallait abattre. Et il fut incarcéré dans cette prison de Montjuic[235], d'où il ne sortit qu'assassiné par les juges du tribunal militaire devant lequel on l'avait fait comparaître. Le procès fut un véritable scandale dans le monde libéral. L'acte d'accusation contenait d'odieuses insinuations et on lui imputait des actes auxquels il lui eut été difficile de prendre part, pour la bonne raison qu'il était très loin de l'endroit où ils s'étaient écoulés.

---

232 La « Semaine tragique » se déroula à Barcelone, du 26 juillet au 2 août 1909. Elle fut provoquée par la décision du gouvernement Maura de rappeler des réservistes et de nouvelles troupes au Maroc, contre laquelle le mouvement ouvrier protesta par la grève générale. La contestation tourna à l'émeute, qu'envenima la proclamation de la loi martiale. On dénombra 112 morts, tandis que la répression s'abattait sur la ville.

233 Antonio Maura (1853-1925), avocat et homme politique, commença sa carrière comme libéral, puis rallia les conservateurs. Plusieurs fois ministre, il était chef du gouvernement au moment de la Semaine tragique.

234 Comte de Romanones (1863-1950), avocat, hommes d'affaires et politicien, il fut l'un des principaux responsables libéraux. Maire de Madrid, il fut plusieurs fois ministre et chef du gouvernement. En 1909, il était ministre de l'Instruction publique. Monarchiste, il siégea aux cortès franquistes après la guerre civile.

235 Forteresse militaire, servant de prison, élevée sur la colline du même nom, qui surplombe Barcelone.

Dans le monde entier, des protestations s'élevèrent contre l'inique jugement prononcé. Et dès que l'arrêt de mort fut connu à Paris, de nombreux meetings furent organisés et des manifestations multiples eurent lieu dans tous les quartiers pour empêcher l'exécution de Ferrer. L'une de ces manifestations – la plus importante – eut lieu la veille du jour où Ferrer fut fusillé. Nous avions appris, en effet, que notre ami avait été mis en chapelle, ce qui laissait entendre que les 12 balles coucheraient à terre celui que nous estimions tous. Le peuple de Paris était accouru en masse, à l'appel lancé, dans la direction du Parc Monceau, en face duquel était l'ambassade d'Espagne, et l'avenue de Villiers et les rues adjacentes étaient noires d'une foule qui voulait se rendre boulevard de Courcelles, sous les fenêtres de l'ambassadeur. Sous les ordres de Lépine[236], la police chargeait continuellement les manifestants, dont les rangs se reformaient un peu plus loin, pour se retrouver aux prises avec les flics, qui frappaient brutalement ceux qui se pressaient pour échapper à leurs coups. Les brigades centrales[237] – les plus malfaiteurs des bas-fonds de Paris – étaient chargées de s'en donner à cœur joie sous les yeux de leurs chefs, qui les excitaient.

J'avais pris le tramway pour me rendre à la manifestation. C'est devant l'ambassade même qu'il dut stopper pour ne pas écraser les camarades qui fuyaient dans tous les sens et risquaient les coups de révolver que certains flics tiraient. Les voyageurs durent se baisser pour évacuer le tramway et furent pourchassés avec rage au moment où un fort groupe, ayant à sa tête des militants politiques et syndicalistes, organisait une descente vers la rue du Rocher, en direction de la gare Saint-Lazare. Mais il fut impossible d'aller loin. Les charges se faisant de plus en plus menaçantes. Laisant[238],

---

236 Louis Lépine (1846-1933), avocat de formation, entama bientôt une carrière administrative, notamment à la préfecture de police de Paris, qu'il dirigea de 1893 à 1897, puis de 1899 à 1913. Républicain modéré et homme d'ordre, il mit au point une méthode de maintien de l'ordre reposant sur l'effectivité des sommations avant intervention et l'action en masse des forces à sa disposition, y compris par le recours à la cavalerie lancée au galop afin d'empêcher les manifestants de se regrouper. Ainsi que l'observe Marck, le préfet était souvent sur le terrain lors de manifestations importantes.

237 Les « brigades centrales », renommée « brigades de réserve » en 1893, étaient spécialement affectées au maintien de l'ordre dans la capitale. À cette fin, elles stationnaient à la caserne de la Cité, prêtes à répondre à toute réquisition. Ses membres, sélectionnés sur critères physiques – haute taille, apparence athlétique et force physique… –, avaient une réputation amplement méritée d'« assommeurs ».

238 Charles-Ange Laisant (1841-1920), mathématicien, franc-maçon et républicain, fut député de Loire-Inférieure (1876-1885), puis de Paris (1885-1893). Un temps boulangiste, il se

Renaudel[239], aux côtés desquels je marchais, furent frappés et insultés, et de nombreux blessés furent transportés dans les pharmacies des environs. Lépine, par une chance inespérée, évita de peu une balle qui lui était destinée. Elle avait été tirée par un petit camarade espagnol, que je retrouvai il y a quelques années, et qui me rappela l'affaire.

C'est le 13 octobre que Ferrer fut fusillé.

## UNE SOIRÉE AU MOULIN ROUGE

De tout temps, les confectionneurs de revues ont cherché, à travers les événements qui se sont déroulés au cours de l'année, ceux qu'ils croyaient susceptibles de leur procurer des scènes destinées à corser le spectacle qu'ils concevaient. Et tout leur est bon, pourvu que le public y trouve de quoi se réjouir, au détriment de leur prochain. À la rigueur, quand il s'agit de ridiculiser un ou des personnages qui ont tout fait pour se rendre stupides et ridicules, prêtant le dos à la critique, qui s'avère quelquefois nécessaire, je le reconnais. C'est de bonne guerre et souvent les intéressés n'ont qu'à s'en prendre à eux-mêmes d'être traînés sur un plateau de music-hall, et vilipendés. Mais il en est, de ces revuistes, qui n'hésitent pas à dépasser la mesure.

C'est ainsi qu'un jour, le secrétaire de la Fédération des Artistes musiciens[240] vint m'informer que les membres du bureau de la CGT étaient pris à partie et même insultés par les artistes qui jouaient une revue au Moulin Rouge. Je m'y rendis et, en effet, je constatai que l'auteur y

---

désintéressa de la politique instituée, se rapprocha des anarchistes et promut les initiatives de Ferrer, dont il défendit la mémoire. En 1914, il approuva la politique de défense nationale.

239 Pierre Renaudel (1871-1935), vétérinaire, fut socialiste vaillantiste avant de rejoindre Jaurès. Rédacteur en chef de *l'Humanité* jusqu'en 1918, il avait rallié l'union sacrée au début de la guerre. Membre de la SFIO, député du Var (1914-1935), il participa à la scission néo-socialiste, droitière et adepte de solutions autoritaires, de 1933.

240 Vraisemblablement R. F. Prévost, qui fut également secrétaire de la Fédération du Spectacle. Une première, mais éphémère, chambre syndicale des artistes dramatiques, lyriques et musicien vit le jour en 1870. Une seconde se reforma dix ans plus tard, précédant la fondation, en 1902, d'une Fédération nationale des Artistes musiciens affiliée à la CGT et présidée par Gustave Charpentier (1860-1956), chef d'orchestre et compositeur. En 1909, elle contribua à la création de la Fédération du Spectacle.

était allé un peu fort – pour ne pas dire plus – à notre égard. La scène nous représentait comme vivant grassement aux crochets des ouvriers – vieille formule bourgeoise toujours en vigueur. Les terrassiers, aux culottes larges, m'apportaient leurs cotisations, chapeau bas, tandis que je me prélassais dans un confortable fauteuil, fumant un énorme cigare. Et à mes côtés, Griffuelhes, la figure épanouie, me demandait si « ça avait bien rendu » ! Sur affirmation de ma part, il ajoutait : « Chouette ! on va pouvoir vivre ».

Je résolus d'organiser une protestation énergique contre ce spectacle choquant et je me rendis le lendemain, à nouveau, au Moulin Rouge, en compagnie de quelques camarades, avec l'intention de dire leur fait aux artistes qui, sur la scène, se faisaient les auxiliaires des insulteurs. J'avais réparti les places et, quant à moi, je m'étais installé au premier rang du balcon du premier étage. Des camarades devaient faire chorus avec moi, dès que les acteurs arriveraient au passage incriminé. À ce moment précis, je me levai et m'adressant aux artistes, je leur criai que « c'était une honte et qu'ils devraient se refuser à jouer de tels rôles, eux qui, comme nous, étaient des prolétaires. » Interloqués, ils s'arrêtèrent un instant, mais comme aucun des camarades ne vint pour soutenir ma protestation en élevant la voix, comme entendu, ils continuèrent, cependant que le public qui croyait se trouver en face d'un compère applaudissait à tout rompre, supposant que je créais simplement un intermède au chiqué.

Mais les flics, eux, ne s'y trompèrent pas, appelés qu'ils furent par la direction, et des gardes municipaux m'expulsèrent et, me remettant entre les mains des agents, je fus enfermé au poste de police de la place Tourlaque jusqu'à une heure du matin, puis relâché.

## GRÈVE DES LADS DE MAISONS-LAFFITTE

Cette même époque vit éclater la première grève de lads[241], qui devait amener une certaine perturbation et eut un certain retentissement dans le monde du turf[242]. Ceux qui ont connu les conditions d'existence de ces malheureux travailleurs n'étaient pas surpris du mouvement de révolte que les entraîneurs avaient provoqué par leurs exactions. En majeure partie – pour ne pas dire en totalité – des jeunes Anglais, ceux-ci étaient continuellement en difficulté avec leurs exploiteurs, sous n'importe quel motif, et s'ils avaient la moindre velléité de se rebiffer, on les menaçait de les remettre entre les mains de la police, qui les expulserait sans délai.

Je fus délégué à deux reprises dans leurs réunions, étant susceptible de parler anglais et, par conséquent, de mieux me faire comprendre, puisqu'aucun d'eux ne causait le français – ou si peu ! La seconde fois que j'y retournai, je me trouvai avec Monsieur Maurice Berteaux[243], qui était le député de l'endroit, et avait quelque avantage à arriver à mettre fin au conflit, au bénéfice des magnats des courses. Il avait également à ses côtés, une vieille connaissance de la CGT, connu, plus communément sous le qualificatif de « mangeur de tartines de blanc de zinc », que le baron Empain[244] exploitait, dès qu'il fut question de remplacer le blanc de céruse, condamné par la médecine[245]. Il

241 Terme d'origine anglaise, désignant les garçons d'écurie, en charge de la garde et des soins des chevaux de course. La grève se déroula de la seconde quinzaine de juin au 10 juillet 1909, elle fut ponctuée d'incidents, dont la perturbation du Grand Prix couru à Auteuil, le 20 juin.

242 Terme d'origine anglaise, désignant originellement le terrain gazonné sur lequel se déroulent les courses de chevaux et, par extension, tout ce qui se ramène à ces courses.

243 Maurice Berteaux (1852-1911), agent de change, radical, fut député-maire de Chatou, deux fois ministre de la Guerre et président du Conseil général de Seine-et-Oise. Très actif dans l'ouest du département, il empêcha la destruction du château de Maisons-Laffitte.

244 Baron Édouard Empain (1852-1929), ingénieur, général et homme d'affaires belge, était à la tête d'un large empire industriel et financier, présent, notamment, dans les mines, les chemins de fer, les transports en commun urbains – tramway et métro, dont celui de Paris – et la chimie.

245 Le blanc de céruse était un pigment chimique blanc à base de plomb, cause d'une toxicité à l'origine de graves troubles de santé – saturnisme – connus dès l'antiquité et signalés, au XVIII^e^ siècle, par les médecins. Malgré l'alternative représentée par le blanc de zinc, non dépourvu de danger, il continua d'être produit et employé – bâtiment, maquillage, etc. Suite à la campagne menée, notamment, par les syndicats de peintres, une loi de

s'agissait d'Abel Craissac[246], anciennement du Syndicat des peintres de la Seine, qui fit son chemin, et fut décoré, plus tard, dans l'ordre de la Légion d'honneur.

Je ne connaissais pas Maurice Berteaux, mais comme il m'avait été dit que son intervention n'avait rien qui puisse servir les intérêts des lads, j'entrepris d'expliquer aux camarades qui m'écoutaient qu'ils n'avaient rien de commun avec la route qu'on voulait leur faire suivre et qu'ils devaient renvoyer ce député à sa politique et faire leurs affaires eux-mêmes. Quant à Craissac, j'en dis assez pour le faire expulser de la salle, il fut reconduit à la gare sous la protection des gendarmes. Il ne reparut plus aux meetings des lads, qui eurent quelques satisfactions[247].

## LES EMPLOYÉS DES GRANDS MAGASINS
### Pour la fermeture à 7 heures

Combien de ceux qui travaillent au Bazar de l'Hôtel-de-Ville[248] peuvent se faire une idée des luttes entreprises vers 1909, pour arriver à faire fermer les portes des grands magasins, et particulièrement celles

---

1909 en interdit l'usage dans le bâtiment, mais son application fut difficile. Après la guerre, en 1921, une convention du BIT recommanda son interdiction, texte que ratifia la France en 1926.

246 Abel Craissac (1875-1940), peintre en bâtiment, fut l'un des responsables de la Fédération des Peintres. Il anima la lutte des ouvriers peintres contre le blanc de céruse, notamment les grèves du printemps 1906. Opposé au syndicalisme d'industrie, qui mena à la création de la Fédération du Bâtiment, et multipliant les relations bien au-delà des milieux syndicaux pour obtenir l'interdiction du « poison des peintres », il fut exclu du syndicat des peintres. Élu au Conseil supérieur du travail, il participa, pendant la guerre, à l'organisation de la main-d'œuvre et se fit le promoteur, ensuite, des offices publics de placement. Attentif, de longue date, à la médiatisation de ses initiatives, et sensible aux honneurs, il s'était définitivement éloigné du mouvement ouvrier. Membre du parti radical, il rédigea en 1935 un rapport hostile à la concurrence des travailleurs étrangers.

247 Les lads obtinrent, en plus du relèvement de leurs salaires, de congés proportionnels au temps passé à l'écurie, des lits pour le couchage, la fin des couchages à deux ou trois personnes et la promesse de bénéficier de la loi de 1898 sur les accidents du travail.

248 Ce grand magasin ouvrit en 1856 et prit le nom de Bazar de l'Hôtel-de-Ville quelques années plus tard. Il révolutionna le commerce par l'offre de produits à prix fixes et présentés sur de grands étalages. Après des débuts dans la bonneterie, il ne cessa de diversifier ses ventes, dont l'une des spécialités devint la quincaillerie et la fourniture d'outillages.

que durent entamer les employés de Ruel[249], qui voulaient quitter à 7 heures, au lieu de huit, chaque soir. Mais la chambre syndicale[250], avec ses Arthur Rozier[251], ses Martinet[252] et ses Renaudel[253], n'était pas du tout disposée à soutenir un tel mouvement de revendication, autrement que par des visites temporaires aux bureaux de « Monsieur Ruel », et se contentait des promesses que leur faisait ce bon patron. Avec Gogumus[254] à sa tête, et des camarades qui n'étaient pas disposés à suivre la même direction que celle qui était imprimée aux adhérents de la chambre syndicale, un autre groupement fut fondé et les premières revendications qui furent étudiées touchaient justement la fermeture du soir. Tout de suite, il se forma un mouvement sympathique, qui devait entraîner la réussite. Mais celle-ci n'alla pas sans que des bagarres ne soient provoquées pour y parvenir.

J'ai déjà eu l'occasion de faire allusion à la fermeture des magasins le dimanche au Havre et aux moyens employés pour y arriver. Je veux rappeler, ici, ce que fut le mouvement lancé par le Syndicat des

249 En 1909, François-Xavier Ruel (1822-1900) n'était plus de ce monde depuis neuf ans. Bimbelotier originaire de l'Ardèche, il ouvrit le magasin. Après sa mort, l'entreprise revint à son petit-fils, Henri Viguier (1877-1967), qui l'agrandit encore et auquel eurent affaire les syndicalistes qui revendiquaient la fermeture à 19 heures.

250 La Chambre syndicale des employés de la Seine, issue d'une dissidence, en 1896 de la Chambre syndicale des Employés de Paris, s'affilia à la Fédération des Employés. Son aile révolutionnaire fit sécession en 1908 pour créer le Syndicat des employés de la région parisienne, demeurée en dehors de la Fédération, mais admise à la CGT, avant leur réunification en 1913.

251 Arthur Rozier (1870-1924), ouvrier bonnetier, appartint au Parti ouvrier avant de rejoindre les possibilistes, puis de rallier la SFIO. Militant tour à tour dans l'Aube, le Loir-et-Cher et Paris, il exerça des fonctions syndicales, combattit la grève générale et accéda en 1897 au secrétariat de la très réformiste Fédération des Employés, créée quatre ans plus tôt. Conseiller municipal du XIX^e^ arrondissement de Paris en 1900, il en fut le député à compter de 1906. Partisan de l'union sacrée, il se porta candidat contre ses camarades de la SFIO aux élections législatives de 1919. Élu, il fut exclu du parti socialiste. Son nom fut donné à une rue de Paris, où Marck résidait en 1951.

252 Léon Martinet, employé de commerce, syndicaliste réformiste, dirigea, à compter de 1899, le syndicat des employés de la Samaritaine.

253 Gaston Renaudel, frère de Pierre, ancien étudiant en médecine, travaillait, bien que non cheminot, pour le Syndicat national des chemins de fer, où il s'occupait de la rédaction du journal fédéral. Il fut secrétaire de la Fédération des Employés.

254 Charles Gogumus (1873-1915), employé, anarchiste, partisan de la grève générale et du sabotage, anima l'aile révolutionnaire du syndicalisme des employés et précipita la scission qui, en 1908, donna naissance au Syndicat des employés de la région parisienne demeuré en dehors de la Fédération des Employés, mais affilié à la CGT. Il organisa la lutte des salariés des grands magasins et fut administrateur de *La Bataille syndicaliste*.

Employés. J'ai dit que la fermeture se faisait à 8 heures ½[255]. Pourtant, à deux ou trois reprises, Ruel avait été prévenu qu'il ne devait plus en être ainsi et comme, à deux délégations qui lui avaient été désignées, il n'avait rien voulu répondre – la seconde devait même voir l'expulsion de Gogumus, de Beausoleil[256], de Lévy[257] des bureaux directoriaux – il fut décidé qu'une solution plus énergique serait engagée.

Et c'est ainsi qu'ayant fait appel aux ouvriers des autres corporations, dont ceux du Bâtiment, qui formaient, en quelque sorte, la grosse clientèle du Bazar, pour l'outillage, rendez-vous fut pris, un soir, vers 6 heures ½, devant tous les rayons, avec la consigne d'empêcher toute vente, quelle qu'elle soit, à partir de 7 heures. Mais la police fut rapidement prévenue et, envahissant le Bazar, elle se mit en devoir d'en expulser les éléments nombreux qui avaient religieusement suivi les ordres reçus. Le résultat fut que, le lendemain, satisfaction était donnée.

Omettrai-je de signaler que, parmi le personnel du magasin, il y en eut qui aidèrent les flics à chasser ceux qui étaient venus défendre leurs intérêts ? Mais pour essayer de reprendre ce qui avait été accordé auparavant, les magasins voulurent rouvrir la discussion et une nouvelle bataille s'engagea, où Gogumus fut poursuivi et emprisonné. Mais, finalement, la fermeture à 7 heures fut maintenue. Ça n'avait pas été sans mal.

---

255 Plus haut, il est question, par ailleurs, de fermeture à 8 heures.

256 Clément Beausoleil (1859-1912), tailleurs d'habits, puis employé, fut anarchiste, puis allemaniste et participa à la création de la CGT. Il contribua à la création de la Chambre syndicale des employés de la Seine en 1896, puis à la dissidence qui donna naissance au Syndicat des employés de la région parisienne, de tendance révolutionnaire.

257 Gaston Lévy (1882-1944), employé de commerce, puis de banque, contribua à la création du Syndicat des employés de la région parisienne, de tendance révolutionnaire. Coopérateur, socialiste, il devint délégué permanent de la SFIO en 1912, et secrétaire de la Fédération de la Seine en 1914. Partisan de la défense nationale, il demeura à la SFIO jusqu'en 1933, où il suivit les « néo-socialistes ». Résistant, il fut assassiné par la Milice.

## MANIFESTATION CONTRE LA GUERRE

Le 20 juin 1910 fut organisée une grande manifestation internationale contre la guerre[258]. Elle eut lieu sur le vaste terre-plein de la Porte du Pré Saint-Gervais, et plus de 100 000 manifestants s'y trouvèrent rassemblés. Plusieurs tribunes étaient installées et parmi ceux qui devaient prendre la parole se trouvaient les leaders des partis socialistes français et allemand et les principaux militants de la CGT. Au retour vers Paris, les forces policières avaient été disposées de telle sorte que des bagarres avaient été rendues inévitables, par suite de l'attitude menaçante observée. Le résultat de cette provocation fut que de nombreux blessés durent être soignés.

Une autre manifestation internationale, pour le même but, se déroula le 1er septembre, organisée, celle-là, par la CGT, à l'issue du congrès confédéral[259]. Y prirent la parole : Jouhaux et Yvetot, pour la France,

258 Ni *La Voix du Peuple* ni *l'Humanité* ne rendirent compte, en juin 1910, d'une telle manifestation. Il semble que Charles Marck commette, ici, une confusion. Le 24 septembre 1911, il y eut, à l'Aéro-Park, un terrain vague du 19e, un large rassemblement pacifiste – 60 000 participants selon *l'Humanité* – consécutif à la « crise d'Agadir » au plus fort de la rivalité franco-allemande au Maroc. Trois tribunes avaient été montées sur lesquelles intervinrent des orateurs de la CGT, dont Marck, et de la SFIO, ainsi qu'un travailleur allemand et un délégué anglais de l'Internationale socialiste. Quant au Pré-Saint-Gervais, la première manifestation d'envergure, provoquée par la guerre des Balkans, s'y tint le 17 novembre 1912, à l'appel de la SFIO. Une autre, contre la loi des Trois ans, eut lieu le 16 mars 1913, à l'initiative de la CGT avec le soutien du Parti socialiste. Les orateurs, pour la plupart des syndicalistes, dont Marck, se répartirent entre les 11 tribunes aménagées. Les comptes rendus ne mentionnaient pas d'intervenants étrangers. Quelques bagarres éclatèrent en fin de journée, aux alentours de la butte du Chapeau-Rouge. Le plus important rassemblement se déroula au même endroit, le 25 mai suivant, 1913, convoqué par la SFIO, rejointe par la CGT, en réponse à l'interdiction de la traditionnelle manifestation d'hommage à la Commune au Mur des Fédérés. Les organisateurs annoncèrent 150 000 manifestants. Une photo l'immortalisa. On y voyait Jaurès s'adressant à la foule depuis l'une des nombreuses tribunes dressées pour l'occasion.

259 Il y eut bien, le 1er septembre 1910, un meeting international « contre la guerre », salle Wagram, dans le 17e arrondissement. L'initiative suivait la tenue, à Paris, les 30 et 31 août, d'une conférence des secrétaires des confédérations de différents pays. Selon les organisateurs, plus de 8 000 personnes se seraient pressées dans la salle, tandis que des milliers stationnaient aux alentours. Ceci noté, le XIe congrès de la CGT se déroula après, du 3 au 10 octobre, à Toulouse.

Appleton[260] pour l'Angleterre, Legien[261] pour l'Allemagne, Hueber[262] pour l'Autriche, Gompers[263] pour l'Amérique, Barrio[264] pour l'Espagne et Rigola[265] pour l'Italie[266]. La salle Wagram était comble pour cette manifestation.

## L'AFFAIRE DURAND
## Condamnation à mort

Et me voici arrivé à devoir parler de cette scandaleuse affaire, qui passionna tous les milieux et dans laquelle la justice bourgeoise étala d'une façon odieuse toute la haine qu'elle était susceptible de professer vis-à-vis de la classe ouvrière et jusqu'à quel point elle était capable d'exercer sa vengeance contre elle.

---

260 William Appleton (1859-1940), dentellier, syndicaliste, fonda, en 1900, la Fédération internationale des dentellières et fut, à ce titre, un acteur du syndicalisme international. En 1914, il soutint l'effort de guerre et fit campagne, aux côtés de Gompers, pour l'entrée en guerre des États-Unis. En 1926, il s'opposa à la grève générale.

261 Carl Legien (1861-1920), tourneur sur bois, syndicaliste et socialiste, dirigea la Commission générale des syndicats allemands, puis, en 1919, la Ligue générale des syndicats, qui lui succéda. Député à partir de 1893, il suivit une ligne résolument modérée de conciliation, hostile aux grèves de masse. En 1913, il fut élu secrétaire de la Fédération syndicale internationale. Le 1er septembre 1909, Legien prononça un discours dont la tonalité internationaliste et la radicalité surprirent l'auditoire.

262 Anton Hueber (1861-1935), tourneur sur bois originaire de Bohême, fut, un temps, séduit par l'anarchisme, mais adhéra à la social-démocratie autrichienne. Partisan de la grève de masse, il fut secrétaire de la Commission syndicale pendant plus de trois décennies, puis présida, dès sa création, en 1928, la Fédération des syndicats autrichiens. Le 1er septembre 1909, Hueber ne put être présent au meeting.

263 Samuel Gompers (1850-1924), cordonnier, quitta la Grande-Bretagne pour les États-Unis où, devenu cigarier, il devint syndicaliste. Président de l'American Federation of Labor en 1886, il le resta jusqu'à sa mort. Hostile à l'action directe, il prôna un syndicalisme de négociation au service des travailleurs les plus qualifiés.

264 Vicente Barrio (1863-1926), fut secrétaire du syndicat socialiste UGT de 1903 à 1918 et présida le syndicat des cheminots. Modéré et hostile aux anarchistes, il signa cependant, en 1916, un pacte d'unité d'action avec la CNT libertaire.

265 Rinaldo Rigola (1868-1954), ouvrier du textile, membre du PSI, fut secrétaire général de la CGT italienne de 1906 à 1918. Le 1er septembre 1909, il fut finalement remplacé par un autre orateur italien, Tedeschi. Sous le fascisme, il soutint certaines initiatives du régime.

266 Si les syndicats étrangers acceptèrent de venir, la conférence fut l'occasion de confirmer leurs réticences envers les orientations cégétistes. Legien ne prit pas de gants pour railler les prétentions de l'organisation française au regard de la faiblesse de ses effectifs.

Je connaissais particulièrement notre camarade Durand, depuis l'époque où il travaillait, en qualité d'apprenti chez un bourrelier, qui habitait dans l'immeuble où je logeais moi-même, cour de la République, au Havre. Je l'avais perdu de vue, à la suite de mon départ forcé pour Londres. Je devais le retrouver, comme ouvrier charbonnier, dont il devint le secrétaire au moment de la grève de 1910[267].

Je rappelle, pour mémoire, que cette grève avait éclaté pour protester contre l'emploi d'un appareil de transbordement du charbon – appareil dit clark, du nom de son inventeur[268] – lequel supprimait une grande quantité d'ouvriers et qui, en une vingtaine d'heures, était capable de faire le travail d'une quantité de travailleurs pouvant aller jusqu'à 150, à raison de 150 à 200 tonnes à l'heure. Le travail consistait à remplir les soutes du steamer *Provence* sur lequel était tentée l'expérience. Comme toujours, la Compagnie Générale Transatlantique, à qui appartenait le navire[269], avait fait appel aux jaunes et elle en trouva qui, sous la conduite d'un nommé Dongé, furent employés à des conditions supérieures à celles que les charbonniers avaient posées pour la reprise du travail[270]. Ce Dongé était un alcoolique invétéré et, père de trois enfants, il avait abandonné sa famille. Une véritable brute, dans toute l'acceptation du mot. Soupçonné, à juste titre, d'être un mouchard, il avait été chassé d'une réunion dans laquelle il s'était faufilé et, cela, malgré l'intervention de Durand.

---

267 En 1904, déjà, les charbonniers avaient fait grève deux semaines contre le recours à des bennes « crapauds ».

268 Eugène Clark (1873-1942) était un ingénieur anglais installé aux États-Unis, où il fonda une entreprise produisant des engins de levage, notamment les chariots élévateurs éponymes apparus dès 1917, à ne pas confondre avec le portique transbordeur à godets, dit « Tancarville », dont il fut question au Havre, en 1910. Aux dires des frères Bonneff (*l'Humanité* du 30 mai 1911), son emploi permettait de réduire la taille des équipes de charbonniers de 40 à 3 hommes.

269 La Compagnie transatlantique, qui prétendait réserver l'usage du portique aux situations d'urgence, y recourut après que le syndicat ait fait connaître, le 16 août, ses revendications : hausse des salaires, installation de douches sur les quais, réduction de la durée du travail pour compenser l'emploi du portique, repos hebdomadaire. Le 17, près de 600 charbonniers se mirent en grève. Le 20, les importateurs locaux de charbon décidèrent d'un lock-out, fermeté qu'appuya le puissant Comité central des armateurs. Le chef de bordée non gréviste Louis Dongé (1868-1910) décéda le 10 septembre à l'occasion d'une rixe. Le 12, Jules Durand était arrêté. Le 17, le conflit prit fin sur une défaite des charbonniers.

270 La Compagnie embaucha, notamment, des marins anglais et une cinquantaine de non grévistes qu'elle hébergea sur un navire et plaça sous les ordres de Dongé.

Diverses entrevues avaient été sollicitées par le syndicat et, aussi, par le juge de paix, mais les directeurs de la Compagnie transatlantique ne voulurent rien entendre. Les réunions se poursuivaient dans le calme le plus complet, au grand dépit des magnats maritimes du port. Durand exhortait ses camarades à ne pas flancher et à rester fermes dans leurs revendications. Le 9 septembre, après deux jours et deux nuits d'un travail sans arrêt, Dongé, qui possédait quelques pièces de cinq francs, se rendit dans un café situé à l'extrémité du port, sur le quai d'Orléans, y but force « petits sous », arrosés de nombreux verres d'alcool, et ce pendant toute une partie de l'après-midi. Il ne quitta le bistrot que pour aller acheter un révolver, puis il revint au débit, qu'il avait quitté auparavant, et continua de boire. Il y avait d'autres charbonniers, qui avaient également bu pas mal et se trouvaient dans un état d'ébriété, comme l'était Dongé lui-même, et auxquels ce dernier chercha querelle en faisant sonner l'argent qu'il avait dans sa poche. Reprochant à Dongé son attitude dégoûtante, les ouvriers se retrouvèrent sur le trottoir, où les avaient provoqués les insultes de Dongé, à qui ils répondirent. Une bagarre de courte durée éclata. Et par une simple poussée donnée à Dongé, celui-ci tomba à terre, la tête sur le bord du trottoir et en mourut le lendemain.

Alors, tels des chacals, tout ce que Le Havre comptait d'exploiteurs et de journalistes à leur solde hurlèrent à l'assassinat prémédité et accusèrent nettement Durand d'avoir causé cette mort, par suite de ses provocations au meurtre. N'avait-il pas dit « qu'il fallait supprimer des rangs des grévistes les alcooliques et les perturbateurs qui viennent dans les réunions » ? Une campagne s'échafauda sur ce thème et elle aboutit à l'arrestation de Durand, qui fut emprisonné. En même temps que lui, on procédait à l'arrestation des camarades Gaston Boyer[271] et de son frère Henri[272], trésorier et secrétaire adjoint du syndicat. Quatre autres ouvriers charbonniers les rejoignirent, les auteurs involontaires de la mort de Dongé, les nommés Lefrançois[273],

271 Gaston Boyer, né en 1879, frère d'Henri, était docker-charbonnier. En 1910, il fut élu trésorier du syndicat. Acquitté à l'issue du procès de 1910, il continua de militer. En 1919, il assurait le secrétariat du syndicat, avant de devenir secrétaire de la section des charbonniers du syndicat des ouvriers du port.

272 Henri Boyer, né en 1877, frère de Gaston, fut marneur, puis docker-charbonnier. En 1910, il était secrétaire adjoint du syndicat. Acquitté à l'issue du procès de 1910, il continua de militer.

273 Charles Lefrançois (1882-1931) était originaire du Havre. Il fut condamné à 8 ans de travaux forcés et déporté au bagne de Cayenne, mais sa participation à la bagarre

Couillandre[274], Bauzin et Mathieu[275], tous quatre parfaitement inconnus du syndicat. Mais alors que les casiers judiciaires des membres du bureau étaient vierges, ceux des quatre co-inculpés étaient déjà garnis de condamnations. Est-il besoin de dire que la grève fut terminée sur le coup, au grand bénéfice des manutentionnaires de la Cie Transatlantique, dont l'un d'eux, qui avait pris la tête de la campagne infâme contre Durand, se nommait Ducrot[276] ? Il était aidé dans sa funeste tâche par son chef d'armement, Delarue[277], chargé spécialement d'influencer quelques ouvriers pour leur faire déposer que la mort de Dongé avait bel et bien été votée dans une des réunions à laquelle ils avaient assisté.

L'instruction fut confiée au juge Vernis[278]. Elle ne traîna pas et c'est devant la cour d'assises de la Seine-Inférieure que cette caricature judiciaire traîna nos camarades et les autres inculpés. Et le vendredi 25 novembre 1910, le prolétariat français apprit, avec stupeur, que Durand, rendu moralement responsable de la mort de Dongé, était « condamné à mort », les frères Boyer étaient acquittés. Quant à Mathieu, il était gratifié de 15 ans de travaux forcés, Couillandre et Lefrançois étaient gratifiés de 8 années de la même peine, ce dernier étant relégué[279]. Ainsi se termina ce procès qui fut certes l'un des plus scandaleux à mettre à l'actif de juges, qui en comptaient pourtant déjà d'autres, aussi ignobles. L'indignation,

---

avait été contestée, notamment par Mathieu et Couillandre. La LDH et la CGT firent campagne pour sa libération jusqu'à sa grâce, prononcée en 1924. Il rentra très affaibli au Havre.

274 François-Guillaume Couillandre était d'origine bretonne. Il fut condamné à 8 ans de travaux forcés et témoigna de ce que Lefrançois n'avait pas participé à la rixe.

275 Édouard Mathieu naquit à Lisieux en 1867. Condamné à 15 ans de travaux forcés, il témoigna de ce que Lefrançois n'avait pas participé à la rixe. Il se suicida en 1911 au bagne de Saint-Martin-en-Ré.

276 Stanislas Ducrot (1853-1951), lieutenant de vaisseau, entra à la Compagnie Générale Transatlantique en 1891. Agent général, il était à la tête de sa direction havraise en 1910. À l'initiative de la plainte portée contre les responsables du syndicat des charbonniers, il fut témoin à charge pendant le procès. Reconnu plus tard comme l'instigateur de la machination, il échappa à toute poursuite.

277 Jules Delarue, adjoint de Ducrot, responsable de l'approvisionnement en charbon, organisa le recrutement des témoins à charge et orienta leurs déclarations.

278 Georges Vernis, né en 1859, fut avocat, puis procureur avant d'être rétrogradé substitut en 1904. Devenu juge d'instruction un an plus tard, il instruisit très vite l'affaire Dongé et se montra particulièrement attentif à la campagne orchestrée par Ducrot. Il finit sa carrière à la présidence de la cour d'appel de Besançon en 1927.

279 Peine d'éloignement instaurée par la loi de 1885, elle permettait de condamner certains récidivistes à l'internement à perpétuité dans un bagne d'outre-mer, notamment à Cayenne. Elle fut abolie en 1970.

partout, était à son comble. Le port fut déserté et la Bourse du Travail organisa immédiatement une grande manifestation qui, d'ailleurs, fut dissoute par la police avant même qu'elle ait pu se dérouler jusqu'au rond-point, à quelque trois cents mètres de Franklin[280].

De son côté, la CGT entreprit également un vaste mouvement à travers toute la France, avec l'appui de la Ligue des Droits de l'Homme et du Parti socialiste, auxquels de nombreuses personnalités vinrent prêter leur concours. De l'étranger même, des ordres du jour parvinrent, apportant leur protestation contre la condamnation. Je fus délégué à différentes reprises aux meetings organisés par les différents groupements et auxquels, souvent, assistaient les malheureux parents de Durand.

Dans sa cellule, le condamné à mort attendait le résultat de cette agitation, qui lui fut annoncé par son défenseur, en même temps qu'il lui fit espérer une liberté imminente[281]. Il entretint son moral, qui était bien attaqué, on s'en doute. Mais les jours et les semaines passaient et aucune solution n'intervint, comme nous le supposions tous. Pourtant, à l'occasion du 1er janvier, le Président de la République commuait la peine de mort en sept années de réclusion. L'agitation, cependant, continua, car nous ne pouvions pas plus admettre cette décision, qui était loin de nous satisfaire. Ce qu'il nous fallait arracher, c'était la libération définitive de Durand. Nous l'obtînmes le 15 février[282]. Mais pendant cinq longs mois, le malheureux avait subi de telles dépressions morales qu'il en avait perdu la raison.

Il se trouvait, à cette époque, interné à la prison Bonne-Nouvelle, où j'avais subi moi-même deux stages antérieurement et où il y avait encore des gardiens connus de moi, lorsque je fus chargé d'aller au-devant de lui, à sa sortie, pour l'accueillir. Il y avait là, outre son père et sa

---

280 Nom donné à la Bourse du travail, en référence au Cercle Franklin qui occupa le bâtiment en 1874, avant son attribution ultérieure à la Bourse du travail.

281 Le défenseur de Durand fut René Coty (1882-1962), alors jeune avocat et conseiller municipal républicain modéré du Havre depuis 1908. Il plaida avec éloquence l'acquittement, mais sa relative inexpérience ne lui permit pas toujours de contrer l'accusation et les témoignages à charge. Élu à la Chambre en 1919, il ne quitta plus le Parlement, tout à tour député et sénateur jusqu'à son élection à la Présidence de la République en 1954.

282 La décision du 15 février du ministre de la Justice suspendait la détention de Durand pour raison de santé. Le 9 août 1912, la Cour de cassation annula l'arrêt de la cour d'assises de Rouen. Elle acquitta définitivement Durand le 15 juin 1918.

compagne, nos camarades Hanriot et Genet[283], ainsi que Descherdeer[284] – du comité de défense havrais – tous trois du Havre, Luquet et Four, du *Matin*, attendant anxieusement. Vers 8 heures, le gardien-chef vint nous prévenir que Durand refusait obstinément de quitter sa cellule, craignant, disait-il, d'être conduit à la guillotine. Il sollicita l'aide d'un de nous pour aller l'exhorter à partir. Et comme Durand me connaissait plus que tout autre, je rentrai à la prison et il me suivit, non sans difficulté, cependant, car il avait la crainte que je ne sois venu le leurrer. Triste minute !

« Marche devant », m'avait-il dit. Je l'ai dit, sa raison était passablement ébranlée et dans le wagon qui nous amena au Havre, où un meeting avait été préparé pour sa réception, nous nous aperçûmes qu'il lui faudrait beaucoup de soins pour le ramener à la raison. Il ne la recouvra jamais et on dut l'enfermer à l'asile de fous de Saint-Yon, à Rouen, où je lui rendis visite. Puis, on le transféra à l'asile de Sainte-Anne, à Paris, le 11 septembre 1911 et je ne manquai pas, chaque semaine, d'aller lui rendre visite, en compagnie de ses parents. Hélas ! il devait mourir, victime d'un juge d'instruction et d'un jury composé de bourgeois au cœur de pierre.

Ainsi se termina cette lamentable affaire, qui avait bouleversé la classe ouvrière de France. Quant à Mathieu, il mourut au bagne, à l'île de Ré, cependant que Couillandre et Lefrançois furent envoyés à Cayenne et nous n'en entendîmes plus parler[285].

---

283 Ernest Genet, né en 1868, était représentant de commerce. Socialiste havrais, il présidait la Libre-pensée locale. Pendant la guerre, il resta sur des positions révolutionnaires.

284 Gustave Descherdeer (1869-1942), peintre en bâtiment d'origine belge, obtint la nationalité française en 1895. Il exerça des responsabilités syndicales dans le Nord et fut membre du POF avant d'en être exclu. Installé au Havre, il appartenait à la SFIO au moment de l'affaire Durand, dont il présida le Comité de défense. Président de la section locale de la Ligue des Droits de l'Homme de 1921 à 1928, il siégea au conseil municipal en 1919 et fut quelque temps adjoint au maire de 1919 à 1921.

285 On sait que la campagne en faveur de la libération de Lefrançois se poursuivit jusqu'en 1924, date à laquelle il fut gracié.

## LES RETRAITES OUVRIÈRES

Et nous arrivons à rappeler une autre agitation organisée par la CGT, et qui eut pour résultat de faire échec à un projet du gouvernement de l'époque[286]. Il s'agit de la question des retraites ouvrières. De quoi s'agissait-il ? Et pourquoi cette énergique campagne ? Étions-nous contre le principe de retraites ouvrières appliquées pour tous ? Pas le moins du monde ! Cependant les promoteurs de la réforme ne cessaient de le crier par-dessus les toits. Mais les dispositions contenues dans le projet soumis aux Chambres constituaient un véritable défi au bon sens et étaient, en quelque sorte, comme une insulte à la classe ouvrière. En effet, il était question d'infliger une retenue sur les salaires, en échange de quoi on assurait une retraite de « 100 francs par an[287] », cela à 65 ans d'âge[288]. La protestation ouvrière portait sur quatre points bien définis : 1° la retenue sur les salaires ; 2° le taux de cette retraite ; 3° l'âge fixé pour son obtention et 4° rien n'était prévu pour les cas d'invalidité. Tous furent unanimes pour repousser une telle réforme.

La loi fut cependant votée, plus tard, par le Parlement. Elle fut également acceptée par le Parti socialiste, par discipline, dirent ceux qui avaient prétendu être contre pour les mêmes raisons que celles qui avaient guidé la CGT. J'eus, un jour, une discussion assez forte avec Jaurès, qui voulait me convaincre qu'il fallait absolument que nous changions d'avis à ce sujet, et que... cette loi finirait, au bout d'un certain temps, par être améliorée.

Les bonnetiers de Troyes ayant décidé une grève de 24 heures en guise de protestation, je fus délégué pour prendre la parole à la réunion organisée par les différentes organisations de la ville, qui vinrent soutenir leurs camarades bonnetiers et, là, je me trouvai avec Delory[289], alors maire de Lille

286 La loi fut bel et bien votée le 5 avril 1910, ce dont convient Marck un peu plus loin.

287 La somme forfaitaire versée par l'État était destinée à assurer un minimum de pension aux assurés n'atteignant pas les 30 annuités de cotisation. Elle allait de 100 francs pour les assurés ayant 64 ans en 1911 à 60 francs pour ceux qui avaient 45 ans à cette date.

288 L'âge fut porté à 60 ans en 1912.

289 Gustave Delory (1857-1925), ouvrier du textile, dirigea le syndicat des filtiers, mais une série de renvois l'obligea à exercer de multiples métiers – cantonnier, manœuvre, cordonnier, colporteur, gérant d'estaminet. Proche de Guesde, il contribua à l'organisation du Parti ouvrier dans le Nord en assura la direction, fonction qu'il continua d'exercer après la création de la SFIO. Coopérateur, il fut maire de Lille en de 1896 à 1904, puis de 1919 à 1925, et siégea à la Chambre de 1902 à sa mort.

et député, venu comme délégué du Parti socialiste. Celui-ci me reprocha véhémentement, à la sortie, de l'avoir fait houspiller par l'assemblée. Je dois dire que lorsqu'il prit son tour de parole, ce fut pour tenir le même langage que je venais de tenir, c'est-à-dire dans le sens de la protestation générale. Je lui avais reproché, en effet, comme député, d'avoir donné son vote en faveur de la loi, alors qu'on l'entendait soutenir une thèse opposée[290].

À propos de cette loi, je manquerais à mon devoir en ne signalant pas la superbe affiche faite par la CGT et qui ne fut pas étrangère au refus d'accepter la loi et au succès de la protestation. Cette affiche, qui fut collée sur tous les murs de France, reproduisait la fameuse scène dans laquelle Grandjouan dessina de main de maître une grande table autour de laquelle se prélassaient tous les gros prébendiers gouvernementaux : ministres, sénateurs, députés, préfets, ambassadeurs, prélats et magistrats de toutes les cours, généraux et banquiers. Et, enfin, il n'y manquait pas le flic, simple flic qui, assis au bout de la table, se chargeait de présenter à un chien un os bien gratté, cependant qu'un pauvre bougre parvenu avec peine jusqu'au palier, où se tenait le festin, tombait d'inanition et que d'autres vieux travailleurs, aussi minables, cherchaient aussi à franchir les marches sur lesquelles ils s'affaissaient à leur tour. On lisait, sur chaque marche, en dessous de chacun d'eux : 65, 64, 63, 62, 61 et 60 ans. Sur chaque côté de l'affiche, Grandjouan avait scrupuleusement noté les retraites touchées par tous les banqueteurs, en comparaison des 100 francs destinés aux travailleurs. Dans les luttes entreprises par la CGT, il faut noter que l'affiche tenait une place prépondérante et les pouvoirs publics eurent plus d'une fois à supporter les coups qu'elle portait.

Que les gouvernements fussent dirigés par un Dupuy[291], un Constans[292], un Millerand[293], un Clemenceau ou un Briand, c'étaient

290 Les guesdistes historiques firent campagne contre la loi. Toutefois, à l'heure du vote, Jules Guesde fut le seul député socialiste à voter contre la loi.

291 Charles Dupuy (1851-1923), professeur, républicain modéré, fut plusieurs fois ministre et président du Conseil (1893, 1894-1895, 1898-1899), fonction assurée avec celle de ministre de l'Intérieur. À ce titre, il contribua au vote des « lois scélérates », à la répression des grèves et s'opposa à la révision du procès Dreyfus.

292 Ernest Constans (1833-1913), avocat, puis professeur de droit, était un républicain modéré. Il fut ministre de l'Intérieur de 1880 à 1881, puis de 1889 à 1892. Un temps gouverneur général de l'Indochine, il fut nommé ambassadeur à Constantinople de 1898 à 1909, poste à partir duquel il témoigna d'un solide affairisme.

293 Alexandre Millerand (1859-1943), avocat, fut radical avant de rejoindre les socialistes au moment du boulangisme. Député de 1885 à 1920, puis sénateur de 1925 à 1940, ce

toujours les mêmes poursuites et les mêmes assauts, auxquels la CGT devait faire front. C'est que les occasions ne manquaient pas pour contraindre le prolétariat à manifester son indignation. L'armée, mise au service du patronat, tirait dans le tas ! Et toute une longue liste serait à établir si nous devions y faire figurer les tueries de Raon-l'Étape, de Fourmies[294], de Narbonne, de Limoges[295], de Nantes et autres Villeneuve-Saint-Georges. Le patronat, lui-même, comme ce fut le cas à Cluses[296], pouvait tuer ses exploités sans aucun risque. Je le répète, l'énumération en serait longue.

Et les affiches étaient partout, dénonçant tous les crimes ordonnés par les dirigeants, avec des titres qui appelaient l'attention des populations des villes : « Pour la liberté d'opinion », « Contre les crimes légaux », « La tuerie de Raon-l'Étape », « Réponse aux massacres », « Gouvernement d'assassins ». Ces dernières, conçues après les troubles de Narbonne et le refus des soldats de tirer sur leurs parents inspirèrent celles éditées après les massacres de Villeneuve-Saint-Georges. Cela n'allait pas toujours sans risques, comme ce fut le cas pour celle intitulée « Gouvernement d'assassins », pour laquelle on arrêta nos camarades

---

réformiste convaincu accepta d'entrer dans le gouvernement Waldeck-Rousseau en 1899, au grand dam de ses camarades, point de départ d'une longue carrière ministérielle. Exclu du parti socialiste de France en 1904, il pencha vers le centre, puis la droite nationaliste, notamment pendant la guerre. À l'issue de celle-ci, il appartint au Bloc national, qui gagna les élections de 1919. Président du Conseil en 1920, il fut élu à la Présidence de la République cette même année. Opposé à la gauche, qui avait remporté les élections de 1924, il fut contraint de démissionner.

294 Le 1er mai 1891, à Fourmies, petite ville textile du Nord, la troupe tira sur un cortège de manifestants. On releva 9 morts, la plupart âgés de moins de 21 ans, dont deux enfants et 4 jeunes filles ou femmes. Un 10e manifestant décéda le lendemain.

295 Le 17 avril 1905, à l'occasion de la grève des porcelainiers de Limoges, commencée le 27 mars pour des augmentations de salaire et le renvoi d'un contremaître réputé exercer un droit de cuissage sur les ouvrières, des heurts éclatèrent autour de la prison où étaient détenus des grévistes à la suite de précédents affrontements. La troupe tira. On releva un mort, un jeune porcelainier de 19 ans.

296 Le 10 mai 1904, les horlogers de Cluses (Haute-Savoie) se mirent en grève pour protester contre le renvoi de sept de leurs camarades. L'intransigeance du patron de la principale usine locale entraîna le prolongement de la grève. Le 18 juillet, après l'échec d'une nouvelle tentative de conciliation, des milliers de manifestants marchèrent sur l'usine, depuis laquelle les fils du patron tirèrent sur la foule, faisant 3 morts et des dizaines de blessés. Si les coupables échappèrent à la colère ouvrière, les ateliers furent mis à sac et incendiés. Quelques mois plus tard, la cour d'assises de Bonneville acquitta 6 ouvriers poursuivis, mais condamna 3 des fils du patron à 1 an de prison ferme et le 4e à 8 mois.

Griffuelhes, Delesalle[297], Pouget, Forgues[298], Delalé[299], Beausoleil, Jean Martin[300], Janvion[301], Monatte, Luquet, lesquels traduits devant la cour d'assises furent acquittés[302].

C'est au congrès de Toulouse, tenu en septembre 1910[303], que fut décidée l'application de la carte confédérale et le timbre, qui obligeaient les Bourses du Travail et les Fédérations à payer leurs cotisations pour les adhérents[304]. Jusqu'à ce congrès, ces versements étaient refusés par les organisations que les tendances éloignaient des orientations que préconisait la CGT[305]. C'est ce système de cartes et de timbres qui

297 Paul Delesalle (1870-1948), ajusteur-mécanicien, se lia au milieu anarchiste et syndicaliste. En 1897, il devint secrétaire adjoint de la Fédération des Bourses du Travail et de la CGT. Dix ans plus tard, il se fit éditeur. Il adhéra à la SFIO en 1912 et soutint, deux ans plus tard, la politique de défense nationale. Un temps membre du Parti communiste, il s'en éloigna pour s'en rapprocher pendant le Front populaire.

298 Henri Forgues, originaire du Pays basque, dirigea le syndicat des tailleurs d'habits de Bayonne avant de s'installer dans la capitale en 1906. Trois ans plus tard, il contribua à la création du syndicat général de l'Habillement de la Seine, dont il fut le trésorier adjoint. Il représentait sa Fédération au sein du comité confédéral.

299 Auguste Delalé (1864-1910), cordonnier, milita de bonne heure aux côtés des anarchistes. Contraint de changer de profession et de localité, il s'installa à Paris en 1903, redevint cordonnier, dirigea le syndicat de la cordonnerie et participa à l'activité de la Fédération des Cuirs et Peaux avant de travailler comme voyageur de commerce.

300 Jean Martin responsable du groupe des lignes souterraines du Syndicat national des ouvriers de lignes des PTT (CGT), participa à la délégation de ce syndicat reçue par Clemenceau en mars 1909,

301 Émile Janvion (1866-1927), employé municipal et anarchiste, fonda le premier syndicat des employés de préfecture avant d'être révoqué en 1907. Antimilitariste, il était aussi antisémite, se rapprocha de l'Action française et fut exclu de la CGT en 1913.

302 L'acquittement fut prononcé le 27 février 1908 après deux jours d'audience. Il y eut 12 inculpés. À la liste dressée par Marck il faut ajouter Auguste Garnery et Alphonse Merrheim. Le premier (1865-1935), ouvrier bijoutier, anarchiste, dirigea la Fédération de la Bijouterie, se reconvertit, en 1911, dans le négoce de volailles et s'opposa à l'union sacrée en 1914. Le second (1871-1925), était chaudronnier en cuivre et dirigea la Fédération du Cuivre, à compter de 1904, puis la Fédération de la Métallurgie. Après avoir soutenu Jouhaux en août 1914, il critiqua l'union sacrée et anima la minorité cégétiste avant de se rallier au secrétaire général en 1918.

303 En réalité, le congrès se tint du 3 au 10 octobre 1910.

304 En fait, la création d'une carte confédérale fut retenue par la conférence nationale extraordinaire réunie à Paris du 1er au 3 juin 1909, conformément à une décision du congrès de 1908. L'un des volets du document était réservé au collage des deux timbres mensuels destinés au financement distinct des fédérations d'industrie et des unions interprofessionnelles. Les cartes étaient adressées aux fédérations, qui les délivraient aux trésoriers des syndicats, en charge de les placer auprès des adhérents.

305 Si les progrès furent indiscutables, Marck pèche par optimisme. Le fédéralisme de principe qui régissait les relations entre la Confédération et ses composantes excluait un contrôle

reste toujours en service. Au congrès du Havre, la question fut reprise et entièrement mise au point.

## LA GRÈVE DES CHEMINOTS DE 1910

Le 17 juillet 1910, le conseil d'administration de Syndicat national des chemins de fer vota le principe de la grève et un comité fut désigné pour en fixer la date.

Qu'il me soit permis de faire appel à quelques souvenirs antérieurs à cet important mouvement. Comme on s'en rendra compte, ils apportent la lumière sur des faits dont il faut faire état pour mieux faire connaître les dessous de certaines interventions politiques et crapuleuses. On sait que Briand joua le rôle le plus important dans cette grève, qu'il écrasa en allant, comme il le dit lui-même, jusqu'à « l'illégalité ». Briand avait connu, à Saint-Nazaire, un certain Eugène Pereire[306], gros manitou de la Banque Transatlantique et Président de la Compagnie générale transatlantique, en même temps que gros actionnaire et intéressé dans les chemins de fer, ami personnel, d'ailleurs, de Rothschild, roi de la Compagnie du Nord. *La Lanterne*[307], journal radical de l'époque, et auquel appartenait Briand, était devenu la propriété de Pereire à la suite d'une malpropre affaire financière, vers la fin de 1896. Et malgré ce changement de propriété et d'opinion, notre Briand en resta le directeur jusqu'en juillet 1898, époque où Millerand et d'autres politiciens du même tonneau, allèrent le quérir pour prendre la direction de *La Petite République*[308], qui battait de

---

direct et centralisé des trésoreries syndicales et fédérales. Aussi bien les fraudes et les entorses subsistèrent-elles au gré de la proximité idéologique avec la majorité confédérale ou des mandats à cumuler en prévision d'un congrès.

306 Eugène Pereire (1831-1908), fils d'Isaac, ingénieur et homme d'affaires, un temps député (1863-1869), présida, en plus de la Compagnie générale transatlantique (1875-1904) et de la Banque transatlantique (1881-1906), les Docks et entrepôts de Saint-Nazaire et fut administrateur de nombreuses sociétés de chemin de fer et portuaires.

307 Quotidien fondé en 1877 et publié jusqu'en 1938. Il reprenait le titre d'un journal créé par Rochefort à la fin du Second Empire.

308 Quotidien républicain fondé en 1876, racheté en 1892 par le socialiste Henri Turot et renommé *La Petite République socialiste* en 1898, il fut le principal journal socialiste jusqu'à la parution de *l'Humanité* en 1904.

l'aile. Et c'est ainsi que Millerand, de son côté, partit pour *La Lanterne*, chassé-croisé caractéristique pour qui a suivi ces polichinelles néfastes dans leurs évolutions pour arriver au pouvoir.

Briand « jouait double », peut-être « triple », d'abord pour son propre profit, en soignant les Pereire et les Rothschild – car ils étaient nombreux dans chaque famille –, puis la politique occulte qui se manigançait dans les deux journaux et, enfin, la campagne en faveur de la grève générale, dont il fut le père avec, comme adepte principal, Guérard[309], secrétaire général du Syndicat des chemins de fer.

Il était nécessaire, comme on peut s'en rendre compte, de revenir largement en arrière pour dénoncer toutes les machinations ourdies, à ce moment de sa vie, par Briand et de les mettre sous les yeux de ceux qui ont encore confiance en cette catégorie de « citoyens arrivistes », toujours prêts à se servir du prolétariat comme d'un piédestal pour arriver à s'élever jusqu'aux plus hautes fonctions publiques et le trahir au premier tournant de la route. Les exemples abondent ! J'en ai assez dit, cependant, pour montrer pourquoi Briand intervint déjà dans le mouvement de grève des cheminots, en 1898, où il fallait remercier les Pereire et les Rothschild pour toutes les largesses dont ils l'avaient abreuvé jusque-là. Qui donc eût pu croire à une telle vilénie ? Il devait faire mieux… ou pire !

La grève de 1910 éclata le 8 octobre. Elle partit des dépôts de la Chapelle pour atteindre très rapidement tout le réseau Nord. Les cheminots réclamaient leurs « cent sous ». Je m'abstiendrai, naturellement, de m'étendre trop longuement sur ce conflit qui prit une ampleur à laquelle nous ne nous attendions pas. Mais si j'y fais allusion, c'est qu'il faut tout de même en parler, ne fut-ce que pour rappeler comment on y retrouva l'intervention néfaste de Briand, devenu ministre et Président du Conseil, ennemi n° 1 des cheminots, en particulier, et des prolétaires, en général. Toffin[310], des mécaniciens, lesquels étaient résolument entrés dans le conflit, a pu apporter une réponse au « renégat », à une démarche

309 Eugène Guérard (1859-1931), employé de bureau à la Compagnie du Nord, fut l'un des fondateurs du Syndicat national des chemins de fer, qu'il dirigea de 1890 à 1909. Révoqué au début des années 1890, il était allemaniste et soutint le principe de la grève générale. Il fut quelques mois secrétaire général de la CGT, puis évolua vers le réformisme.

310 Émile Toffin (1870-1919), mécanicien au dépôt de La Chapelle, présidait la section Nord de la Fédération des Mécaniciens et Chauffeurs en 1910. Révoqué, il devint marchand de vin.

tentée par lui, au nom du Syndicat. Elle se résumait en ceci : je n'ai aucun moyen de contraindre la Compagnie de chemins de fer à discuter avec vous, mais j'ai celui de vous contraindre de retourner au travail. Il fit arrêter Lemoine[311], Renault[312], Brandouy[313], Le Guennic[314] et Toffin, et voulut les faire traduire devant la Haute-Cour pour « complot contre la sûreté de l'État », puis il se rabattit sur des articles du code de police des chemins de fer relatifs aux déraillements des trains, au pillage, que sais-je encore ? Il lui fallut faire plus grand, pour donner davantage de consistance aux racontars habituels et intéressés des rédacteurs de ses journaux, et il ordonna l'arrestation complète du comité de grève, suivie de celle de Bidegarray[315] – pourquoi ? –, de Quiévrain[316], Escabasse[317]. Il

311 Albert Lemoine (1876-1927) était ajusteur-outilleur au dépôt d'Amiens de la Compagnie du Nord, fief syndicaliste révolutionnaire. Après sa révocation, en 1910, il adhéra au syndicat des métaux de la Seine. Pacifiste pendant la guerre, il participa en 1920 aux comités syndicalistes révolutionnaires, assista au 1er congrès de l'ISR et à la formation de la Fédération unitaire des Métaux. Minoritaire au sein de celle-ci, il la quitta et contribua à la création de la CGT-SR en 1926.

312 Alexandre Renault (1882-1914), bagagiste à la Compagnie de l'Ouest, fut secrétaire du groupe Saint-Lazare-Batignolles du Syndicat national. Partisan d'actions énergiques, il fut révoqué, quelques jours avant la grève de 1910, pour apologie du sabotage. Poursuivi, en 1911, pour des actes de sabotage, il se réfugia en Belgique, puis en Angleterre, avant de revenir en France en 1913. Il mourut sur le front.

313 Paul Brandouy, cheminot à la Compagnie de l'Ouest, responsable du groupe Saint-Lazare du Syndicat national à la veille de la grève de 1910.

314 Alexandre Le Guennic (1875-), conducteur à la Compagnie de l'Ouest-État, syndicaliste révolutionnaire et antipatriote, s'opposa à Guérard et obtint sa démission du secrétariat général du Syndicat national des chemins de fer en 1909, qu'il quitta deux ans plus tard pour fonder la Fédération des Transports par voie ferrée. Révoqué, il partit pour le Midi et dirigea l'UD du Var. Rallié à l'union sacrée, il soutint Jouhaux pendant la guerre, fut réintégré et s'opposa à la grève en 1920. Membre de la SFIO, il en fut exclu en 1929.

315 Marcel Bidegaray (1875-1944), chauffeur à la Compagnie du Midi, dont il fut révoqué, entra à la Compagnie de l'Ouest où il devint mécanicien. Socialiste, il accéda au secrétariat général du Syndicat national en 1909 et fut révoqué en 1910. En 1917, il contribua à la création de la Fédération des travailleurs des chemins de fer, dont il devint le secrétaire général. Mis en cause par les révolutionnaires, il démissionna en avril 1920, mais fut réélu au lendemain de l'échec de la grève de mai, avant d'être mis en minorité l'année suivante, au cours de laquelle il créa une Fédération dissidente confédérée. Membre de la SFIO, il suivit les « néos » en 1933. Pendant l'Occupation il fut trésorier du COSI, organisme financé par la spoliation des juifs. Interné à la Libération, il fut abattu à la fin de l'année 1944.

316 Il était cheminot à la Compagnie de l'Ouest-État.

317 Émile Escabasse (1876-1936), cheminot à la Compagnie de l'Ouest, fut l'un des fondateurs de la Bourse du Travail de Caen, membre de la LDH et socialiste. Révoqué en 1910, puis réintégré, il dirigea l'UD du Calvados. Favorable à la défense nationale, il rallia la minorité en 1919, anima la grève de 1920. Révoqué, il adhéra au Parti communiste et à la CGTU.

ne s'arrêta pas là, car il fit également empoigner Miguel Almereyda[318] et Merle[319], de *La Guerre sociale.*

Organisation appartenant pourtant à la CGT, et qui était intervenue pour donner des conseils, un second comité fut formé, mais il prit la décision d'ignorer tout ce qui se passait et, à partir de son entrée en fonction, tint systématiquement les militants du comité confédéral à l'écart, aucun d'eux ne fut plus appelé à prendre la parole dans les réunions ou à donner des conseils, des appuis. Par contre, aucune démarche n'était tentée, aucune manifestation organisée, sans la présence assurée des députés, sur lesquels se fondait l'espoir d'une réussite, consécutive à ces interventions politiques. Et cette grève, qui aurait pu avoir les plus heureuses conséquences pour les exploités du rail, fut vaincue à la suite de la décision prise, par Briand-Pereire-Rothschild, de décréter la « MOBILISATION GÉNÉRALE » de tous les employés et ouvriers des chemins de fer.

Il reste des souvenirs de cette importante lutte, qui dura 8 jours, ce sont les photos prises sur place, et qui représentent les petits pioupious[320] gardant les halles des gares, désertées complètement par les voyageurs, les cabines d'aiguillage, les voies ferrées surveillées par les gendarmes et aussi les soldats du génie – dont certains appartenaient aux chemins de fer avant leur entrée au régiment – remplaçant les mécaniciens sur les locomotives. Et il nous reste également les magnifiques affiches sur lesquelles notre camarade Grandjouan dépeignait si magistralement les misères et les privations des « forçats du rail », comme nous les appelions.

318 Miguel Almereyda, pseudo de Vigo (1883-1917), photographe, puis journaliste, milita aux côtés des anarchistes et des antimilitaristes. Collaborateur de *La Guerre sociale*, puis fondateur du *Bonnet rouge*, il rallia l'union sacrée en 1914 et accepta les subsides du ministère de l'Intérieur jusqu'en 1916. Soupçonné d'espionnage, il fut arrêté en 1917 et trouva la mort en prison dans des conditions suspectes.

319 Eugène Merle (1884-1938), plâtrier, journaliste, fut d'abord anarchiste et antimilitariste, puis socialiste. Proche d'Almereyda, il collabora à *La Guerre sociale*, puis au *Bonnet rouge.* Rallié à l'union sacrée, il dirigea un important groupe de presse – *Paris-Soir, Le Merle blanc...* – après la guerre, avant d'être poursuivi pour diverses malversations.

320 Ce terme, familier désignant un jeune fantassin et emprunté au titre d'une comédie de 1838, fut repris par Montéhus dans la chanson écrite en hommage aux soldats – « braves pioupious » – du 17e RI qui, envoyés réprimer une manifestation de vignerons, se mutinèrent en 1907.

## L'AFFAIRE DE LA RUE ORDENER

Quelques jours avant que l'encaisseur de la banque ne fût agressé, j'avais reçu Garnier[321] dans mon bureau. Je l'avais déjà rencontré antérieurement. Il venait me demander une adresse, qu'il me fut impossible de lui fournir, d'ailleurs. Faisant allusion à l'attaque des douaniers, auxquels il avait échappé, à son retour de Belgique, mais qui tuèrent son chien, lequel avait été lancé à leurs trousses, je crus devoir lui conseiller de ne pas continuer l'action, que je lui dépeignis comme devant lui être néfaste et qui le mènerait certainement au bagne. Il haussa les épaules et, pour toute réponse, me sortit deux révolvers, un dans chaque main : « Voilà de quoi payer ceux qui voudraient me prendre vivant ! » J'eux immédiatement l'impression que Garnier avait participé à l'attentat lorsqu'on m'annonça cette affaire de la rue Ordener. Et cette conviction était née de ce qu'au point de vue financier, Garnier m'avait dit être « à plat ». Il en fut de même lorsqu'on m'informa que Garnier avait tiré sur l'agent du même nom, devant la gare Saint-Lazare, alors qu'il fuyait dans l'auto dirigée par Bonnot, poursuivi par les flics.

Je reçus, un autre jour, la visite, peu recommandable, de Lacombe qui, on s'en souvient, fut arrêté alors qu'il baguenaudait tranquillement à la fête de la Villette. Interné à la Santé, Lacombe se jeta la tête la première sur le pavé de la cour, après avoir réussi à grimper sur le toit, et se tua. Lacombe, menaçant, et un révolver au poing, cherchait Broutchoux[322] qui, venant d'écrire une lettre, avait quitté le bureau depuis quelques instants,

321 Octave Garnier, dit « Le Terrassier » (1889-1912), boucher, puis boulanger, fut emprisonné pour différents vols. Après un séjour en Belgique pour échapper au service militaire, où il fréquenta les milieux libertaires acquis à l'illégalisme, il rencontra Jules Bonnot au journal *L'Anarchie*. Devenu terrassier, il participa à des grèves, mais mena divers braquages, dont celui de la succursale de la Société Générale, rue Ordener, le 21 décembre 1911. Il tua la plupart des victimes mortelles de la bande, notamment un agent de police et deux employés de banque. Le 15 mai 1912 – et non le 11 mai, comme l'écrit Marck –, encerclé par 700 policiers, gardes républicains et zouaves, il trouva la mort au terme du siège du pavillon où il logeait avec un complice.

322 Benoît Broutchoux (1879-1944), mineur, terrassier, se lia aux milieux anarchistes et syndicalistes, s'opposa aux partisans du réformiste Basly et contribua à la création d'un « jeune syndicat » des mineurs d'orientation révolutionnaire. Plusieurs fois condamné pour ses activités militantes, il fut emprisonné à la déclaration de guerre avant d'être envoyé au front. Après le conflit, il rejoignit, un temps, la CGTU.

sans quoi, il l'aurait tué. Ajouterai-je que Lacombe était passablement déséquilibré, contrairement à Garnier, qui était très intelligent, mais d'un caractère passablement aigri, ce qui le conduisit à « vouloir vivre sa vie ». Garnier fut tué par la police, dans un petit pavillon qu'il avait loué, et où il habitait avec Soudy[323], autre associé dans l'affaire de la rue Ordener, et où il se cachait à Nogent-sur-Marne. On avait fait évacuer toutes les villas des environs, avec l'intention de faire sauter celle où Garnier et Soudy étaient disposés à se défendre, car ils étaient armés, comme on l'avait fait pour Bonnot le 28 avril. Garnier finit ainsi, le 15 mai 1912.

## NOUVELLE GRÈVE DE MARINS DU COMMERCE

En mai devait éclater une autre grève de marins. Elle se généralisa rapidement et, à différentes reprises, j'eus l'occasion d'intervenir, car elle dura près de trois mois, atteignant dans tous les ports, toutes les spécialités[324]. Les dockers leur apportèrent, partout, une solidarité effective. Mais les forces patronales maritimes, soutenues par le gouvernement, n'eurent pas de mal à écraser le mouvement, après qu'un arbitre, nommé par le ministère, se déclara contre les revendications présentées. Dans cette grève, et c'est à signaler, on a vu des marins de l'État, qu'on avait embarqué dans le but de leur faire remplacer les marins en grève, refuser de travailler.

---

323 Depuis mars 1912, André Soudy était en prison. À Nogent-sur-Marne, Garnier trouva la mort en compagnie de René Valet (1890-1912) qui, serrurier à son compte et anarchiste, avait basculé dans l'illégalisme et commis divers vols et braquages. André Soudy (1892-1913) avait une formation de boucher. Sa jeunesse fut ponctuée de fugues, de condamnations et de séjours en sanatoriums. Membre de la bande à Bonnot, il participa à plusieurs braquages et fut arrêté le 30 mars 1912. Bien que n'ayant tué personne, la cour d'assises de la Seine le condamna à mort, sentence exécutée au printemps 1913.

324 Après de premiers coups de semonce, au Havre, les 19 avril et 24 mai 1912, les marins normands, jugeant insuffisantes les hausses de salaire consenties par les armateurs, décidèrent la grève, qui gagna d'autres ports. Le 16 juin, le recours à des marins d'État sur des navires marchands amena la Fédération à déclencher un mouvement général, auquel les armateurs répliquèrent par un lock-out. Au fil des semaines, et malgré la solidarité effective, en juillet, des dockers et la souscription lancée par la CGT, qui édita un timbre spécial pour l'occasion, des reprises locales affaiblirent la mobilisation. Les marins marseillais furent les derniers à reprendre, à la suite de l'arbitrage du 2 septembre, qui leur était défavorable.

## 1911, MENACES DE GUERRE POUR LE MAROC

L'affaire marocaine battait son plein, les canons et les fusils avaient été employés contre les Marocains, qui refusaient de se plier à notre civilisation française : ils s'étaient révoltés pour défendre « leur patrie ». Ces territoires, convoités par la France, l'étaient également par l'Allemagne qui, pour montrer, qu'elle aussi était « partie prenante à l'affaire » envoya le navire de guerre *Panther* à Agadir, le 1er juillet, ce qui fut à deux doigts de provoquer la guerre entre les deux pays. Une de plus ! Le prolétariat fut donc sur le point d'aller se battre. Heureusement, un arrangement intervint, Caillaux[325] ayant consenti à donner à son collègue de l'autre côté du Rhin une partie du Congo, dont nous ne savions que faire, d'ailleurs. Quels intérêts le peuple français aurait-il pu retirer de ce conflit ?

La CGT, pour protester contre les dangers de guerre, qui venaient à nouveau de se manifester, décida d'organiser une manifestation en Allemagne, et des entretiens eurent lieu, entre les deux centrales, française et allemande, à ce sujet[326]. Elles décidèrent que des délégués français seraient reçus à Berlin, et le voyage fut fixé pour le 22 juillet 1911. Quarante-cinq délégués, désignés par les organisations, en firent partie. La CGT était représentée par Jouhaux, Yvetot et moi-même.

Dans la vaste salle où eut lieu le meeting, 20 000 ouvriers s'étaient entassés. Yvetot, lorsque vint son tour de prendre la parole, ne devait pas être tendre pour le militarisme, qui venait de montrer les dangers qu'il représentait, et il devait recevoir les applaudissements de la salle entière, qui montrait ainsi son approbation de la lutte antimilitariste menée par les camarades français. Naturellement, les leaders allemands étaient loin de partager l'enthousiasme de leurs troupes et n'insistèrent pas pour donner leur avis personnel, craignant la réaction des assistants.

---

325 Joseph Caillaux (1863-1944), républicain modéré, rejoignit les radicaux en 1910. Président du Conseil (1911-1912), il fut plusieurs fois ministre des Finances et fit voter l'impôt sur le revenu. Opposée au bellicisme, tenant du libéralisme économique, son orthodoxie financière l'éloigna de la gauche après la guerre, notamment sous le Front populaire.

326 Le rapport confédéral pour le congrès du Havre, en 1912, expliqua que la CGT aurait préféré une rencontre, à Berlin, des délégués d'Angleterre, de France et d'Allemagne, mais que la Commission syndicale allemande avait argué « d'impossibilités matérielles » pour ne proposer qu'un « voyage d'étude » de six jours, conclu par un grand meeting, le 28 juillet.

Et il y en eut d'autres qui ne prisèrent pas beaucoup le discours : les représentants de la police gouvernementale, qui avaient reçu des ordres pour ne tolérer aucun écart de langage, entre autres d'Yvetot, certainement visé particulièrement. Et, de fait, des camarades allemands vinrent nous avertir que les flics attendaient Yvetot à la sortie pour procéder à son arrestation. Ainsi prévenus des dispositions furent prises pour le soustraire aux griffes des policiers, et il réussit à s'évader, une certaine quantité d'ouvriers allemands l'ayant entouré et entraîné loin de la salle et conduit vers la gare. Chargé de prendre les billets pour Berlin, j'avais pris la précaution de les faire établir pour un trajet circulaire passant par Cologne, à l'aller, pour revenir par Francfort-sur-Main. Et les policiers, qui s'attendaient à trouver notre camarade à Cologne, revinrent bredouilles.

Notre voyage nous permit de visiter quelques-unes des organisations berlinoises, leurs beaux bureaux, leurs belles maisons, leurs caisses bien garnies, etc. … Hélas ! nous fûmes quelques-uns qui ne furent pas enthousiasmés d'un tel étalage d'œuvres, évidemment magnifiques, mais qui ne constituaient qu'un amalgame de services d'assistance, de secours mutuels, employant une quantité de bureaucrates peu disposés à entreprendre une lutte autre que celle qui leur était dictée par le gouvernement[327].

À Paris, au retour, la CGT organisa une autre manifestation, pour le même sujet, « contre la guerre », et elle eut lieu, salle Wagram, le 4 août, avec le concours de délégués étrangers, à savoir Robert Schmidt[328], député au Reichstag, Bauer[329], des Employés, et Silberschmidt[330], du Bâtiment, pour l'Allemagne, Tom Mann pour l'Angleterre, Koltkeck[331]

327 Il semble que Jouhaux ait été plus impressionné que Marck lui-même par l'ampleur des réalisations et des services syndicaux allemands. *Cf.* Georges, Bernard, Tintant, Denise, *Léon Jouhaux, cinquante ans de syndicalisme*, T. I, *Des origines à 1921*, Paris, PUF, 1962.

328 Robert Schmidt (1864-1943) appartenait au parti social-démocrate. Il fut plusieurs fois ministre pendant la République de Weimar.

329 Gustav Bauer (1870-1944) fonda et présida le syndicat des employés de Berlin jusqu'en 1908, date à laquelle il devint vice-président de la Commission syndicale. Plusieurs fois ministre et chancelier (1919-1920), il démissionna du Reichstag en 1924, à la suite d'un scandale financier.

330 Hermann Silberschmidt (1866-1927) était ouvrier du bâtiment, syndicaliste et socialiste. Dirigeant de la Fédération du Bâtiment et membre de la commission exécutive du SPD, il fut élu au Reichstag en 1912.

331 Marck reprend l'orthographe des affiches de l'époque, mais il s'agit plus vraisemblablement de Ham Kolthek (1872-1946), alors dirigeant du Secrétariat national du travail des Pays-Bas.

pour la Hollande, Nègre[332], de la CNT, et Vicente Barrio, de l'UGT, pour l'Espagne. Tandis que, pour la France, parlèrent Jouhaux, Yvetot et Péricat[333], du Bâtiment. En même temps se déroula une manifestation semblable à Madrid, où avaient été envoyés Dumoulin et Marie.

En 1911, fut également organisée une vaste agitation contre la « vie chère[334] ». De nombreux meetings eurent lieu dans tous les grands centres ouvriers de France. Elles furent suivies de protestations énergiques, qui se manifestèrent sur les marchés, particulièrement dans la région du Nord et dans l'Est. Les ménagères se montrèrent des plus révoltées et eurent à se défendre contre les soldats et les gendarmes qui, à coups de sabre, les dispersaient. Beaucoup de blessés et combien d'emprisonnés et de condamnés résultèrent de ces rencontres ? Les juges, là encore, purent outrageusement exercer leur vengeance.

## L'AFFAIRE VIAU-BARITAUD-DUMONT

Le « Sou du soldat », institué par le syndicat du Bâtiment de la Seine qui, ainsi que l'indiquait la lettre qui accompagnait chaque mandat envoyé aux jeunes syndiqués sous les drapeaux, était destiné à leur rappeler qu'ils ne devaient jamais oublier qu'ils appartenaient toujours à la classe ouvrière, malgré leur incorporation au régiment. Elle constituait, aux yeux des dirigeants, une propagande à laquelle il fallait mettre un terme[335], et ce

332 José Nègre (1875-1939) était libertaire et syndicaliste. Il dirigea le syndicat des cheminots de Catalogne et la *Solidaridad Obrera* avant d'être le premier secrétaire général de la CNT (1910-1914). Réfugié en France, il mourut au camp d'Argelès.

333 Raymond Péricat (1873-1958) était ouvrier du bâtiment, dont il dirigea la Fédération de 1908 à 1912. Antimilitariste et pacifiste, il appartint à la minorité de la CGT et fonda, en 1919, un éphémère Parti communiste. Il rejoignit la CGTU et adhéra au PCF. En 1952, il succéda à Marck, décédé, à la présidence de l'Union des vieux travailleurs de France.

334 L'année précédente, la SFIO s'était déjà inquiétée de la « vie chère » et avait organisé une campagne à ce sujet. De nouvelles hausses de prix alimentaires et des loyers suscitèrent, au cours de l'été 1911, des mouvements spontanés de ménagères, notamment dans le Nord et l'Est de la France, qu'appuyèrent, voire encadrèrent, cette fois, les cégétistes. Ici et là, des marchés furent soumis à une surveillance « sauvage » des prix. Des négociants furent bousculés, des commerces pillés. La protestation vira parfois à l'émeute.

335 Les autorités suivaient de près le « sou du soldat » cégétiste. La surveillance redoubla au moment du « coup d'Agadir ». Elles décidèrent d'une série de perquisitions dans les locaux

fut l'occasion d'exercer des poursuites contre les secrétaires du syndicat : Viau[336], Baritaud[337] et Dumont[338]. Traduits devant le tribunal correctionnel, le 10 janvier 1911, ils furent condamnés à 6 mois de prison en vertu des lois scélérates.

Ici, une parenthèse doit être ouverte, relativement à ces mêmes lois scélérates qui furent votées par le Parlement en 1894, au mois de juillet, après l'attentat de Vaillant, à la Chambre des députés, pour « RÉPRIMER LES MENÉES ANARCHISTES ». Madame Roland, au moment de monter sur l'échafaud, s'écria : « Ô liberté, que de crimes on commet en ton nom ! ». Combien des nôtres ont pu pâtir de condamnations infligées en vertu des articles de cette loi, appliquée à des camarades qui étaient d'opinions diamétralement opposées aux idées anarchistes, et dont les faits qui leur étaient reprochés n'étaient, en aucune manière, susceptibles d'intéresser les « provocations au meurtre et au pillage » visées par la loi du 28 juillet[339] ? Car, pas un procès n'est engagé contre les militants sans qu'on déterre immédiatement la « répression des menées anarchistes » et les provocations au meurtre et au pillage », ce qui permet des condamnations toujours lourdes.

Donc, nos camarades Viau, Baritaud et Dumont comparurent devant le tribunal correctionnel et, à ce sujet, il avait été décidé qu'une grève de 24 heures serait déclenchée, le même jour, pour protester contre les poursuites. Convoqués devant le Palais de Justice, nombreux furent les ouvriers qui répondirent à l'appel et ils cherchèrent à se réunir sur le boulevard du Palais. Mais la police avait formé des barrages et toutes

---

des syndicats et aux domiciles de militants. Une circulaire, signée par Viau, Baritaud et Dumont, au nom du syndicat de la pierre-maçonnerie de la Seine et adressée, en avril 1910, aux syndiqués fut saisie et entraîna leur arrestation en vue d'un procès, dont les autorités entendaient faire un exemple. Le 10 janvier 1911, la police évalua à 5 000 le nombre des manifestants.

336 Pierre-Victor Viau était secrétaire du syndicat maçonnerie-pierre de la Seine. Il fut plusieurs fois condamné pour ses activités antimilitaristes. Devenu trésorier de la Fédération du Bâtiment en 1920, il fut battu par les proches de Péricat en 1921.

337 Augustin Baritaud (1877-1936) était maçon. Au nombre des responsables du syndicat maçonnerie-pierre de la Seine, il fut également conseiller prudhomme.

338 Dumont était secrétaire du syndicat maçonnerie-pierre de la Seine.

339 La phrase qui suit dans le tapuscrit a été transférée en note : elle reprend ce que Marck a déjà écrit : « Mais comment ne rappellerais-je pas que le maintien de cette loi scélérate est entièrement dû au Parti socialiste qui, un jour, où son abrogation fut proposée à la Chambre, vota contre et fut la cause du rejet, sous prétexte que le projet émanait de la Droite et qu'il s'agissait de renverser le gouvernement d'alors. Que la politique est belle ! »

les rues y conduisant étaient interdites. Les manifestants furent refoulés, les uns vers le Châtelet, les autres vers le boulevard Saint-Michel et les quais. Cependant, le nombre des protestataires était si grand que les flics furent sur le point d'être débordés. L'arrivée de renforts permit de dégager les abords du Palais.

Des tracts, en quantité, avaient été édités et distribués sur le passage des manifestants, mais maints furent arrachés des mains des distributeurs et détruits dans les postes. J'avais demandé à notre camarade Anavoisard[340], du syndicat des chauffeurs de taxi, de vouloir bien se mettre à notre disposition pour assurer la propagation du plus grand nombre de ces tracts, dont j'étais muni amplement, et m'étant fait accompagner de deux petits camarades nantais, nous nous dirigeâmes vers le boulevard Saint-Germain, où la foule était dense. Nous avions déjà parcouru un long trajet et, arrivés au pont Saint-Michel, nous nous engageâmes résolument pour traverser les deux ponts en passant devant le Palais. Les flics s'écartaient pour nous laisser passer, car nous avions arrêté notre distribution, mais lorsqu'ils s'aperçurent que nous étions nous-mêmes manifestants, ils commencèrent la chasse au taxi d'Anavoisard et, ayant établi un barrage au milieu du pont, ils tentèrent de nous arrêter. Ce que voyant, notre camarade appuya sur le champignon et l'auto n'eut pas de peine à se frayer un chemin, cependant que Lépine faillit être écrasé, car il était à peine à 20 centimètres de nous quand nous passâmes à côté de lui. Il l'avait échappé belle.

Continuant notre course, des agents cyclistes et des mouchards se mirent en devoir de nous rejoindre et l'un de ces derniers, qui avait réussi à mettre la main sur la portière, fut rejeté en arrière, l'un de mes petits compagnons lui ayant asséné un violent coup de poing sur la main. Nous n'aurions pas été arrêtés si un embarras de voitures, dans la rue des Haudriettes, ne nous avait pas contraints de stopper, près de la rue du Temple, si étroite à l'intersection de la rue Michel-le-Comte. Anavoisard, abandonnant là son taxi, disparut. Quant à nous trois, avec les tracts que nous avions retirés de la voiture, nous fûmes recueillis par un concierge, qui nous fit rentrer dans son immeuble et vint nous avertir, quand tout danger eut disparu. Nous dirigeant vers les grands

---

340 Lucien Anavoisard, né en 1880, s'engagea jeune dans la Légion étrangère. Devenu conducteur d'automobile, il milita au syndicat des taxis de la Seine. Socialiste, puis communiste, il siégeait au conseil municipal de Levallois-Perret depuis 1919.

boulevards, nous prîmes l'omnibus Madeleine-Bastille, en direction de la Madeleine, nous mîmes en demeure, depuis l'impériale, de jeter nos tracts à la foule qui s'amassait dès que le véhicule s'arrêtait. Nous arrivions au « carrefour des écrasés », ainsi appelait-on le carrefour Montmartre, quand nous vîmes surgir une brigade de flics qui entourèrent l'autobus et le firent se ranger le long du trottoir et nous firent descendre, après avoir fait évacuer tous les autres voyageurs. Dix mille personnes s'étaient amassées et nous continuions à leur jeter les circulaires. Mais tout a une fin, et nous fûmes emmenés au poste du faubourg Montmartre, où nous fûmes enfermés jusqu'à une heure du matin, puis relâchés.

Anavoisard partit précipitamment pour la Belgique. Il craignait, en effet, d'être poursuivi pour tentative d'assassinat sur le préfet de police Lépine et il eut été condamné très sévèrement, on s'en doute.

## LE MOUCHARD MÉTIVIER

De tout temps et dans tous les groupements, quels qu'ils soient, les gouvernements et leur police ont glissé des mouchards et, par conséquent, il n'y avait aucune raison de supposer que le sinistre Clemenceau manquerait d'avoir quelqu'un dans la place, à la CGT. Il me souvient qu'un jour, répondant à un député qui lui reprochait d'en avoir introduit dans un de ses comités, il répondit textuellement : « il n'y a pas que chez vous que j'en colle, car j'en mets même chez moi » !

Je ne sais si le « Tigre » disait vrai, mais ce que j'appris par Almereyda, c'est qu'il avait trouvé un collaborateur en la personne de Métivier. J'étais sceptique, ne voulant pas croire à tant de vilenie de la part de Métivier, mais je dus me rendre à l'évidence quand Almereyda me présenta un « rapport » qu'il avait adressé à Clemenceau lui-même et que je comparai l'écriture de ce « rapport » avec les lettres écrites par Métivier à la CGT. Je connaissais, d'ailleurs, suffisamment l'écriture de cet indicateur et n'aurais pas eu besoin de faire cette comparaison.

Il fut convoqué, un jour, dans les bureaux de *La Guerre sociale*, rue Montmartre et il y vint. Il ignorait que nous étions au courant de ses tractations policières et, sans défiance, se mit à parler de choses et d'autres, en attendant l'arrivée de quelques militants, qui avaient été spécialement convoqués pour composer le « tribunal » chargé de prendre une décision à son égard. Quand il apprit que nous étions tous avertis de sa conduite odieuse, il devint livide et ne sut plus quelle attitude tenir. Nous le gardâmes pendant trois jours enfermé, séquestré en un mot, jusqu'à ce qu'il avoue et signe la lettre où il s'accusait.

Pour séquestration, Almereyda, Merle et quelques autres furent arrêtés et traduits devant la cour d'assises, où ils comparurent le 9 octobre et furent, d'ailleurs, acquittés. Je me souviens de la défense que présenta lui-même Almereyda. Beaucoup d'avocats qui assistaient à la séance auraient donné beaucoup pour plaider comme il le fit pour la cause de ses camarades en même temps que pour la sienne. Témoin dans cette affaire, et appelé à dire ce que j'en connaissais, je répondis au Président que j'étais présent et, qu'en raison de ce qui s'était produit, j'avais simplement proposé d'ouvrir la fenêtre et de balancer Métivier du 4e étage dans la rue. Je fus menacé de poursuites et les gardes me mirent à la porte du Palais.

Métivier, au cours de la grève et des événements de Vigneux-Draveil et Villeneuve-Saint-Georges, était presque toujours sur les lieux et se montrait très actif. Nous comprîmes trop tard à quelle triste besogne il s'était livré. Car le rapport qu'Almereyda m'avait montré relatait une des réunions à laquelle il assistait. Chassé de partout, on retrouva sa trace du côté de Nice, mais il s'y cachait comme un pestiféré.

## L'AFFAIRE AERNOUT-ROUSSET

Y aurait-il tragédie plus sinistre que celle qui aboutit à l'assassinat d'Aernout, le 2 juillet 1909, là-bas, dans un de ces cachots d'un bagne d'Afrique, à Djenan-ed-Dar[341], où le malheureux avait été interné aux fameuses « sections spéciales[342] », de conception dantesque, pour fait de

341 Poste militaire algérien établi sur la frontière avec le Maroc.

342 Les unités disciplinaires, où étaient regroupés les « mauvais soldats » contre lesquels les sanctions ordinaires semblaient inopérantes, sont à distinguer des « sections d'exclus » ou « spéciales », réservées aux soldats jugés indignes, en raison de peines « infamantes », de porter les armes. Avec la conquête de l'Algérie, les bataillons légers d'infanterie d'Afrique – Bat' d'Af' ou « Joyeux » – reçurent les soldats libérés des prisons militaires

grève. Livré au sadisme de soudards alcooliques ayant droit de vie et de mort et pouvant l'exercer sans aucun contrôle, combien de victimes succombèrent sous les coups de ces « chaouchs[343] », dénoncés par Rousset, à propos de l'affaire Aernout ? À Djenan-ed-Dar, les tortionnaires avaient noms : Sabatier, lieutenant, Reigner et Casanova, sergents.

Qu'on se souvienne de la campagne entreprise par la CGT et le Comité de défense, et l'intense agitation qui s'ensuivit pour arriver à obtenir l'autorisation de ramener le corps de l'infortuné camarade à Paris ! Briand, alors tout puissant, refusa cette autorisation, que le peuple de Paris arracha cependant par son action continue. D'imposantes funérailles furent faites à Aernout, et on évalua à près de 200 000 le nombre des manifestants qui suivirent son convoi[344]. Cet assassinat aurait été inconnu, comme le furent tant d'autres, si un homme, au risque de sa vie, ne s'était levé pour en dénoncer l'horreur. Et Rousset, auquel ne furent pas ménagées les menaces et les privations, ne flancha pas un seul instant. Pourtant, il avait à tenir tête à forte partie, et s'il parvint un jour à retrouver la liberté, il le dut à ce que le prolétariat français tout entier prit sa cause en mains. Qu'on se rappelle qu'à propos d'une bagarre, dans laquelle un nommé Brancoli fut frappé d'un coup de couteau, dont il décéda, d'ailleurs, Rousset fut accusé d'en avoir été l'auteur. Ce dernier connaissait celui qui avait frappé Brancoli, lequel était un nommé Bourdessoul, mais s'était refusé à le dénoncer. C'est ainsi que les soupçons se portèrent sur lui. Ceci se passait le 17 août 1911, à Médéa[345], et, le 4 septembre, la presse annonça cet événement sensationnel, qui nous stupéfia. Traduit devant le Conseil de guerre d'Alger, Émile Rousset, par 6 voix contre 1, fut condamné, le 9 décembre 1911, à 20 ans de travaux forcés et 20 ans d'interdiction de séjour et à

---

et, à partir de 1889, les appelés condamnés avant leur service et, par suite, dotés d'un casier judiciaire. Les bagnes de l'armée furent également transférés sur l'autre rive de la Méditerranée. Notons qu'au plus fort de l'Affaire Aernout-Rousset, la loi Berry-Millerand du 31 mars 1912, votée en catimini, élargit la liste des délits susceptibles d'envoi en « sections d'exclus » ou dans les bataillons d'Afrique aux coupables de diffamation et d'injures envers l'armée, de provocations à la désobéissance ou à la désertion.

343 Terme d'origine turque, désignant un sergent et, par extension, tout gradé, associé à l'idée de rigueur, voire de brutalité. L'expression figure dans la chanson d'Aristide Bruant, « Biribi », vocable appliqué aux unités disciplinaires et établissements pénitentiaires militaires.

344 Le 11 février 1912.

345 Ville algérienne située à 90 km d'Alger.

la dégradation militaire. Il payait pour le courage qu'il avait déployé en dénonçant le crime perpétré contre Aernaut, deux ans auparavant. À quelles manœuvres odieuses l'autorité militaire n'eut-elle pas recours pour trouver des témoins ? L'enquêteur, le lieutenant Pan-Lacroix[346], fit un rapport des plus tendancieux pour obtenir une condamnation certaine. Il suffisait qu'un témoin soit suspecté de vouloir déposer en faveur de Rousset pour qu'il fût immédiatement écarté.

Que dire du procès ? D'un bout à l'autre, ce fut un véritable scandale ! Pourtant, à la révision du procès, celui-ci fut cassé et ce fut à la suite de cet enfer, où tous les chacals malfaisants s'étaient liés pour lui faire subir un sort aussi odieux que celui qu'ils avaient déjà sur la conscience, en ce qui concernait Aernout. Il sortit, libre, le 14 septembre 1912[347].

Novembre 1911 vit une grève importante, qu'il est nécessaire de signaler, celle qui fut déclarée par les chauffeurs de taxi[348]. Elle dura 120 jours. Et au cours du conflit, des collectes et l'aide des organisations syndicales rapportèrent une somme supérieure à un million. Les jaunes devaient assassiner un des nôtres, le camarade Bedhomme[349], auquel d'importantes funérailles furent réservées. Des centaines de taxis suivirent le convoi.

---

346 Le lieutenant Pan-Lacroix, surnommé « Pan-pan » par les soldats, était officier instructeur au 2e bataillon léger d'infanterie stationné à Médéa. Selon lui et les témoignages fabriqués pour l'occasion, Rousset avait tué le chasseur Brancoli lors d'une rixe entre homosexuels, thèse démentie par la victime avant sa mort.

347 Le non-lieu fut prononcé le 24 septembre 1912.

348 La grève débuta le 28 novembre 1911, à la suite de l'augmentation des droits d'octroi sur le benzol à la charge des chauffeurs. Le syndicat demandait, en conséquence, que la part de la recette allant aux conducteurs passe de 27 à 33 %. Malgré une forte mobilisation, ponctuée de représailles contre les voitures en circulation et d'affrontements avec les « jaunes », le front patronal du « consortium » des compagnies vint à bout du mouvement. Le travail reprit le 19 avril 1912. Inspiré par la grève des taxis de 1934, Aragon se fit l'écho du conflit de 1911-1912 dans *Les Cloches de Bâle*.

349 Jules Bedhomme (1887-1912) était chauffeur de taxi et habitait Levallois-Perret, où se situaient de nombreux garages des compagnies.

## LES DÉMÉNAGEURS DE COCHON

Je ne saurais me souvenir de tous les déménagements auxquels il me fut donné d'assister, car ils furent nombreux à l'époque. Mais il en est un qui fut aussi une aubade, encore présente à ma mémoire, et que je veux citer. Le déménagement visé concernait un différend qui avait éclaté entre Gandillot[350], le librettiste bien connu, auteur de nombreux vaudevilles joués à Paris et qui habitait, à ce moment, rue de Rome, dans un immeuble situé au coin de la rue de Liège, et son propriétaire. L'appartement était au rez-de-chaussée et les locaux étaient tous habités bourgeoisement.

Le dimanche 17 mars, vers midi, nous y amenâmes une famille des plus misérables, composée du père, de la mère et de six gosses, que nous étions allés quérir du côté des fortifs[351], d'où ils avaient été expulsés. Avec Montéhus[352], lorsque, enfin – car le proprio voulait nous empêcher de prendre possession de l'appartement, composé de six pièces –, furent installés les membres de cette famille, avec leurs meubles, nous fîmes une quête assez fructueuse, qui permit aux pauvres bougres de manger. D'un autre côté, nous réussîmes à obliger le commissaire à intervenir. Il trouva un logement nous permettant d'aller installer nos protégés, le même jour. Il me semble encore voir la tête du pauvre vautour[353] et le rire épanoui de Gandillot, qui présidait à l'aménagement de son appartement, vidé pour la circonstance. Et les beaux Messieurs et Dames locataires ? Quelle affaire ! Ils étaient outrés de cet envahissement de loqueteux.

Le deuxième fait eut pour théâtre la rue de Miromesnil, où le locataire, après de multiples discussions avec son proprio, qui habitait la

350 Léon Gandillot (1862-1912) fut un auteur à succès de vaudevilles et de pièces comiques. Il devait décéder peu après son déménagement à Neuilly-sur-Seine.

351 Terme populaire désignant la ligne de fortifications qui entoura Paris de 1844 à 1919. À l'avant de ces constructions s'étendait une zone où toute construction était interdite, mais qui vit l'installation, dès la fin du 19e siècle, d'un habitat précaire aux allures de bidonville qui compta jusqu'à 30 000 personnes.

352 Gaston Mardochée Brunswick, dit Montéhus, (1872-1952) fut un chansonnier engagé, auteur de nombreuses chansons contestataires. Proche de *La Guerre sociale*, il rallia l'union sacrée et composa des chansons cocardières. En 1930, il adhéra à la SFIO et soutint le Front populaire.

353 Terme d'argot désignant un propriétaire particulièrement dur et rapace.

maison, crut devoir faire appel au « Raffut de Saint-Polycarpe » pour trancher l'affaire. Qu'on se souvienne que ce Raffut était composé de tous les instruments et ustensiles capables de rendre fous les auditeurs condamnés à entendre les principaux morceaux qu'il exécutait. Un simple aperçu de ce que cela pouvait donner est à la portée de tous ceux qui voudraient essayer de s'en faire une idée. Il y avait là un piston, un accordéon, un saxophone, une casserole, un clairon, un tambour, etc. Le concert commença vers les 9 heures du matin et dura jusqu'à 6 heures du soir… J'allais dire faute de combattants, mais ceux-ci étaient passablement éreintés pour s'arrêter. Aussi bien le « service » qu'avait demandé le locataire au citoyen Cochon devait-il avoir donné complète satisfaction. Les exécutants furent traités comme il se devait : de temps en temps, ils s'arrêtaient pour « danser devant le buffet », qui était amplement garni de victuailles et de boissons les plus diverses.

Heureuse époque que celle que nous vécûmes alors. Aujourd'hui, la loi a traité la question et celui qui chercherait à renouveler nos prouesses irait passer quelque temps dans les cellules de la Santé.

## LE CONGRÈS DU HAVRE DE 1912

Ouvert le 16 septembre, il se clôtura le 21[354]. Les principales questions qui s'y débattirent comportaient celle de l'indépendance du syndicalisme – déjà longuement discutée depuis Amiens, mais qu'on cherchait encore à soulever[355] –, l'application de la « semaine anglaise », dont il fallait absolument arracher l'acceptation par le patronat, la lutte contre la « vie chère », dont il fut décidé de poursuivre l'action et, enfin, les « retraites ouvrières », dont il fallait plus que jamais combattre la version gouvernementale.

La carte et le timbre confédéraux furent définitivement considérés comme devant permettre le paiement des cotisations par les Fédérations

354 Pour la partie strictement confédérale, car la conférence des Bourses et des UD se tint dans son sillage, le 23.

355 La question fut posée, cette fois encore, par Victor Renard, le syndicaliste guesdiste du Textile. Elle occupa près de trois séances et s'acheva par le vote à une écrasante majorité d'une résolution réaffirmant l'autonomie et l'indépendance des syndicats.

et les Unions locales de syndicats[356], chaque adhérent étant contraint de posséder la carte, qui portait au verso des cases sur lesquelles devaient être notés les secours de *viaticum* versés aux syndiqués de passage.

## NOUVELLES MANIFESTATIONS CONTRE LA GUERRE

Le Pré-Saint-Gervais devait connaître, une fois de plus, l'affluence du peuple parisien et des environs pour combattre la guerre[357]. Six tribunes furent installées, sur lesquelles parlèrent de nombreux militants français, allemands et autrichiens[358]. C'était le dimanche 17 novembre 1912. Des meetings se tenaient au même moment à Berlin, Londres et Milan[359].

Ce vaste rassemblement fut suivi d'un congrès, spécialement affecté à la nécessité de lutter, dans tous les pays, contre ce fléau qui menaçait continuellement d'éclater. Ce congrès se tint dans la salle de la Bellevilloise, rue Boyer[360]. D'importantes décisions y furent prises et

356 En réalité, les Unions départementales, dont le congrès rendit la création obligatoire à compter du 1er janvier 1913 et qui se substituèrent aux Bourses du travail dans les structures de la CGT. Pour ce qui est du paiement des cotisations, l'instauration de la carte confédérale et de timbres mensuels délivrés par la trésorerie de la CGT avait été votée trois ans plus tôt, lors d'une conférence extraordinaire des fédérations et des bourses du travail convoquée à Paris du 1er au 3 juin 1909.

357 Provoqué par la guerre des Balkans, entre la Serbie, la Grèce, la Bulgarie en conflit avec la Turquie, le rassemblement du 17 novembre 1912, organisé au Pré-Saint-Gervais par la SFIO, répondait à l'appel lancé par le Bureau socialiste international. *L'Humanité* du 18 titra sur la participation de 100 000 Parisiens. La CGT, qui prévoyait de manifester contre la guerre en concertation avec les autres syndicats européens s'était heurtée à une fin de non-recevoir de ses homologues allemand et autrichien, qui la renvoyaient vers les partis socialistes, seuls à même, selon eux, d'engager des protestations à caractère politiques. Suite à cette réponse, la direction cégétiste avait décliné l'invitation de la SFIO à s'associer à l'initiative du 17 novembre.

358 *L'Humanité* compta neuf tribunes, où intervinrent, entre autres, Philipp Scheidemann (1865-1939), président du SPD, l'Autrichien Engelbert Pernerstorfer (1850-1918), vice-président du Reichsrat, le Britannique Ramsay Macdonald (1866-1937), leader du Parti travailliste, le Belge Émile Vandervelde (1866-1938), président de l'Internationale socialiste et le Russe Élie Roubanovitch, membre du parti socialiste révolutionnaire.

359 Mais aussi à Rome, Amsterdam, Budapest, Madrid, Stockholm…

360 Le congrès extraordinaire, réuni les 24 et 25 novembre 1912, adopta, outre l'appel à une grève de 24 heures le 16 décembre, une résolution qui précisait qu'en cas de déclaration

une grève de 24 heures, votée pour le 16 décembre. Elle eut lieu[361]. Des poursuites furent ordonnées contre l'Union des syndicats de la Seine et des perquisitions s'ensuivirent.

## CAMPAGNE CHEZ LES SARDINIERS BRETONS

À la suite d'une vive effervescence qui se manifesta dans les ports de pêche de la côte bretonne, la CGT organisa une campagne destinée à mettre les sardiniers au courant des revendications présentées par les camarades des ports de pêche les plus importants. La délégation se composait de Rivelli[362], comme représentant la Fédération maritime, Gautier, de Saint-Nazaire, Primault[363], des dockers de Bordeaux, et moi-même, pour la CGT. Plus de 30 ports furent touchés.

La principale revendication soutenue par les pêcheurs se rapportait à l'emploi des filets tournants[364], dont le patronat avait décidé de doter les barques et dont la pratique devait diminuer le nombre de marins nécessaires pour la pêche à la sardine. Jusqu'alors, on ne faisait emploi que du filet droit. C'était donc une révolution dans l'art de la pêche et tous, sans exception, se révoltaient contre ce nouveau mode qui venait bouleverser la coutume. En réalité, c'était le progrès qui s'implantait, au seul bénéfice des gros patrons. Pour qui connaissait la misère qui régnait dans ces foyers des ports bretons, le soulèvement des pêcheurs pour défendre le pain de leurs enfants ne fut pas une surprise.

---

de guerre, les travailleurs « devront se réunir dans les groupements de leur localité, de leur région, pour y prendre toutes mesures dictées par les circonstances et le milieu, avec, comme objectif : la conquête de leur émancipation et, comme moyen : la grève générale révolutionnaire. »

361 Aux dires de la CGT, 600 000 travailleurs auraient fait grève. Sans conclure au fiasco, ce niveau n'était pas à la hauteur des attentes des syndicalistes.

362 Ange Rivello, dit Rivelli (1873-1938), marin, anima, au début du 20e siècle, de nombreux conflits à Marseille et contribua, en 1906, à l'affiliation à la CGT de Fédération des Inscrits maritimes, qu'il dirigea jusqu'en 1925. Deux ans plus tard, cependant, il créa une fédération dissidente. Opposé aux communistes, il avait adhéré à la SFIO en 1921.

363 Alexandre Primault, né en 1882 et mort à la guerre, avait été docker à Bordeaux. Dans les années 1910, il dirigeait le syndicat des dockers de Saint-Nazaire, mais il contribua à la propagande syndicale et à l'organisation des ouvriers des quais de Bayonne à Saint-Malo.

364 Le filet tournant capture le poisson en l'encerclant à la fois sur les côtés et par en dessous.

Nous réussîmes avec beaucoup de difficulté à faire retarder l'emploi des filets tournants, mais ce n'était là qu'une mesure momentanée. Le résultat ? Les patrons se réunirent en congrès, et comme le référendum parmi les sardiniers, organisé par les syndicats, avait donné 5 159 voix pour une grève contre 370 pour la continuation de la pêche aux conditions imposées par le patronat, les fabricants de conserves décidèrent la fermeture complète de leurs usines et de ne pas les rouvrir pour la campagne de 1913.

S'il me fallait relater tout ce qu'il m'a été donné de voir dans cette tournée, cela me serait difficile. Mais il y a cependant une chose, qui se reproduit de temps à autre et que les journaux rapportent, c'est lorsque les marins, au retour de la pêche, lorsque celle-ci a été abondante, se voient dans l'obligation de rejeter les sardines à la mer, quand les usiniers, en ayant une certaine quantité à leur disposition, refusent de les payer au prix raisonnable. Alors, les marins ont travaillé pour rien et on en souffre à la maison, naturellement.

## LA LOI DE TROIS ANS

Et le militarisme continuait son action avec Millerand, qui avait reconstitué les « retraites militaires[365] ». Il n'avait pas craint de les faire défiler devant la Bourse du Travail, comme une véritable provocation. Au commencement, il y eut bien des badauds pour les suivre, mais étant donné qu'elles avaient engendré des manifestations tumultueuses, elles finirent par ne plus être suivies que par la flicaille. Il était aidé dans sa besogne par le Conseil supérieur de la Guerre, qui travaillait pour faire revivre la loi de 3 ans, et ce fut Étienne[366] qui déposa le projet sur le bureau de la Chambre, le 6 mars. Cependant, l'agitation reprit internationalement contre les fauteurs de guerre et contre les armements, qui s'intensifiaient partout.

365 Devenu ministre de la Guerre, Millerand renoua, en février 1912, avec la tradition des retraites militaires dans la capitale, à raison de deux, une par rive, tous les samedis soirs. L'initiative visait à entretenir le patriotisme et à rapprocher la population de l'armée en cette période de tensions internationales.

366 Eugène Étienne (1844-1920) était un républicain modéré, élu à Oran et membre éminent du « parti colonial ». Plusieurs fois ministre, il détenait le portefeuille de la Guerre en 1913.

Cette même année 1913 vit, pour la première fois, la manifestation au Mur des Fédérés obligée de se transporter sur le terrain habituel du Pré-Saint-Gervais, Barthou ayant interdit cette manifestation à Paris, comme il était de coutume depuis de longues années. L'appel lancé par les organisateurs fut entendu et on compta près de 150 000 manifestants, qui durent défiler entre les rangs de nombreuses forces policières, principalement aux portes de Paris et dans les rues du Pré.

Et on perquisitionna partout dans les organisations ouvrières[367]. C'est Barthou qui l'ordonna. Et l'on vit des nuées de flics s'abattre sur nos locaux syndicaux : CGT, Bourse du Travail, sièges des journaux corporatifs. C'est Lépine en personne qui dirigea le pillage de la CGT. Rien ne fut respecté. Et les policiers entassèrent tout ce qu'ils trouvaient, pêle-mêle, et l'emportèrent. Pour y découvrir quoi ? Est-ce que tout ce que nous tentions pour empêcher les fauteurs de guerre de se livrer à leur besogne maudite n'était pas fait au grand jour ? Mais il fallait impressionner le grand public et y avait-il, de tout temps, meilleur moyen d'y parvenir, avec l'appui des journaux avides de ces « événements sensationnels » qu'ils faisaient mousser par des articles comme ceux qu'ils firent paraître au moment de ces dernières perquisitions, et qui réjouissaient, ô combien, les patriotes à tous crins et tranquillisaient la bourgeoisie, qui se savait défendue.

J'avais déjà eu l'occasion de voir les sales pattes des mouchards fouiller dans le petit coffre-fort dans lequel était enfermée la « fortune » de notre organisation. J'y ai vu jusqu'à 5 000 francs aux époques de vaches grasses – je parle des francs, et non des policiers ! J'étais donc averti qu'un jour ou l'autre je reverrais l'engeance débarquer au 33 de la rue de la Granges-aux-Belles, et j'avais pris mes précautions. De sorte qu'au moment où Lépine ordonna le cambriolage de tous les tiroirs et du fameux coffre, il ne restait que quelques livres d'ancienne comptabilité et... un petit lapin sauteur, comme ceux qui, à ce moment, se vendaient à raison d'un franc sur les boulevards, aux terrasses des cafés. Je verrai toujours la tête du Monsieur qui, d'un air solennel, me demanda la clef, que je

367 À la suite des troubles survenus dans plusieurs casernes, du 18 au 24 mai 1913, après que le chef du gouvernement ait annoncé le maintien, un an de plus, des soldats de la classe 1910 libérables en septembre, l'enquête menée par l'État-Major avait mis en cause l'action antimilitariste et antipatriotique de la CGT. Une première vague de perquisitions dans les locaux syndicaux intervint le 26 mai 1913.

me fis prier pour lui remettre. Il faisait une… gueule, cependant que je tenais mon sérieux. Mais je pouffais, intérieurement, on le conçoit. La chose la plus ridicule qui s'ensuivit, c'est que l'un des chefs de cette tourbe policière mit gravement les scellés sur le coffre et me nomma gardien responsable de ces morceaux de cire inviolables !

Nous ne revîmes jamais le moindre document enlevé par la Préfecture de police, malgré nos réclamations. Combien de démarches dus-je faire pour avoir la clef du coffre, que je n'avais cessé d'ouvrir en ressoudant les cachets aux mêmes endroits d'où je les avais retirés au moyen d'une lame de couteau chauffée à la bougie. Il me faudrait raconter comment un des mouchards, qui voulut faire du zèle, sortit d'un réduit que je lui avais indiqué comme le refuge où notre camarade Marie se serait blotti pour échapper à une arrestation toujours possible. Il y avait peut-être 20 ans que personne n'avait pénétré dans cette soupente. On juge dans lequel je le revis quelques instants après !

Les raisons de ces perquisitions ? Qu'on se rappelle qu'à travers toute la France des manifestations avaient été organisées contre le maintien de la classe sous les drapeaux et que, dans maintes casernes, les protestations furent si énergiques que le gouvernement craignit in moment qu'elles puissent atteindre toute l'armée. *L'Internationale* retentit dans maintes casernes : à Reuilly, à Toul, à Commercy, Lérouville, Belfort, Bourges, Orléans, Rodez, etc. Partout, en tout cas, la manifestation visait le maintien et la loi des 3 ans. C'est à ce cri que les soldats se répandaient dans les cours.

Écrasés par l'intervention de la gendarmerie et de régiments choisis parmi ceux qui ne s'étaient pas joints au mouvement, les conseils de guerre fonctionnèrent à plein contre ceux des soldats qui furent désignés comme étant les meneurs. C'est ainsi qu'à Chalons des condamnations furent prononcées, l'une à CINQ ANNÉES, l'autre à DEUX ANS. À Bourges, huit soldats furent condamnés à des peines variant de 18 mois à 3 ans de prison. À Nancy, ceux qui avaient été arrêtés au 153e de Toul se virent infliger UN AN et DEUX ANS de prison. À Montpellier, deux soldats furent frappés de 5 ans de TRAVAUX PUBLICS, et à Toulouse, deux caporaux récoltèrent chacun UN AN de prison. Et combien d'autres[368] ? La CGT riposta à cette répression par une affiche

368 Des dizaines de soldats, considérés comme des « meneurs », furent lourdement sanctionnés par les conseils de guerre. Mais la mesure de maintien sous les drapeaux à l'origine du mouvement fut annulée en juillet.

« Contre la guerre » et publia un manifeste pour protester contre les perquisitions exécutées.

Débordé devant cette levée en masse, surtout en présence de soulèvements dans les casernes, le Barthou, de concert avec le gros Chéron[369] et son collègue Étienne, élabora un projet de loi visant surtout à la dissolution de la CGT et le déposa à la Chambre[370]. La suppression de la loi de 1884 fut également envisagée dans ce projet. Malgré ces menaces, la CGT ne tint aucun compte des persécutions qu'elles contenaient et continua son action.

Voyant son insuccès de ce côté-là, le gouvernement eut recours, une fois de plus, aux arrestations de militants et à l'inculpation sous laquelle on les justifiait : excitations de militaires à la désobéissance, en se servant de l'institution du « Sou du soldat », pour lesquels d'autres avaient déjà été condamnés, tels Viau, Baritaud et Dumont, dont j'ai parlé. Et le 1er juillet, un certain Drioux[371], juge à tout faire, lança 18 mandats d'arrêt contre des camarades militants de Paris, et aussi contre certains de province, tels que Hervier[372] à Bourges, Batas[373] à Saint-Malo, Thomas[374] à Nantes, Tesson[375] à Armentières, Marie[376] à Épinac, etc.

369 Henry Chéron (1867-1936), avocat, était un républicain modéré. Maire, député, puis sénateur, il fut plusieurs fois ministre, avant comme après la guerre. En 1913, il détenait le portefeuille du Travail.

370 Barthou était alors Président du Conseil. À la Chambre, il annonça sa volonté de dissoudre la CGT, dont il accusait les militants de vouloir « saboter la défense nationale et détruire la patrie ».

371 Joseph-Marie Drioux (1859-1927) était, depuis 1909, juge d'instruction au tribunal de la Seine. Il finit sa carrière à la tête de la Cour de cassation.

372 Pierre Hervier (1868-1950), s'engagea très tôt dans le mouvement ouvrier berrichon. Socialiste et syndicaliste, il fut particulièrement actif au sein de la CGT. Au nombre des fondateurs de la Bourse du Travail de Bourges, il fut secrétaire de l'UD du Cher dès 1912. Un temps maire de Bourges (1901-1904), il soutint l'union sacrée, mais fut maintenu à la tête de l'UD malgré le renversement de majorité intervenu au sortir de la guerre. Membre du PCF et de la CGTU, il dirigea sa 27e Union régionale jusqu'en 1930.

373 Jean-Marie Batas (1872-1944) était tailleur de pierres. Syndicaliste, il dirigea le syndicat du Bâtiment de Saint-Malo, puis la Bourse du Travail et l'Union locale, de 1909 à 1944.

374 Thomas était docker à Nantes. Il avait élu secrétaire du syndicat local en 1912.

375 Il était trésorier du syndicat des métallurgistes de Valenciennes.

376 Du syndicat des mineurs d'Épinac (Saône-et-Loire).

## DE NOUVEAU EMBASTILLÉ
### À la Santé

Le mandat qui me concernait particulièrement fut exécuté par le policier Nicole. Et nous nous retrouvâmes, pour la plus grande partie des camarades poursuivis, à la souricière, quai de l'Horloge[377].

Pourquoi ces arrestations ? Simplement pour tranquilliser le gouvernement, qui pensait ainsi pouvoir arriver à en terminer avec notre agitation. En englobant les secrétaires et les trésoriers de certains syndicats, on laissa croire qu'il y avait une entente pour fomenter les troubles dans les casernes. C'était idiot, la comédie était tout de même « cousue de fil blanc », malgré le tam-tam fait par les journaux, toujours eux, qui gueulaient au complot. Mais pourquoi Yvetot avait-il été compris dans la fournée ? Pourquoi moi-même étais-je inculpé ? Nous n'avions, ni l'un ni l'autre, envoyé d'argent – Sou du soldat – ou de circulaires dans les casernes. Il était donc difficile de prétendre qu'en nous enfermant à la Santé, nous en serions empêchés. À qui, d'ailleurs, aurions-nous pu adresser fonds et écrits ? Car, tout de même, il nous aurait fallu connaître les noms de ceux des jeunes soldats bénéficiaires de l'aide consentie par leur organisation syndicale.

Évidemment, il fallait tout de même trouver un motif, et Drioux en inventa un, qui n'était pas piqué des hannetons – même celui qu'il avait dû emmagasiner dans son crâne, pour la circonstance – et, beaucoup plus tard, nous apprîmes qu'Yvetot avait payé les timbres pour l'envoi des circulaires et que j'avais donné de l'argent pour les payer. En réalité, de telles poursuites ne pouvaient prendre corps, aux yeux du grand public, qu'à la condition qu'il s'y trouve englobée une représentation officielle de la CGT. De là notre inculpation à tous deux. L'instruction inspirée par Drioux serait totalement à retranscrire pour montrer comment on brode une affaire comme celle qui nous fit comparaître devant le Tribunal correctionnel, après une détention de 6 mois[378]. Yvetot fut condamné

---

377 Ancien dépôt du Palais de Justice, devenu celui de la Préfecture, où l'on conduisait les individus arrêtés en flagrant délit ou sur ordre direct du préfet. Il tire son nom de la taille réduite des cellules, superposées sur deux rangs, dans lesquelles sont gardés les prisonniers dans l'attente d'un premier interrogatoire.

378 Le procès débuta devant la 8e Chambre, le 19 novembre 1913. Quinze militants étaient dans le box des accusés et trois, dont Viau, paraissaient comme prévenus libres. Ce jour-là,

à 1 an de prison, avec Raux, de Nantes, je fus acquitté, et les autres camarades reçurent de 8 mois à 6 mois au terme d'un procès qui ne prit fin que le 26 mars 1914. Pendant notre détention à la Santé, et à part ceux qui s'y trouvaient déjà incarcérés depuis quelque temps, en avons-nous vu défiler au quartier politique[379]. La liste serait longue s'il fallait rappeler toutes les condamnations qu'eurent à subir les nôtres.

Drioux passait pour « l'homme de la situation » pour le gouvernement, je l'ai déjà indiqué. Il savait manigancer une affaire pour arriver à laisser croire à son entière impartialité. Mais ceux qui eurent à subir ses interrogatoires savent quel sadisme il apportait dans les insinuations auxquelles il avait recours pour doser des charges, inventées pour les besoins de la cause, et dont les dossiers étaient largement remplis. Il m'énervait avec sa façon de s'y coller et je pris un jour la décision de lui jouer un mauvais tour, mais il me fallait être très prudent, pour le faire sans risquer « l'outrage à un magistrat dans l'exercice de ses fonctions » – au total 2 ans de prison, qu'il eût pu me faire infliger.

Je demandai à ma compagne de vouloir bien me procurer deux cartes postales représentant, l'une, la Joconde tirant un pied de nez, la seconde, la même Joconde lançant un baiser accompagné d'un sourire plus accentué que celui de la toile. Sur la première, on lisait « Je reviendrai dans quelques ans. Quand les poules auront des dents ». Sur la seconde : « Ce gracieux baiser sera pour celui qui me trouvera ». Il fut facile de se les procurer, car elles étaient en vente chez tous les libraires. Je dois rappeler, car cela a son importance dans l'histoire, que c'était le même Drioux qui avait été chargé d'instruire cette affaire de vol du Louvre et, qu'après pas mal de recherches, il désespérait de retrouver le tableau[380]. Car il y avait pas mal de temps que je ruminais ma petite

---

la CGT avait lancé un appel à une grève générale de 24 heures, qui ne fut guère suivie, avec manifestation autour du Palais de Justice. Les accusés contestaient la compétence du tribunal correctionnel appelé à se prononcer en vertu de la « loi scélérate » de juillet 1894. Selon eux, le caractère public des écrits adressés aux militaires dans le cadre du Sou du soldat relevait d'un délit de presse, passible de la cour d'assises. Le 26, la 8e Chambre se déclara néanmoins compétente, décision contre laquelle la défense fit appel. Le 26 décembre, la cour d'appel confirma la compétence du tribunal correctionnel, mais accepta plusieurs demandes de libérations provisoires, dont celle de Marck.

379 Partie de la prison – 6e Division – où étaient regroupés les prisonniers politiques qui, en plus d'un régime plus libéral, disposaient de cellules moins étroites que les autres détenus.

380 Allusion au vol de la Joconde, survenu le 22 août 1911. Il entraîna la démission du directeur du musée, mobilisa pas moins d'une soixantaine d'inspecteurs et valut au juge Drioux

combinaison, de façon à être tout à fait prêt lorsqu'il me ferait reparaître devant lui, décidé à ne répondre qu'évasivement à ses questions et de choisir l'instant favorable à le faire monter à l'échelle, certain que je ne manquerais pas mon coup. Je fis donc comme je l'avais préparé.

Au préalable, j'avais placé les deux cartes dos à dos, de façon à ce que les images soient bien visibles, et après quelques questions qu'il me posa, et devant mon mutisme, il me dit : « Eh bien ! répondez ». Et voici ma réponse : « J'ignore absolument ce qu'il peut y avoir de fondé dans ce que vous m'avez lu, mais laissez-moi vous dire, Monsieur, qu'il vous a été plus facile de faire prendre tous mes camarades militants dans leur lit, que de retrouver la Joconde ». Et ce disant, je lui montrai mes cartes que je retournais ostensiblement. Qu'avais-je fait là ? Il se leva, comme mû par un ressort et jeta au garde qui m'avait accompagné : « Faites sortir cet individu ! ». Laval, qui me défendait, me dit, avant de me quitter, que Drioux me ferait payer ce geste. Et, de fait, je présume qu'il exerça sa vengeance en me tenant sous sa coupe pendant les six mois que je passai à la Santé.

Nous fûmes tous mis en « liberté provisoire » le 26 décembre 1913, après avoir passé ensemble la nuit du réveillon dans le réfectoire, jusqu'à minuit, dégustant toutes les victuailles que nos camarades de l'extérieur nous avaient envoyées dans l'après-midi. Ainsi se termina cette année 1913.

## LA GUERRE DE 1914

Et voici la guerre ! La guerre hideuse, et qui devait durer plus de quatre années, provoquée par la disparition brutale de l'archiduc Rodolphe, le 28 juin, à Sarajevo, en Serbie[381].

Si tous les fauteurs de guerre n'avaient pas eu cette occasion pour lancer le monde dans un conflit, dans lequel DIX MILLIONS d'individus trouvèrent la mort[382], ils en eussent fait surgir un autre. L'Europe vivait,

le surnom de « marri de la Joconde ». Le tableau fut retrouvé le 10 décembre 1913.

381 Sarajevo est en Bosnie-Herzégovine, mais l'Autriche rendit la Serbie responsable de l'attentat, organisé par un groupe nationaliste slave, la Jeune Bosnie, en relation indirecte avec les services secrets serbes.

382 On estime aujourd'hui à 9,7 millions le nombre des victimes militaires de la guerre, total auquel il faut ajouter les 8,9 millions de civils qui succombèrent aux famines, maladies

depuis un certain temps, dans une atmosphère d'inquiétude, que les diplomates entretenaient à qui mieux mieux, avec la certitude que, dans chaque pays, tous les ressortissants marcheraient vers les champs de carnage, pour le profit de quelques tyrans et des financiers, qui en tirèrent les plus gros bénéfices et envoyèrent ceux qui en furent les victimes défendre leurs privilèges.

Rien ne changea dans cette guerre, quant aux massacres des hommes et aux destructions de toutes sortes, sinon que les moyens mis au service du mal étaient plus perfectionnés et n'eurent aucune limite. Tout ce qui pouvait servir à massacrer fut mis en œuvre : forces de terre, de mer, de l'air, et plus l'individu inscrivait de massacre au tableau, plus il recevait de récompenses : médailles, croix de guerre, légions d'honneur, qui serviraient plus tard à le distinguer du commun des mortels et le désigneront dans les cérémonies officielles comme ayant été un héros.

Et cette calamité s'étendit à une vitesse vertigineuse. La Russie intervint pour soutenir la Serbie, attaquée par l'Autriche ; l'Allemagne déclara la guerre à la Russie et à la France, qui était engagée avec le Tzar, ami de Poincaré, ce qui fit dire, à l'avènement de ce dernier : « Poincaré, c'est la guerre ! », et qui, alors que plus rien ne pouvait l'empêcher, osait faire écrire à ses larbins de la presse, la veille de ce conflit : « La mobilisation, ce n'est pas la guerre ». Puis, entrèrent dans la danse l'Italie, la Belgique – envahie –, le Portugal, l'Angleterre, l'Amérique, le Japon, la Chine, l'Argentine, le Brésil et d'autres encore. La plus ignoble des boucheries était déchaînée, dans laquelle DIX MILLIONS d'êtres humains devaient être sacrifiés, dont UN MILLION CINQ CENTS MILLES rien que pour notre pays. Quant à nous, la première victime qui devait tomber fut Jaurès, lâchement assassiné par Villain, au café du Croissant, rue Montmartre, le 28 juillet 1914[383]. Les véritables responsables de ce crime ne furent jamais inquiétés. Cependant, ils étaient connus. Chaque jour, les colonnes de leurs feuilles immondes étaient remplies de provocations au meurtre, et Jaurès y était nommément « comme étant le premier Prussien à qui réserver les 12 balles dans la peau ». Et autres écrits semblables. L'assassin passa devant les assises et

– hors grippe espagnole – et massacres.

383 Jaurès fut assassiné le 31 juillet 1914 par Raoul Villain (1885-1936), un étudiant nationaliste, aussitôt arrêté. L'instruction fut menée par le juge Drioux, déjà croisé. Le procès de Villain eut lieu en mars 1919.

fut acquitté. Mme Jaurès, la veuve, et ses amis intervinrent en ce sens au procès. Sa condamnation n'aurait d'ailleurs rien changé à la situation, et elle eût frappé un inconscient.

Nous étions réunis au Comité confédéral lorsqu'on vint nous apprendre la triste nouvelle. Nous étions tous consternés. Une délégation, qui devait avoir rendez-vous avec Jaurès, le lendemain matin, partit immédiatement aux renseignements. Car nous pensions à une fausse nouvelle. Hélas ! au retour de nos camarades, nous dûmes nous rendre à l'évidence. Donc, nous nous trouvions au centre d'une épouvantable catastrophe !

Je revois toujours, en ce 2 août 1914[384], la folie qui s'empara de la population tout entière. Les ateliers furent désertés et un pillage en règle s'organisa dans la capitale. Les Maggi[385] furent saccagés et le beurre, le lait, le fromage et les autres denrées qui formaient le stock des magasins furent jetés au ruisseau et piétinés. On arracha les enseignes ayant une consonance germanique et, sur les kiosques, les plaques portant le nom de KUB furent arrachées. Il en fut de même pour les boutiques où les commerçants passaient pour posséder et vendre des articles « made in Germany ». C'est ainsi que dans la rue Grange-aux-Belles, il se trouvait un magasin d'outillage de toute sorte qui fut totalement dévalisé. Et combien d'autres subirent le même sort. Ce que fut cette mémorable journée est impossible à décrire. Partout, c'était le lamentable aspect d'une ville venant de subir le pire des cataclysmes. Il eût fallu, pour en empêcher la réalisation, prévoir les bas instincts chez des individus auxquels on avait, pendant les mois précédents, versé le poison d'une haine atroce et qui, une fois déchaînée, ne devait plus connaître de bornes.

Et puis ce fut, le lendemain, la mobilisation générale[386] et le départ des « petits gars » par la gare de l'Est, pour les chemins du carnage[387]. Ah ! ce

---

384 Date du début de la mobilisation générale décrétée la veille, après la déclaration de guerre de l'Allemagne à la Russie. L'Allemagne entra ensuite en guerre contre la France.

385 Magasins de la société alimentaire suisse fondée en 1887 par Julius Maggi, spécialisée dans la fabrication de soupes et de bouillons « kub » déshydratés, également propriétaire d'un large réseau de laiteries. En août 1914, de nombreuses succursales furent saccagées dans la nuit du 2 et durant la journée du 3. Une partie de l'opinion tenait l'entreprise pour « allemande » et soupçonnait ses panneaux publicitaires muraux de servir de repères aux bombardements de l'ennemi.

386 La mobilisation, rappelons-le, fut décidée le 1er août pour le lendemain, date à laquelle la plupart des affiches l'annonçant furent apposées.

387 Spectaculaires, les manifestations d'enthousiasme patriotique et chauvin autour des gares ne sauraient résumer l'état d'esprit du gros des mobilisés. S'il y eut peu de défections, les historiens insistent sur la stupeur initiale de la population. Si la plupart des soldats

souvenir des rassemblements dans la cour de la gare. Ces enfants du peuple, armés de fusils aux canons desquels la plupart avaient planté des fleurs, et qui les brandissaient aux cris de « À Berlin ! » Chaque jour, je remontais le boulevard de Strasbourg et allais me coller le long des grilles pour assister au lamentable et triste spectacle qui se déroulait devant les parents et les amis, tous éplorés de la séparation qui leur était imposée. Et les wagons remplis disparaissaient, laissant entendre, jusqu'à très loin, les chants et les mêmes cris, qui dominaient : « À Berlin ! ». Combien ne devaient pas dépasser la Marne ! Et je me représentais l'autre côté de la barricade, où d'autres jeunes hommes se livraient aux mêmes enthousiasmes, mais aux cris de « À Paris ! », sous les yeux des leurs, impuissants à les retenir.

À partir de ce jour, la consternation fut totale, surtout lorsqu'on apprit avec stupeur – est-il besoin de le dire ? – que les Allemands avaient envahi la Belgique et que leurs troupes se ruaient en masses énormes sur le Nord de la France en même temps qu'en Alsace, et balayaient tout sur leur passage. On tenta bien de nous persuader, pour ne pas trop démoraliser la population, que nos troupes françaises avaient pris Mulhouse. Je me trouvais à la mairie du 11^e^, lorsque le député Isaac[388] vint nous apporter la nouvelle. Mais au bout de quelques heures, il fallut bien se rendre compte que les Allemands avaient impitoyablement balayé les nôtres et avaient continué leur avance massive, s'assurant des succès qui n'eurent pas de mal à être confirmés par la suite. Dois-je dire que le « bourrage de crâne » battait son plein ? *Le Matin*[389], la plus cynique des feuilles du matin, insérait froidement que les Russes étaient à quelques verstes de Berlin et que leur « rouleau compresseur » allait écraser l'ennemi en très peu de combats. Quant aux Allemands, il suffisait de leur présenter une simple tartine de pain et de confiture pour les voir lever les bras au ciel et se rendre en s'agenouillant aux pieds de nos pioupious. Faut-il rappeler combien la réalité fut autre, hélas !

---

partirent résolus à la guerre, qu'ils pensaient de courte durée, l'état d'esprit dominant n'était pas à la gaîté.

388 On ne trouve pas de député ayant ce patronyme en 1914. Auguste Isaac (1853-1913), député de la Guadeloupe était décédé un an plus tôt et un autre Auguste Isaac (1849-1938), homme d'affaires, qui présida la Chambre de commerce de Lyon (1899-1911), ne sera pas élu député (de droite) avant 1919…

389 Quotidien créé en 1884, adepte des titres accrocheurs, il devint l'un des quatre grands titres de la presse nationale avec un tirage dépassant le million d'exemplaires à la veille de la guerre, avant de décliner après le conflit. De républicain modéré, il passa au conservatisme, puis à l'extrême droite et à la collaboration avant son interdiction à la Libération.

Dans Paris, on organisa la vie pour faire face aux événements qui se précipitaient. Le ravitaillement était conséquent et les choses nécessaires à l'alimentation de la population largement assurées et, relativement, à des prix raisonnables. Il y en eut qui, cependant, firent malgré tout leurs affaires, remplissant leurs escarcelles. N'oublions pas, en effet, que dans toutes les guerres, il en est qui s'enrichissent sur le compte et au détriment de ceux qui la font, ailleurs que dans « l'embuscade » où les « roublards » réussissent à se faire un petit trou.

Le deuxième dimanche de la déclaration de guerre, me trouvant sur le boulevard Ménilmontant, j'aperçus un avion qui, tranquillement, se profilait sur un ciel bleu, sans un seul nuage. Je constatai avec surprise n'avoir jamais vu de pareil type parmi les nôtres. Les quelques curieux qui, comme moi, s'étaient arrêtés, se partagèrent, les uns indécis sur la nationalité de l'appareil, les autres, ouvertement, affirmaient que c'était bien un Français. Mais j'eus la bêtise de dire que j'étais à peu près persuadé qu'il pourrait bien s'agir d'un avion allemand pour voir tous ces imbéciles se tourner contre moi et je dus partir, car certains menaçaient de me faire un mauvais parti, me traitant de « boche ». Pourtant, il s'agissait bien d'un *Tauban*[390] et c'était également le premier qui planait au-dessus de la capitale, venu en reconnaissance.

Le lendemain, un groupe s'était formé devant mon domicile, chacun devisant sur les événements. Je m'approchais et constatai que celui qui tenait le crachoir était un pauvre infirme, qui, tout comme un stratège du café du Commerce, débitait un tas d'insanité et répétait sans se lasser que, le lendemain, les Français seraient à Berlin. Je crus devoir lui faire observer qu'il y allait un peu fort, que Berlin était très loin de Paris et que pour y parvenir, cela demandait un temps assez long, surtout que nos hommes trouveraient sur leur chemin des régiments, qui feraient tout leur possible pour entraver leur marche en avant. Armé d'une canne *alpinstock*[391], qu'il brandissait au-dessus de ma tête, il me fallut déguerpir, car il m'aurait certainement fait un mauvais sort, d'autant que d'autres de ses auditeurs le soutenaient dans ses divagations.

---

390 En fait *Etrich Taube*, avion monoplace conçu en Autriche, adopté par l'armée italienne, puis par ses homologues autrichiens et allemands. Le 30 août 1914, l'un d'eux lança 3 bombes sur Paris

391 Les cannes *alpenstock* disposent de bouts ferrés et sont utilisées pour les randonnées en montagne.

Mais là où je devais risquer de « prendre quelque chose pour mon rhume », comme on dit vulgairement, ce fut un soir, à la gare de l'Est, où m'étant trouvé interpellé par un individu que je ne connaissais pas, et qui m'avait semblé énoncer une contre-vérité – car, lui aussi, fixait à quelques semaines la durée de la guerre –, j'eus l'outrecuidance de lui donner mon opinion, c'est-à-dire, ma crainte que le conflit dure plus de deux ans. Il ameuta la foule contre moi et je me demande encore aujourd'hui par quel prodige je réussis à ne pas être écharpé.

La poussée allemande fut telle que les Belges durent fuir en laissant tout leur avoir et prirent la route vers la France, qui en voiture, qui en vélo, mais la plus grande partie à pied. Quel lamentable défile que cette masse d'homme, de femmes et d'enfants, dont certains marchaient presque nus pieds et à peine vêtus. La température, heureusement, si je puis dire, était douce et leur épargna de coucher en plein air sous la pluie ou le froid. Il fallait songer à tout ce flot humain et chacun entreprit d'aider à leur hébergement.

C'est grâce à la création du Secours national, auquel les dons affluèrent dès les premiers jours, qu'on dut pouvoir rapidement faire face aux nécessités les plus urgentes. Chacun voulut y apporter sa contribution et on fit de grandes choses. En dehors des locaux qui furent réquisitionnés pour y loger les évacués, le Secours national prit l'initiative de créer des « repas populaires » dans les quartiers et la CGT apporta, dans ce domaine, une connaissance parfaite des moyens auxquels il fallait avoir recours, moyens dont il était fait usage dans les grèves pour donner la pâture à ceux qui luttaient pour des conditions meilleures d'existence, c'est-à-dire les « soupes communistes ». Avec Bled[392], secrétaire de l'Union des syndicats, nous nous attelâmes à la besogne et, bientôt, nous comptâmes environ 45 « repas populaires » à Paris et dans sa banlieue. Je devins le secrétaire-trésorier de cette œuvre et, chaque semaine, tout en assurant mon travail de trésorier de la CGT, je distribuais les fonds aux dirigeants de chaque « repas ». Qu'il me soit permis de dire que, pendant l'année que j'assurai ces fonctions, il me passa plus de DEUX MILLIONS entre les mains, à

392 Jules Bled (1879-1961), était jardinier. Secrétaire du syndicat de la Seine, puis de la Fédération Horticole à compter de 1904, il fut secrétaire de l'Union des syndicats de la Seine (1907-1908), puis de l'UD (1913-1918). Syndicaliste révolutionnaire, il rallia l'union sacrée, dont il fut l'une des principales figures. Socialiste, puis néo-socialiste, il devint maire de Levallois-Perret en 1939 et le resta jusqu'en 1944.

raison de 4, 5 ou 600 francs par « repas populaire » existant[393]. Les repas étaient assurés aux réfugiés, à raison de 0,40 franc, soit 0,30, midi et soir, et 0,10 étant versé comme quote-part du Comité du Secours national. Ce sont ces dix centimes de supplément qu'il m'incombait de verser, sur présentation des registres de distribution de repas. Car il y avait un contrôle assez sérieux.

En dehors de mes occupations, trésorerie de la CGT et trésorier du Comité du Secours national, j'entrepris de fonder, dans mon quartier, un de ces fameux « repas populaires » et, avec l'aide de toute ma famille, nous arrivâmes à distribuer jusqu'à 600 repas le midi et 400 le soir. La majorité de nos « clients » appartenait à la région de Lille, Roubaix, Tourcoing. Nous n'avions que quelques Belges. Je tins ce « restaurant » jusqu'en mai 1915, c'est-à-dire jusqu'à mon départ pour Saint-Nazaire, dont il sera question plus loin.

Notre « repas » était installé au 75 boulevard de la Villette[394], dans un local qui avait gracieusement été mis à notre disposition par le locataire, mobilisé. Il est à peine besoin de dire que tous les concours étaient bénévoles et que le seul bénéfice que pouvaient retirer ceux qui travaillaient au « repas », c'était d'être nourris, de la même cuisine que celle qui était donnée aux clients. J'avais pris un cuisinier de profession et je puis assurer que les mets qu'il confectionnait étaient appétissants et que leur qualité et leur quantité ne faisaient pas défaut. Nous donnions, pour 0,40 franc, du pain, de la soupe, de la viande et des légumes, le midi et, le soir, de la soupe, du pain et, lorsque nous le pouvions, du fromage. Notre acheteur aux Halles était vraiment un as, et il n'était pas chiche d'aller deux ou trois fois aux Halles, pour avoir des « occasions ». Mais si notre « repas » avait bonne presse, qu'on veuille bien ne pas omettre qu'il en fut de même d'autres, qui ne lui cédaient rien de la bonne tenue de leurs propres œuvres. Accompagné de Bled, j'allais chaque jour visiter l'une de nos œuvres, et, à différentes reprises, des personnalités appartenant au Comité du Secours national venaient constater la bonne marche

393 Pour mémoire et par comparaison, on rappellera que pour la période 1910-1912, le total des recettes de la caisse centrale confédérale s'était élevé à 169 000 francs, tandis que l'encaisse en fin d'exercice se montait à un peu plus de 10 000 francs.

394 Selon un rapport de police, Marck habitait également à cette adresse en 1912. APP BA/1643, Rapport du 10 janvier 1912.

partout : le banquier Albert Kahn[395], qui a donné une fortune comme contribution, entre autres, le pasteur Monod[396], etc.

J'ai dit que je tins « mon repas » jusqu'en mai 1915. En effet, je pris la détermination de chercher du travail à cette époque pour les motifs suivants. Quelques jours après la déclaration de guerre, le bureau de la CGT avait vu Dumoulin partir pour l'armée, et il était impossible de conserver les autres fonctionnaires, c'est-à-dire Jouhaux, Yvetot, Calveyrach et moi-même. Le comité confédéral fut donc convoqué pour envisager la situation et, réuni, il décida de ne maintenir à leur poste que le secrétaire général et le trésorier, en leur maintenant leurs appointements de 300 francs, qu'ils touchaient auparavant en réalité. Dès que cette détermination fut prise, je demandai au comité confédéral de vouloir bien admettre, quant aux appointements, que ceux-ci seraient divisés en cinq parties égales, c'est-à-dire que chacun de nous put disposer mensuellement d'une somme de 120 francs, puisque les deux traitements de Jouhaux et le mien étaient restés fixés à 600 francs. Le comité confédéral ne voulut pas rentrer dans le détail et nous laissa libres d'agir à notre guise à ce sujet. Nous assurions donc le service du bureau de la CGT avec ces appointements.

Dumoulin continuait d'être à l'armée, Yvetot s'occupait des enfants à Étretat, Juan-les-Pins – il partit également en Orient pour la même œuvre – et, enfin, Calveyrach venait chaque jour m'aider à assurer la besogne que je ne pouvais faire seul, car il m'arrivait de faire des délégations en province, puis dans Paris et la banlieue lorsque furent installés les « repas populaires » du Comité de Secours national. La situation de Calveyrach – trésorier adjoint, sans l'être, en fait, puisqu'il avait été congédié – fut certainement, pour une grande part, la cause de ma détermination d'accepter d'aller travailler, d'autant qu'il nous était difficile, aux uns et aux autres, de vivre avec 120 francs.

C'est alors que je fus pressenti par Gautier pour aller travailler à Saint-Nazaire comme contremaître, sur le port, un entrepreneur de déchargement lui ayant demandé de lui procurer un ancien docker capable de prendre la direction des travaux. Après un échange de correspondance, et les appointements – 300 francs par mois – ayant été fixés par contrat,

395 Albert Kahn (1866-1940) était un banquier, initiateur du Secours national, mais également mécène, à l'origine des Archives de la Planète, important fonds iconographique.

396 Wilfred Monod (1867-1943) était pasteur, personnalité marquante du protestantisme français et figure du christianisme social.

je quittai Paris. Mais auparavant, j'avais pris soin de porter la question devant le comité confédéral réuni à l'effet de savoir s'il accepterait mon départ et mon remplacement momentané par Calveyrach. Après en avoir discuté, le comité ne fit aucune objection, surtout après que j'eus bien spécifié que si ma présence devenait nécessaire, il lui suffirait de me prévenir pour que, le lendemain, je rejoigne mon poste rue Grange-aux-Belles. Et, d'ailleurs, dans mon engagement avec la maison Fichter – l'entrepreneur qui devait m'employer – pour éviter toute demande d'indemnité pour rupture de contrat, cette clause était insérée. Mon départ, dans ces conditions, fit que les appointements des quatre autres fonctionnaires restants passèrent de 120 francs à 150 francs.

## DE NOUVEAU DOCKER, COMME CONTREMAÎTRE, SUR LES QUAIS DE SAINT-NAZAIRE

Avant d'entreprendre le long récit de mon séjour à Saint-Nazaire, qu'il me soit permis de dire que je passai dans cette ville trois des plus mauvaises années que j'ai eus à subir au cours de ma longue existence. En ai-je supporté, pourtant, des épreuves de toutes sortes ? Quand on aura lu les quelques pages qui suivent, on conviendra aisément que j'en ai gardé les plus mauvais souvenirs.

Je m'étais arrêté à Nantes, en passant, pour m'entretenir avec Thomas, des dockers de ce port, et pour lui demander quelques renseignements utiles sur l'entreprise au compte de laquelle j'allais être employé et dont il était lui-même un des chefs à Nantes. Je me rendis compte, qu'après tout, le travail ne différait guère de celui auquel je me livrais déjà lorsque j'étais docker au Havre. Mais il crut également et, surtout, nécessaire, de me mettre au courant des pratiques malhonnêtes employées par les chefs de panneaux qui seraient appelés à travailler sous mes ordres, dont les procédés touchaient au véritable scandale. Je pris note, me réservant de m'informer dès mon arrivée à Saint-Nazaire et de tout tenter pour y mettre un terme au plus vite.

L'occasion d'entrer en relation avec des « malhonnêtes » ne fut pas longue à se présenter. En effet, le lendemain de mon débarquement, et alors que j'avais à peine eu le temps de me trouver un gîte, je fus interpellé par un des « oiseaux », qui m'avait été signalé par Thomas. D'un air gouailleur, il me prit immédiatement à partie. « C'est vous le Parigot qui avez la prétention de venir nous mater ici ? », me dit-il. J'étais déjà prévenu que ça n'irait pas tout seul. « Qu'à cela ne tienne, lui répondis-je, et si vous tenez à connaître mes sentiments, venez à un rendez-vous, cet après-midi et nous discuterons ».

À l'heure fixée, je me présentai seul et trouvai la bande réunie dans l'arrière-salle d'un café. Aucun ne manquait à l'appel. Relativement à la question du travail, il m'était difficile de l'aborder, puisque je n'avais pas eu le temps d'aller sur les quais. Mais lorsque j'entamai la discussion sur les pratiques sur lesquelles Thomas avait spécialement attiré mon attention, je vis des poings se fermer et des menaces pointer. Chacun hurlant une imprécation, traitant celui qui pouvait m'avoir renseigné de menteur, etc. En somme, quelles étaient réellement ces pratiques, qui soulevaient un tel tollé général ?

C'est que pour ces chefs un moyen, facile autant qu'odieux, d'augmenter leurs salaires, consistait à exploiter scandaleusement les ouvriers des équipes qu'ils étaient chargés de constituer. Je les avertissais qu'à aucun prix je ne tolérerais de tels agissements. « On verra bien ! », me crièrent-ils lorsque je les quittai. Pour arriver à gagner plus de CENT francs par jour – le franc n'était pas tant déprécié à cette époque – ces « souteneurs-chefs » – car ils l'étaient tous – formaient une smala étroitement unie. Pour m'excuser du terme que j'emploie à leur égard, je dois faire allusion à l'un d'eux qui, à quelques pas de moi, sur le pont d'un navire en déchargement, fut assassiné à coups de couteau par sa marmite[397].

En premier lieu, pour la constitution de leur équipe, on ne la trouvait jamais complète. Lorsque je donnais l'ordre d'embaucher 16 hommes, on pouvait être certain de n'en rencontrer que 13 ou 14, ce qui obligeait l'équipe ainsi diminuée à opérer un même travail que s'il elle eut été complète. D'où bénéfice empoché pour les manquants. D'un autre côté – et, là, j'insiste pour qu'on veuille bien retenir la façon crapuleuse avec laquelle ils opéraient –, ces mêmes chefs souteneurs-alcooliques avaient trouvé un autre moyen, que je laisse le soin d'apprécier à ceux qui voudront bien prendre la corvée de me lire. Chaque jour, il se trouvait des soldats du front, en permission de détente pour 10 jours,

397 Terme argotique désignant une prostituée qui entretient son souteneur.

qui cherchaient à se procurer quelque argent en travaillant. Parmi eux, beaucoup étaient de la campagne bretonne ou des environs de Saint-Nazaire, cultivateurs, naturellement tout désignés pour être les victimes des chefs crapuleux, surtout lorsqu'il s'agissait de pauvres bougres ne parlant qu'à peine français. Embauchés, nos braves pioupious travaillaient 4, 5 ou 6 jours et, comme la paye ne se faisait que le samedi soir, ils devaient passer à la caisse assurée par leur propre chef, qui devait leur remettre leur dû, en principe. Car, rarement, il leur en manquait une partie insignifiante. Au contraire, le pourcentage de la retenue était presque toujours assez conséquent. Mais aucun n'osait porter plainte. La raison c'est que, lorsque l'un d'eux réclamait avec trop d'insistance la somme totale qu'il savait avoir gagnée, c'est par des coups de poing que ces Messieurs entendaient régler l'affaire. Certains permissionnaires repartaient pour le front et n'insistaient pas.

Un jour, cependant, je vis venir à moi un de ces pauvres « troufions » bretonnants, dont la boue des tranchées avait passablement imprégné les vêtements et les godillots. Dans un mauvais jargon, il m'expliqua ce qui s'était passé. Ayant travaillé pendant cinq jours complets sous les ordres d'un nommé Paintou, un de ces fameux « souteneurs-chefs », il s'était présenté le samedi soir à la paye, heureux de recevoir quelque argent destiné à améliorer son ordinaire. Pour tout salaire, il lui fut remis une somme de 20 francs et, comme le malheureux prétendait que ce n'était pas son compte et protestait, il fut sauvagement frappé et jeté à la rue. Il vint avec moi au bureau, où je consultai les listes de paye de l'équipe et constatai qu'il y figurait pour une somme de 92 francs.

Je fis venir Paintou et après lui avoir demandé s'il reconnaissait le soldat comme ayant travaillé dans son équipe, il se mit dans une rage folle et voulut frapper à nouveau sa victime. Je m'interposai et, devant mon attitude, car je le menaçais du gendarme et il en avait peur, je fis verser le complément au pioupiou, qui partit en me remerciant, non sans avoir subi quelques insultes du coco malfaisant. J'en avais pris l'habitude et me tenais toujours sur mes gardes.

À ce sujet, et j'eus été le plus idiot des hommes de n'y avoir pas recours, on le comprendra, j'étais toujours armé d'un révolver, qui était démoli d'ailleurs, et que je sortais volontiers de ma poche, lorsqu'il était nécessaire de montrer que j'étais disposé à m'en servir en cas de besoin. Mais j'ajoute que, par contre, presque tous les dockers de la bande étaient eux-mêmes possesseurs de « rasoirs », qu'ils montraient à tout bout de champ. Ce qui me mit presque dans l'obligation de faire réparer mon révolver et de le charger, préventivement à une attaque. Quand j'aurai dit que je rentrais souvent seul, au milieu de la nuit, on admettra bien que je n'avais pas tous les torts.

Pour ce qui était de la composition des équipes, il arriva que je les complète moi-même, lorsque des chômeurs se présentaient, car il s'en trouvait. Il me serait difficile de dire toutes les altercations que j'avais à entamer chaque jour à ce propos. Mais si les souteneurs-chefs avaient une mentalité au-dessous de la moyenne, j'ai le regret de dire que les dockers qu'ils employaient ne valaient guère mieux. Car ils noçaient ensemble.

Voici un autre exemple, qui vient justifier l'opinion que professaient à leur égard ce qui restait encore d'ouvriers honnêtes et qui en souffraient. Chaque lundi, vers 11 heures, nous étions régulièrement assurés d'assister à ce triste spectacle. Dans chaque équipe, un des « jeunes voyous » dénommés « bosseleurs », se détachait et, du haut des panneaux, lançait à ses collègues l'invitation à partir pour faire la « bombe » à Saint-Brévin[398], de l'autre côté de la rive. Et pour savoir de quels fonds ils pourraient disposer, ils en faisaient l'appel : « Eh ! Pierre, combien qu'il te reste ?... Et toi, Jean, tu disposes de combien de 'balles' ? » Et on récapitulait. Le soir, tout cela rentrait ivre. Le travail était totalement suspendu et ceux des dockers, pères de famille et qui auraient bien voulu travailler, devaient, eux aussi, chômer jusqu'au lendemain. Il faut qu'on sache que cette pratique ne se déroulait que dans l'entreprise Fichter, c'est-à-dire celle que je dirigeais. L'intendant me fit appeler pour me reprocher qu'il en soit ainsi[399]. « Voilà, me dit-il, les beaux enseignements que vous avez apportés à Saint-Nazaire ! » Comme si je pouvais être rendu responsable d'une telle situation qui, d'ailleurs, était déjà identique avant mon arrivée, comme il me le fut assuré.

J'ai tenu à reproduire un article que j'ai pu insérer dans *Le Travailleur de l'Ouest*[400], organe de la Bourse du Travail, lequel article me valut des

---

398 Cité balnéaire située sur la rive de la Loire opposée à Saint-Nazaire.

399 Dès le début de la guerre, la gestion des ports fut confiée au ministère de la Guerre, qui l'exerça jusqu'à la fin 1916 par l'intermédiaire d'intendants militaires.

400 *Le Travailleur de l'Ouest*, dont Gautier était le directeur, commença à paraître en 1908. Hebdomadaire, il se présentait comme organe « socialiste, syndicaliste, coopératif, maritime et agricole ». Il parut, non sans des interruptions plus ou moins longues, jusqu'en 1958.

insultes de la part de Gautier, qui prit la décision quelque peu arbitraire de me refuser les colonnes de ce journal où, pourtant, j'écrivais chaque semaine divers articles de critique locale. Je dénonçais l'œuvre néfaste de ces « jeunes bosseleurs », dont je dois, ici, expliquer ce qu'ils étaient en grande majorité. Il s'agissait là de jeunes apprentis qui, pour gagner « gros », avaient déserté les ateliers de construction de Trignac[401] ou de la Loire[402]. Leur âge ? Entre 15,16 ou 17 ans. Sur les quais, ils étaient occupés au remplissage des sacs au moyen de petites mesures d'un décalitre et, dans les cales du navire, ils étaient accouplés, par deux, constituant quatre bordées. Payés aux pièces, leurs gains variaient de 16 à 20 francs. Les adultes, dockers, ne tenaient pas à faire ce travail de remplissage des sacs, car il fallait continuellement se lever et se baisser et, pour cela, il était nécessaire d'avoir l'échine assouplie. C'était la raison pour laquelle, quand Saint-Brévin recevait les jeunes noceurs, tout était arrêté et les contraignait au chômage.

À quoi servirait-il que je relate tous les scandales auxquels j'ai pu assister au cours des deux années passées au compte de Fichter ? Était-ce là tous les reproches que je pouvais formuler ? Lisez comment des milliers et des milliers de tonnes de blé furent perdues, déversées dans la mer – le bassin – au lieu d'être reçues, soit sur les quais, ou soit sur les chalands chargés de transporter ce blé à l'intérieur du pays. Les navires desquels ce blé était extrait étaient amarrés à quai, mais souvent ils devaient en être écartés de 5 ou 10 mètres en raison de leur trop fort tirant d'eau. Quant aux chalands, on les amarrait au large du navire et, par suite de la routine, ils en étaient écartés également de 3 ou 4 mètres, stupidement d'ailleurs, comme on va le voir. Des glissoires partaient du pont du navire en déchargement et étaient fixées, soit sur une installation à terre, d'où les porteurs prenaient les sacs sur le dos pour les porter à la pile, ou sur les chalands, où ils étaient arrimés dans les cales. Après avoir été pesés – 100 kg était le poids de chacun –, les sacs étaient pris par des petites brouettes avec lesquelles on les déversait dans les glissières… Pas toujours. Si le docker y prêtait l'attention désirable, le sac de blé parcourait bien le chemin imprimé

401 Commune de Loire-Inférieure (future Loire-Atlantique) séparée de celle de Montoir en 1914 et siège, depuis 1879, des Forges de Saint-Nazaire.

402 Les Ateliers et Chantiers de la Loire, spécialisés dans la construction navale, furent créés à Nantes en 1881, avant d'ouvrir, l'année suivante, un établissement à Saint-Nazaire.

par la glissière. Mais, trop souvent, il était versé machinalement et tombait à côté, c'est-à-dire dans le bassin, et c'était 100 kg de perdu. Combien de fois cela se passait-il par jour ?

Lorsque j'étais au Havre, notre façon de travailler était toute autre et il était absolument impossible qu'il y ait une perte quelconque. J'avais pris la décision d'appliquer le système havrais et, à ce sujet, de commencer par l'installation du chargement des péniches-chalands. Au lieu d'amarrer ces chalands et de laisser cet espace entre eux et le navire, je les fis totalement accoster au moyen de supports fixés sur le pont du navire. Les glissières descendaient le long des flancs, jusque dans les cales et il suffisait, ensuite, de soulever ces glissières pour faire manœuvrer le chaland de l'avant à l'arrière, ou vice-versa, quand le travail le commandait.

Cela alla très bien aussi longtemps que je fus présent, le premier jour où je ne m'absentai pas un instant. Mais le lendemain, contraint d'accompagner ma malheureuse compagne à Nantes, où elle avait été obligée d'aller se faire soigner, les équipes en profitèrent pour remettre les chalands au large et… jetèrent les supports à l'eau pour ne plus avoir à s'en servir. Je pensais bien qu'après quelques jours de pratique, le système serait définitivement accepté. J'avais compté sans la méchanceté des chefs, qui donnèrent eux-mêmes l'ordre de tout démolir. Et les sacs de blé recommencèrent à faire connaissance avec le fond du bassin ! Se contentaient-ils de jeter le blé ? Non. L'embarquement des pochetées de sacs vides leur était également l'occasion de faire suivre le même chemin. Au point que, pour notre seule entreprise, l'intendance réclama une somme de près de 30 000 francs, pour perte de la grande quantité reconnue, en 1915 et 1916.

On demandera très certainement d'où pouvaient venir ces « vandales » qui avaient envahi le port de Saint-Nazaire et en étaient les maîtres. Je puis affirmer que la majeure partie était composée de repris de justice et d'interdits de séjour, qu'on n'avait pas envoyé à l'armée comme étant des « indésirables », alors qu'il s'agissait de solides gars, qui eussent avantageusement remplacé les pauvres pères de famille qui, eux, étaient sur le front en train de se faire tuer pour un sou par jour. Ces individus, lorsqu'ils étaient pourchassés à Nantes ou à Chantenay, venaient se mettre à l'abri à Saint-Nazaire et ralliaient rapidement Nantes lorsque la police de Saint-Nazaire les traquait à son tour.

Oyez un fait à leur actif. Une équipe avait été constituée pour commencer le déchargement d'un navire, composée d'environ 100 dockers. Un différend, affirmaient-ils, s'étant élevé, elle refusa de prendre le travail. La réclamation avait si peu de consistance qu'il me suffit à peine de dix minutes pour le régler avec une délégation qui m'accompagna au bureau. Mais il n'y avait aucun chef parmi les délégués. Pendant le court laps de temps entre notre départ pour le bureau et le retour, une demi-heure peut-être, quelques-uns des tristes sires, dont j'ai parlé plus haut, avaient coupé les liens qui retenaient les installations de chargement, et l'un d'eux fut surpris au moment où il se disposait à couper également les amarres, qui retenaient le navire à quai. Il fut arrêté, emmené au poste de police et remis ensuite entre les mains du procureur de la République. Habitué de la correctionnelle, il eut certainement été durement condamné, en raison de ses antécédents, pour cet acte stupide. Or, le lendemain, je reçus la visite de sa femme qui, se jetant à mes pieds, venait m'implorer pour que j'intervienne en faveur de son mari et le retire des mains de la justice. Je n'avais naturellement aucune sympathie pour l'individu pour lequel elle faisait appel à ma pitié, mais devant sa douleur, vraie ou fausse, je promis d'essayer de le faire libérer.

J'allais trouver mon entrepreneur Fichter pour lui demander de ne pas porter plainte, qu'au surplus, il n'était pas certain que ce fut l'enfermé qui avait voulu couper le câble et, qu'après tout, mieux valait que l'affaire en restât là, pour ne pas indisposer tous les dockers, qui avaient pris le travail et seraient satisfaits. Je laissais entendre, d'ailleurs, que s'il s'y refusait, je ne resterais pas une seule journée de plus à son service. Il fut d'abord surpris de me voir défendre de tels individus et me le fit remarquer. Mais suite à ma démarche, on relâcha le prisonnier le lendemain même. Il l'avait échappé belle. Je n'attendais aucune récompense, est-il besoin de le dire, mais je ne pensais pas qu'un jour je n'aurais pas de plus cruel ennemi, surtout après la visite que me fit sa femme, qui était joyeuse du résultat. Ce fait personnel en dit long sur la mentalité que je n'ai cessé de dénoncer comme étant néfaste au milieu où j'évoluais.

J'étais assez mal vu des autorités militaires du port auxquelles je tenais tête et auxquelles on n'avait pas manqué de me signaler comme appartenant à la CGT maudite. À ce point que, chaque fois qu'il se produisait un événement – mauvais naturellement –, j'en étais fatalement le promoteur. C'est ainsi que, le 1er mai 1916, je fus avisé par certains dockers, qu'il ne serait pas travaillé ce jour-là, dans notre entreprise. J'exposais à la délégation qu'il y aurait danger, pour eux, de provoquer un arrêt complet du travail, d'autant que le chômage ne toucherait certainement que la maison Fichter, et qu'ils seraient les victimes d'une telle mesure, car l'Intendant donnerait des ordres pour que des prisonniers allemands soient envoyés à leur lieu et place. Rien n'y fit ! Et, comme je l'avais prévu, seuls les navires dont nous avions l'entreprise de chargement furent désertés par les dockers, remplacés immédiatement par des prisonniers.

Je fus, une fois de plus, appelé au bureau de l'Intendant, qui m'accusa d'avoir désorganisé le port en fomentant ce mouvement, et j'eus toutes les peines du monde à lui faire comprendre qu'au contraire, j'avais prévenu les dockers contre la bêtise qu'ils avaient faite. Et voici ce qui s'ensuivit. Deux jours après cette entrevue, je fus informé qu'une délégation avait été mandatée pour aller trouver l'Intendant et lui demander de retirer les prisonniers, ce qui ne leur fut accordé que six jours après. Si j'insiste particulièrement sur cette fête du 1er mai, c'est qu'elle servit de prétexte à Gautier, secrétaire de la Bourse du Travail, pour faire un crime de ma conduite en la circonstance, m'accusant d'avoir trahi tout mon passé de syndicaliste. Blancho[403], qui fut plus tard sous-secrétaire d'État, me rappela, lors d'une visite que je lui fis au ministère, que dans une conversation qu'il avait eue avec Gautier, celui-ci, en effet, lui avait rapporté l'affaire, qui lui avait permis, en outre, de « m'assommer » devant le comité confédéral, en me présentant comme un « vendu » au patronat.

Continuellement en butte aux malhonnêtetés et aux insultes, écœuré de ne pouvoir arriver à changer, tant peu que ce soit, la mentalité des dockers, je demandai à mon patron de bien vouloir m'adjoindre un second chef, qui serait peut-être plus écouté que moi. « Qu'à cela ne tienne, me dit-il, je vous en enverrai un de Nantes. » Le lendemain, j'étais informé

403 François Blancho (1893-1972), chaudronnier et secrétaire du syndicat de la métallurgie de Saint-Nazaire, était un proche de Gautier, auquel il succéda, en 1921, à la tête de l'UL et, en 1925, au conseil général. Socialiste, il devint maire de Saint-Nazaire en 1925 et député trois ans plus tard. Sous-secrétaire à la Marine (1936), à la Marine militaire (1937-1938), puis à l'Armement (1940), il vota les pleins pouvoirs à Pétain. Exclu de la SFIO à la Libération, il fut réintégré en 1950. Entretemps, il était redevenu maire (1947-1968). Il retrouva un siège de député pendant la législature 1962-1967.

que ce chef serait au train de 3 heures, à la gare, où je devrais aller au-devant de lui. À l'heure dite, je me trouvais sur le quai à l'arrivée du train et ce fut lui qui me reconnut à mon chapeau, qu'on lui avait déjà décrit. Nous étant rendu dans un des cafés de la place, il me demanda ce que j'avais l'intention d'obtenir de lui. En premier lieu, et cela je le demandai instamment, vous aurez à me débarrasser de tous les souteneurs qui m'entourent, qui sont les chefs et qui dirigent nos équipes. Lorsque cette épuration sera obtenue, nous aurons peut-être la facilité de travailler sérieusement. Il était au courant du travail des quais et je ne m'attardai pas sur la question. Il m'écouta religieusement et je le quittai, pensant qu'il serait présent le lendemain matin, à l'heure, m'ayant simplement demandé de lui accorder la soirée pour retourner à Nantes pour y prendre quelques vêtements. Nous nous serrâmes la main et je le vis se diriger vers la gare où le train repartit, 10 minutes après notre conversation. Le lendemain matin, puis l'après-midi se passèrent sans que mon aide apparaisse. Le surlendemain il en fut de même pour la journée. Je supposais qu'il lui était arrivé un accident, mais il était bien question de malheur. J'appris de la bouche d'un des dockers qui le connaissait, qu'il était lui-même un des souteneurs de la contrée. Je compris la raison pour laquelle il n'était pas revenu. Je dus donc reprendre le travail sans autre aide, et cela dura encore pendant deux mois.

Et voici qu'un matin, alors que j'étais accoudé au bastingage, je vis sur le quai un homme qui me faisait des signes et m'appelait par mon nom. Je descendis du bord et me trouvai en face d'un de nos camarades, qui fréquentait nos milieux parisiens et que je connaissais parfaitement… à ce moment-là s'entend. Je l'interrogeai pour savoir ce qu'il faisait à Saint-Nazaire, d'où il venait et combien il y avait de temps qu'il se trouvait dans notre port. Il me répondit qu'il était allé travailler, comme docker, à Bordeaux, et qu'il désirait trouver un emploi de même nature. Je crus au miracle. L'ayant pressenti pour accepter d'être à mes côtés, comme chef en second, il accepta d'enthousiasme. Je le présentai à l'entrepreneur et il fut agréé. Je le mis immédiatement au courant de la besogne qui lui incomberait, ajoutant que s'il ne se trouvait pas suffisamment armé pour commander le travail, je serais toujours là pour lui donner les directives nécessaires.

Justement, un navire devait commencer son déchargement le surlendemain. Je lui en confiais la surveillance. J'avoue qu'il était absolument incapable de procéder à l'installation habituelle. Mais, comme je lui avais donné ma parole que je ne le laisserais pas dans l'embarras, je fis en sorte que tout marchât sans anicroche. Presque chaque jour, je passai deux à trois heures à proximité pour pouvoir intervenir en cas de besoin. Le déchargement se termina à peu près normalement. Un nouveau navire ayant remplacé le précédent au quai, Cachet[404] – c'était son nom – fut chargé d'assurer cette nouvelle surveillance de déchargement. Une fois le travail en route, je partis pour d'autres occupations, que j'avais passablement laissées de côté.

Dans le courant de l'après-midi, un agent de la Sûreté vint me demander de vouloir bien venir voir le commissaire de police, qui désirait me mettre au courant de ce qui venait de se produire concernant un de mes chefs. Je m'y rendis et restai confondu de ce qu'il m'annonça, surtout lorsqu'il me fit savoir que le chef dont il avait ordonné l'arrestation était Cachet. D'ailleurs, ajouta-t-il, si vous tenez à être plus amplement renseigné sur son délit, vous vous rendrez chez le procureur de la République, entre les mains duquel Cachet a été remis. Voici ce que je devais apprendre.

Vers 3 heures, une femme, qui exerçait le métier de pierreuse[405], avait été ramassée par des agents, alors qu'elle raccrochait dans la rue et se trouvait, en outre, en complet état d'ivresse. Mais comme elle refusait de les suivre, les agents durent la traîner et, de ce fait, elle était quelque peu débraillée. C'est à ce moment que Cachet intervint pour la dégager et se mit en devoir de frapper les agents. Les deux « délinquants » furent dirigés sur le commissariat. Là, on s'aperçut qu'il s'agissait d'une des « marmites » soutenues par Cachet. Mais lorsque le procureur de la République me mit sous les yeux le rapport établi contre Cachet depuis sa présence à Saint-Nazaire, je n'en crus pas mes oreilles. Ce n'était pas seulement une femme qui « travaillait » pour lui, mais bien trois. L'une – celle qu'on venait de ramasser –, une deuxième qui, comme la précédente, travaillait avec les « Blancs » américains, et une troisième qui, elle, pratiquait l'élément noir sur le boulevard de l'Océan[406]. Cette

404 S'agit-il d'Henri Cachet, né en 1887, forgeron et propagandiste anarchiste, partisan de l'action violente ? Signalé en région parisienne en 1910, il fut l'un des fondateurs de la Fédération révolutionnaire communiste. Parti à Toulouse, à la fin de cette année, il s'installa ensuite à Sète avant qu'on ne perde sa trace.

405 Terme argotique désignant une prostituée de rue et de terrains vagues.

406 Sur la présence d'Américains à Saint-Nazaire, on se gardera de confondre les voyageurs et marins de passage en 1916 avec les soldats qui arriveront en masse après l'entrée en

dernière devait lui remettre une somme assez conséquente chaque jour, faute de quoi il la rouait de coups. Voilà celui que je ne devais plus revoir. Il fut condamné à 6 mois de prison.

J'en ai dit assez, je pense, pour convaincre quiconque me lira combien j'étais, chaque jour, de plus en plus écœuré. Il y avait près de deux ans que je vivais au milieu d'une telle tourbe. Je finis par donner des ordres et ne parus plus que rarement sur les travaux, qui marchèrent tant bien que mal. Ce que voyant, Fichter me fit savoir qu'il reprenait sa parole et rompait mon contrat.

Je ne chômais pas longtemps. En effet, huit jours après ma délivrance, un entrepreneur de sauvetage me proposa d'entrer à son service, également comme contremaître, aux appointements de 500 francs par mois. Parlant l'anglais et l'allemand, je devais lui rendre de réels services. Mon rôle fut plus souvent celui d'un interprète entre les représentants[407]...

Mon propos m'entraînerait trop loin. Aussi bien entrons-nous dans une période dont tous les « vieux militants » ont conservé le souvenir. Puisse du moins le simple rappel des dures luttes du passé, que j'ai esquissées ici donner le courage et la confiance aux « jeunes ». Ils l'ont vu, ni le mensonge ni la menace ni la force n'ont empêché les ouvriers de s'unir et la Confédération générale du travail de se développer et de devenir la grande et fière CGT qu'ils connaissent. C'est pour eux – et pour moi donc ! – une des plus belles joies, et une lumineuse espérance...

---

guerre des États-Unis, l'année suivante, et feront du site nazairien le premier port de débarquement des troupes venues d'outre-Atlantique.

407 Le texte du tapuscrit s'interrompt ici, au milieu de la phrase inachevée de l'ultime ligne de la page 80 de la version déposée au CEDIAS-Musée social. À défaut de conclusion, nous insérons celle que propose Charles Marck dans *Le Peuple* du 30 décembre 1948, au terme de la partie de ses mémoires publiée en feuilleton dans l'organe de la CGT.

# BIBLIOGRAPHIE

AGULHON, Maurice, *La République, de 1880 à nos jours*, Paris, Hachette, 1990.

ANDOLFATTO, Dominique, LABBE, Dominique, *Histoire des syndicats (1906-2006)*, Paris, Seuil, 2006.

ARDAILLOU, Pierre, *Les républicains du Havre au 19e siècle (1815-1889)*, Rouen, PURH, 1999.

BANCE, Pierre, *Les fondateurs de la CGT à l'épreuve du droit*, Paris, La Pensée sauvage, 1978.

BOIVIN, Marcel, « Le socialisme en Seine-Inférieure à la fin du 19e siècle », *Annales de Normandie*, n° 1, 1982, p. 59-86.

B., Victorine (BROCHER), *Souvenirs d'une morte vivante : 1848-1851, 1870-1871*, Préface de Léon Descaves, Paris, Delesalle, 1909.

BARZMAN, John, « Entre l'émeute, la manifestation et la concertation : la crise de la vie chère de l'été 1919 au Havre », *Le Mouvement social*, n° 170, janvier-mars 1995.

BARZMAN, John, « Culture des métiers du port du Havre, 1910-1914 », *Bulletin de la Société libre d'émulation de la Seine-Maritime*, 1995, p. 19-28.

BARZMAN, John, *Dockers, métallos, ménagères. Mouvements sociaux et cultures militantes au Havre, 1912-1923*, Rouen, Publications de l'Université de Rouen et du Havre, 1997.

BARZMAN, John, CASTELAIN, Jean-Pierre (coord.), *Jules Durand : un crime social et judiciaire*, Paris, L'Harmattan, 2015.

BECKER, Jean-Jacques, *Comment les Français sont entrés dans la guerre. Contribution à l'etude de l'opinion publique, printemps-été 1914*, Paris, Presses de la FNSP, 1977.

BIANCHI, Serge, *Une tragédie sociale en 1908. Les grèves de Draveil-Vigneux et Villeneuve-Saint-Georges*, Chamarande, Comité de recherches historiques sur les révolutions en Essonne & Éditions d'Albret, 2014.

BIGORGNE, Didier, *Les allemanistes (1882-1905) : Itinéraires, place et rôle dans le mouvement socialiste français*, Thèse d'histoire, Paris 13, 2001.

BRUHAT, Jean, *Il n'est jamais trop tard*, Paris, Albin Michel, 1983.

CASTELAIN, Jean-Pierre, *Manières de vivre, manières de boire. Alcool et sociabilité sur le port*, Paris, Imago, 1989.

CHAMBELLAND, Colette, *Pierre Monatte, une autre voix syndicaliste*, Paris, Éditions de l'Atelier, 1999.

CHAMLA, Marie-Claude, « L'accroissement de la stature en France de 1880 à 1960 ; comparaison avec les pays d'Europe occidentale », *Bulletin de la Société d'anthropologie de Paris*, T. 6, 1964, p. 201-278.

CHARTIER, Roger (dir.), *La correspondance : les usages de la lettre au XIXe siècle, France*, Paris, Fayard, 1991.

CHAUVIN, Clotilde, *Louise Michel en Algérie, La tournée de conférences de Louise Michel et Ernest Girault en Algérie (octobre-décembre 1904)*, Éditions Libertaires, 2007.

CHEVANDIER, Christian, *Cheminots en grève ou la construction d'une identité (1848-2001)*, Paris, Maisonneuve-Larose, 2002.

CHOPART, Jean-Noël, *Le fil rouge du corporatisme. Solidarité et corporations ouvrières havraises au XIXe siècle*, Paris, Racines mutualistes, 1991.

COLOMBIER, Roger, *Jules Durand : une affaire Dreyfus au Havre (1910-1918)*, Paris, Syllepse, 2016.

DA SILVA, Gérard, *Léon Jouhaux. Une vie de combat pour le syndicalisme libre et indépendant. Secrétaire général de la CGT, 1909-1947*, Paris, L'Harmattan, 2014.

*Dictionnaire biographique du mouvement ouvrier français*, puis *Dictionnaire biographique mouvement ouvrier mouvement social*, Paris, Éditions Ouvières, Éditions de l'Atelier, 1964-1997, puis *Maitron en ligne.*

DREYFUS, Michel, *Histoire de la CGT : 100 ans de syndicalisme en France*, Bruxelles, Complexe, 1995.

DUBIEF, Henri, *Le syndicalisme révolutionnaire. Textes choisis et commentés*, Paris, Armand Colin, 1964.

DUMOULIN, Gorges, *Carnets de route. Quarante années de vie militante*, Lille, Éditions de l'Avenir, 1938.

FABRE, Daniel, « Vivre, écrire et archiver », *Sociétés et Représentations*, 2002/1, n° 13, p. 17-42.

FAURE, Alain, RANCIÈRE, Jacques, *La parole ouvrière*, Paris, UGE, 1976.

FLAURAUD, Vincent, PONSARD, Nathalie (dir.), *Histoire et mémoire des mouvements syndicaux au XXe siècle. Enjeux et héritages*, Arbre bleu éditions, Nancy, 2013.

GARNIER, Bernard, PIGENET, Michel (dir.), avec la collaboration de DANDEL, Michaël, DUBOC, Grégory, KITTS, Antony, LAPERSONNE, Eric, *Les Victimes civiles des bombardements en Haute-Normandie (1er janvier – 12 septembre 1944)*, Caen, CRHQ-IRED-La Mandragore, 1997.

GEORGES, Bernard, TINTANT, Denise, *Léon Jouhaux, cinquante ans de syndicalisme*, T. I, *Des origines à 1921*, Paris, PUF, 1962.

GESLIN, Claude, *Le syndicalisme ouvrier en Bretagne jusqu'à la Première Guerre mondiale*, Saint-Hippolyte-du-Fort, Espace-Écrits, 1982.

GOSSEZ, Rémi (éditeur), *Un ouvrier en 1820 : manuscrit inédit de Jacques-Étienne Bédé*, Paris, PUF, 1984.

HAMELIN, David (dir.), « Les Bourses du travail, retour sur un objet méconnu », *Les Cahiers d'histoire*, n° 116-117, juillet-décembre 2011, p. 11-162.

HÉRUBEL, Marcel, *La France au travail. En suivant les côtes, de Dunkerque à Saint-Nazaire*, Paris, Pierre Roger et Cie, 1912.

HORNE, John, « Le Comité d'Action (CGT-PS) et l'origine du réformisme syndical du temps de guerre (1914-1916) », *Le Mouvement social*, n° 122, janvier-mars 1983, p. 33-60.

JARRIGE, François, « L'invention des "soupes communistes" en France (1880-1914) », BOUCHET, Thomas, GACON, Stéphane, JARRIGE, François, NÉRARD, François-Xavier, VIGNA, Xavier (dir.), *La gamelle et l'outil : manger au travail en France et en Europe de la fin du XVIII^e^ siècle à nos jours*, Nancy, Arbre bleu éditions, 2016, p. 161-178.

JAUFFRET, Jean-Charles, « Le remplacement militaire dans le département de l'Eure de 1870 à 1872 », *Annales de Normandie*, 32-2, 1982, p. 153-182.

JULLIARD, Jacques, *Clemenceau briseur de grèves. L'affaire de Draveil-Villeneuve-Saint-Georges (1908)*, Paris, Julliard, 1965.

JULLIARD, Jacques, *Fernand Pelloutier et les origines du syndicalisme d'action directe*, Paris, Seuil, 1971.

JULLIARD, Jacques, *Autonomie ouvrière, études sur le syndicalisme d'action directe*, Paris, Gallimard-Seuil, 1988.

KRIEGEL, Annie, BECKER, Jean-Jacques, *1914, la guerre et le mouvement ouvrier français*, Paris, Armand Colin, 1964.

LAVABRE, Marie-Claire, *Le fil rouge. Sociologie de la mémoire communiste*, Paris, Presses de la FNSP, 1994.

LEE, Yong-Jae, *Syndicalisme de métier et syndicalisme d'industrie : mutations et identités des ouvriers du bâtiment dans les années 1880-1914*, Thèse d'histoire, Paris 1-Panthéon Sorbonne, 1999.

LEGOY, Jean, *Le Peuple du Havre et son histoire*, 3 volumes, Saint-Étienne-du-Rouvray, EDIP, 1982.

LE ROY LADURIE, Emmanuel, ZYSBERG, André, « Anthropologie des conscrits français, 1868-1887 », *Ethnologie française*, n° 1, 1979, p 47-68.

LOVELL, John, *Stevedores and Dockers. A study of trade unionism in the port of London, 1870-1914*, London, Mac Millan and Co, 1969.

LYONS, Martyn, « La culture littéraire des travailleurs. Autobiographies ouvrières dans l'Europe occidentale du 19^e^ », *Annales ESC*, n° 4-5, 2001, p. 926-947.

MAITRON, Jean, *Le mouvement anarchiste en France*, Paris, Maspero, 1975.

MAITRON, Jean, *Le mouvement anarchiste en France, de 1914 à nos jours*, tome 2, Paris, Gallimard, 1992.

Mairie d'Aubervilliers, Association des Amis de Léon Jouhaux, *Léon Jouhaux d'Aubervilliers au prix Nobel*, Paris, La Documentation française, 2010.

MAITRON Jean, CHAMBELLAND Colette (présentatées par), *Syndicalisme révolutionnaire et communisme. Les archives de Pierre Monatte*, Paris, Maspero, 1968.

MARTIN, Roger, *Les Docks assassinés, l'affaire Jules Durand*, Éditions de l'Atelier, 2016.

NADAUD, Martin, *Les Mémoires de Léonard, ancien garçon maçon.* Édition établie par Maurice Agulhon, Paris, Hachette, 1976.

NARRITSENS, André, PIGENET, Michel (dir.), *Pratiques syndicales du droit, France, XX^e^-XXI^e^ siècles*, Rennes, PUR, 2014.

NORA, Pierre, « La mémoire collective », in CHARTIER, Roger, LE GOFF, Jacques, REVEL, Jacques, (dir.), *La nouvelle histoire*, Paris, Retz CPEL, 1978.

NOURRISSON, Didier, « La consommation alcoolique en Seine-Inférieure au XIX^e^ siècle », *Annales de Normandie*, n° 41-1, 1991, p. 49-73.

OLSZAK, Norbert, *Mouvement ouvrier et système judiciaire (1830-1950)*, thèse d'histoire du droit, Université Strasbourg III, 1987.

PENEFF, Jean, « Autobiographies de militants ouvriers », *Revue française de science politique*, 1979, 29-1, p. 53-82.

PENNETIER, Claude, PUDAL, Bernard (dir.), *Autobiographies, autocritiques, aveux dans le monde communiste*, Paris, Belin, 2002.

PERDIGUIER, Agricol, *Mémoires d'un compagnon*, présentés par Maurice Agulhon, Paris, Imprimerie nationale, 1992.

PERRON, Tangui, « "Le contrepoison est entre vos mains, camarades". CGT et cinéma au début du siècle », *Le Mouvement social*, n° 172, juillet-septembre 1995, p. 21-37.

PERROT, Michelle, *Les ouvriers en grève, 1871-1890*, Paris-La Haye, Mouton, 1974.

PIGENET, Michel, *« Ouvriers, paysans, nous sommes… ». Les bûcherons du Centre de la France au tournant du siècle*, Paris, L'Harmattan, 1993.

PIGENET, Michel, « Les finances, une approche des problèmes de structure et d'orientation de la CGT (1895-1914) », *Le Mouvement social*, n° 172, juillet-septembre 1995, p. 63-88.

PIGENET, Michel, ROBERT, Jean-Louis, « Travailleurs, syndiqués et syndicats dans les dessins de La Voix du Peuple (1900-1914) », *Sociétés & Représentations*, décembre 2000, p. 309-322.

PIGENET, Michel, « Les travailleurs de la manutention portuaire ou les métamorphoses du modèle corporatiste », KAPLAN, Steven, MINARD, Philippe (dir.), *Le corporatisme : impasse ou troisième voie ?* Paris, Belin, 2004, p. 265-280.

PIGENET, Michel, « Solidarité internationale et fermeture professionnelle : les horizons multiples des dockers français », *Matériaux pour l'histoire de notre temps*, n° 84, octobre-décembre 2006, p. 38-48.

PIGENET, Michel, ROBIN, Pierre (dir.), *Victor, Émile, Georges, Fernand et les autres… Regards sur le syndicalisme révolutionnaire*, Bouloc, Éditions d'Albret, 2007.

PIGENET, Michel, « Virilités ouvrières », in Alain Corbin, Jean-Jacques Courtine, Georges Vigarello (dir.), *Histoire de la virilité, t. 2, Le triomphe de la virilité. Le XIX^e siècle*, Paris, Seuil, 2011, p. 203-240.

PIGENET, Michel, DREYFUS, Michel (dir.), *La CGT en question(s). Regards croisés sur 125 années d'un syndicalisme de transformation sociale*, Dijon, EUD, 2019.

PROST, Antoine, *Les Français de la Belle Époque*, Paris, Gallimard, 2019.

RANCIÈRE, Jacques, *La Nuit des prolétaires ; archives du rêve ouvrier*, Paris, Fayard, 1981.

RANNOU, Hélène, « De la vase aux pavés, la grève des terrassiers havrais en 1900 », *Cahiers d'histoire*, n° 125, 2014, p. 21-32.

RANNOU, Hélène, *La Bourse du travail du Havre*, Master 2, Université de Rouen, 2009.

RANNOU, Patrice, *L'Affaire Durand*, Paris, Éditions Noir et Rouge, 2013.

REBÉRIOUX, Madeleine, *La République radicale ? 1898-1914*, Paris, Seuil, 1975.

REINALDA, Bob, « The Early years of ITF (1896-1914) », Reinalda, Bob (ed.), *The International Transportworkers Federation, 1914-1945, The Edo Fimmen Era*, Amsterdam, Stichting IISG, 1997, p. 38-43.

RIQUE, Anne, *La prostitution au Havre entre 1870 et 1914*, Mémoire de maîtrise, Rouen, 1993.

ROBERT, Jean-Louis, *Les Ouvriers, la Patrie et la Révolution. Paris 1914-1919*, Besançon, Annales Littéraires de l'Université de Basançon, 1995.

ROBERT, Jean-Louis, BOLL, Friedhelm, PROST, Antoine (dir.), *L'Invention des syndicalismes. Le syndicalisme en Europe occidentale à la fin du XIX^e siècle*, Paris, Publications de la Sorbonne, 1997.

ROBERT, Jean-Louis (dir.), *Le syndicalisme à l'épreuve de la Première Guerre mondiale*, Rennes, PUR, 2017.

SHIN-PARK, Haeng-Seon, *Les syndicalistes parisiens et la guerre, 108-1914 : une étude des pratiques militantes et des mentalités collectives*, Thèse d'histoire, Paris 1-Panthéon Sorbonne, 1995.

SHORTER, Edward, TILLY, Charles, *Strikes in France, 1830-1968, London, Cambridge University Press, 1974.*

SCHOTTLER, Peter, *Naissance des Bourses du travail*, Paris, PUF, 1985.

TARTAKOWSKY, Danielle, BIARD, Joël, *La Grange-aux-Belles, Maison des syndicats, 1906-1989*, Paris, Créaphis Éditions, 2012.

TRUQUIN, Norbert, *Mémoires et aventures d'un prolétaire à travers la Révolution. L'Algérie, la République argentine et le Paraguay*, Paris, Librairie des deux mondes, 1888.

Un juriste (BLUM, Léon), « Comment ont été faites les lois scélérates », *La Revue blanche*, 1er juillet 1898, p. 9-28.

VANDERVORT, Bruce, *Victor Griffuelhes and the French syndicalism*, Baton Rouge, Louisiana University Press, 1996.

VEYRON, Philippe, *Les dockers du port de Rouen (1919-1947)*, Maitrise d'histoire, Université de Rouen, 1979.

VIAUD, Ronan, *Le syndicalisme maritime français. Les organisations, les hommes, les luttes (1890-1950)*, Rennes, PUR, 2005.

VIGNA, Xavier, *L'espoir et l'effroi. Luttes d'écritures et luttes de classes en France au XXe siècle*, Paris, La Découverte, 2016.

WEBER, Florence, « L'ethnographe et les scripteurs populaires. Quelques remarques sur l'écriture comme interaction et comme compétence », *Enquête*, n° 8, 1993, p. 159-189.

WINOCK, Michel, *Clemenceau*, Paris, Perrin, 2007.

# INDEX
# DES NOMS DE PERSONNES

# INDEX
# DES NOMS DE LIEUX

# TABLE DES MATIÈRES

IMPRIM'VERT®

Achevé d'imprimer par Corlet,
Condé-en-Normandie (Calvados), en septembre 2021
N° d'impression : 173053 - dépôt légal : septembre 2021
*Imprimé en France*